W0175064

Katja Sebald
Unbekanntes Fünfseenland

Katja Sebald
Unbekanntes Fünfseenland

Von Fischern, Fürsten und Fantasten

Volk Verlag München

Für Julius, Pius, Viktoria, Alina und Nick

Die Deutsche Bibliothek verzeichnet diese Publikation in der Deutschen
Nationalbibliografie; detaillierte bibliografische Daten sind im Internet über
http://dnb.ddb.de abrufbar.
© 2016 by Volk Verlag München; Streitfeldstraße 19; 81673 München
Tel. 0 89/420 79 69 80; Fax 0 89/420 79 69 86
Druck: Stürtz, Würzburg
Alle Rechte, einschließlich derjenigen des auszugsweisen Abdrucks sowie
der fotomechanischen Wiedergabe, vorbehalten.
ISBN 978-3-86222-210-0
www.volkverlag.de

Inhalt

Grüße aus der Eiszeit
Eine Einleitung

Dies ist ein Buch über die schönste Gegend der Welt. „Wir haben die herrlichsten Gegenden und so ganz romantische Landschaften in Bayern, daß ich versichert bin, die größten Künstler, wenn sie dieselben jemals gesehen hätten, würden sich freuen, ihr Talent hier zu üben und ihre Werke, worin sie das Schönste der Natur sammeln, zu bereichern." Der Historiker und Schriftsteller Lorenz von Westenrieder, der diese Zeilen 1782 in seiner leidenschaftlichen Anklageschrift „Über den Zustand der Künste in Bayern" schrieb, ahnte nicht, mit welcher Begeisterung die Künstler schon bald die bayerischen Landschaften stürmen würden. Seine „Beschreibung des Wurm- oder Starenbergersees", die zwei Jahre später erschien und für das in dieser Zeit erwachende Naturbewusstsein steht, war ein weiterer wichtiger Impuls für die Entdeckung der Landschaft durch die Münchner Maler.

Fast zeitgleich mit Westenrieder machte Graf Rumford, der „Vater" des Englischen Gartens, im Auftrag des Kurfürsten eine „Inspektionsreise" durch Oberbayern, auf der er von einem künstlerisch begabten jungen Mann begleitet wurde, der während der Reise fleißig aquarellierte: Johann Georg Dillis, der Förstersohn und spätere Kunstberater von König Ludwig I., darf als der eigentliche Entdecker der oberbayerischen Landschaft gelten. Er war der erste, der den Blick auf das Starnberger Schloss mit dem See und den Bergen im Hintergrund etwa von der Stelle der späteren Schießstätte aus aufs Papier bannte. Und dann gab es endgültig kein Halten mehr: Die Münchner Maler pilgerten an den See, sie zeichneten und aquarellierten mit wachsender Begeisterung direkt in der Natur. Max Joseph Wagenbauers „Starnberger See" aus dem Jahr 1807, heute in der Neuen Pinakothek in München, ist eines der frühen Dokumente einer folgenreichen „Trendwende". Und nicht zuletzt waren die Maler auch die Wegbereiter für den bald darauf einsetzenden Fremdenverkehr am Starnberger See.

Dieses Buch widmet sich dem Fünfseenland als Kulturlandschaft. Es waren Fürsten, Fischer und Fantasten, Münchner und andere Städter, Künstler und Lebenskünstler, Reiche und Neureiche, Politiker und Prominente, Bauern und Gutsbesitzer, Idealisten, Aussteiger und Freaks, die es zu dem gemacht haben, was es heute ist: eine an Kultur unvorstellbar reiche Gegend. Im Fünfseenland leben deshalb die glücklichsten Menschen Deutschlands. Das ist kein Wunder, denn es ist die schönste Gegend der Welt.

Das Fünfseenland war aber schon lange vor seiner Entdeckung schön. Seine fünf Seen – Ammersee, Starnberger See, Wörthsee, Pilsensee und der kleine Weßlinger See – entstanden am Ende der letzten Eiszeit vor rund 12.000 Jahren. Das kleine Flüsschen Würm, das den Starnberger See an seinem Nordende verlässt, gab dieser Epoche der Erdgeschichte ihren Namen: Würmeiszeit. Damals bedeckten die Eismassen des Isar-Loisach-Gletschers das gesamte Fünfseenland. Beim Ab-

Spuren der Eiszeit in der Pähler Schlucht

schmelzen des Gletschers bildeten sich mehrere Gletscherzungen, in deren Becken sich heute der Ammersee und der Starnberger See befinden. Die Zungenbecken wurden nach und nach von Norden nach Süden eisfrei und füllten sich mit Schmelzwasser. Der Starnberger See hat sich bis heute ohne Zufluss erhalten, während der von der Ammer gespeiste Ammersee schon zur Hälfte aufgefüllt worden ist. Ein weiteres Seebecken, das sich bei Wolfratshausen gebildet hatte, wurde schon nach kurzer Zeit von Isar und Loisach wieder verfüllt. Seine landschaftlichen Reize verdankt das Fünfseenland den von der Eiszeit geprägten Geländeformen, die hier wie für den Schulunterricht ausgebreitet sind.

Man kann das Fünfseenland auch vom Boot aus erkunden.

Dieses Buch ist kein klassischer Reiseführer, der noch einmal die großen Sehenswürdigkeiten des Fünfseenlands vorführt. Es blendet sie zwar nicht aus, streift sie aber nur am Rande, ebenso wie Ludwig, Sisi und die anderen Protagonisten seiner Geschichte. Dieses Buch widmet sich den Menschen, die im Fünfseenland gelebt haben oder immer noch hier leben, die hier gewirkt haben oder immer noch hier wirken. Es möchte aber vor allem dazu einladen, sich selbst auf den Weg zu machen und das Fünfseenland zu entdecken. Zu Fuß oder mit dem Fahrrad, mit dem Boot, vielleicht auch mit dem Auto, auf jeden Fall aber mit offenen Augen.

Wer immer nur auf der Autobahn von München nach Starnberg ins Fünfseenland rast, der wird niemals das atemberaubend schöne Leutstettener Moos sehen, obwohl er jedes Mal die Würm überquert. Wer sich aber die Zeit für eine Kanu- oder Stehpaddel-Tour von Starnberg nach Leutstetten nimmt, der wird eine beinahe unberührte und stille Flusslandschaft erleben.

Wer sich immer nur von der S-Bahn quasi direkt an der Herrschinger Seepromenade mit all ihren köstlichen Verführungen ausspucken lässt, der wird nie das herrlich weite und noch sehr

ländliche Westufer des Ammersees oder das Südufer zwischen Dießen und Fischen, eines der weltweit bedeutendsten Feuchtgebiete, erleben. Hier sind die stillen Buchten entlang des beinahe unzugänglichen Uferbereichs ein wichtiges Rückzugsgebiet für viele Wasservögel, wenn im Sommer der Trubel auf dem See zu groß ist. In den angrenzenden Feuchtwiesen und Flussauen gibt es nicht nur Störche, sondern auch seltene Vogelarten wie den Säbelschnäbler, den Purpurreiher und die Uferschnepfe. Im Frühsommer verwandeln sich die Streuwiesen in ein Meer von blauen Irisblüten.

Und wer das Fünfseenland immer nur eilig auf dem schnellstmöglichen Weg, der Olympiastraße, durchfährt, der wird niemals die wilde Pähler Schlucht und ihren Wasserfall entdecken, obwohl sie buchstäblich neben der Straße liegt. Und auch die beeindruckende Eiszerfallslandschaft der Osterseen wird man nur entdecken, wenn man sich die Zeit für einen langen Spaziergang nimmt.

Genauso liegen die Schauplätze von großer und kleiner, von unbekannter und beinahe vergessener Geschichte direkt neben

Am Ufer des Starnberger Sees bei Ammerland

den Straßen und Wegen. Dieses Buch will sie schlaglichtartig beleuchten und zur Spurensuche einladen. Manchmal sind diese Schauplätze auch „braune Flecken", wie der Schriftsteller und literarische Landvermesser Gerd Holzheimer schreibt, der das Fünfseenland wie kaum ein anderer kennt. Er meint die manchmal mehr und manchmal weniger gut verwischten Spuren der NS-Geschichte: „Man kommt nicht drumherum. Sie sind da, auch und gerade hier. Und bleiben wie Eichenlaub bis ins Frühjahr, sich zwischen alles streuend, was da schon blüht: Schneeglöckchen, Winterlinge, Krokus, und immer die braunen Flecken dazwischen."

Und so vereint dieses Buch eben auch Ernstes und Trauriges, Denkwürdiges und Unerhörtes, meistens aber Schönes, Heiteres, Merkwürdiges, Unglaubliches und hoffentlich Unterhaltsames!

Bahnhöfe, Dampfschiffe und eine Drahtseilbahn

Der historische Bahnhof in Starnberg

Der historische Bahnhof in Starnberg, einst glanzvolles Entree der Stadt an der Nordspitze des Sees, ist in die Jahre gekommen und harrt nun schon seit einer ganzen Weile im unrenovierten Zustand seiner Umwandlung zum „Kulturbahnhof". Wer aber verstehen will, welche Bedeutung der Starnberger See einst für die Münchner Gesellschaft hatte, der sollte unbedingt mit dem Zug oder mit der S-Bahn ins Fünfseenland fahren und am „Bahnhof See" in Starnberg aussteigen. Wenn man an einem klaren Tag ankommt, wird man schon am Bahnsteig überwältigt vom Blick über den ganzen See und auf das atemberaubende Alpenpanorama.

Der Starnberger See verdankte seine Attraktivität zu allen Zeiten seinen unbestrittenen landschaftlichen Reizen – und vor allem seiner Nähe zur Landeshauptstadt: „Eine halbe Stunde von München" lautete schon vor gut hundert Jahren der Werbeslogan des „Verkehrsverbands Starnberger See". Karl Valentin machte seinerzeit daraus: Wenn man um halb acht in München losfahren würde, könnte man schon um acht in Starnberg sein. Was aber solle er, Valentin, „um acht in der Früh'" in Starnberg?

Als man die landschaftliche Schönheit des Starnberger Sees erst einmal entdeckt und sie im Jahr 1854 mit dem Bau der Eisenbahnlinie München – Starnberg auch für die Allgemeinheit mit nur einer halben Stunde Fahrtzeit zugänglich gemacht hatte, gab es kein Halten mehr: Gegen Ende des 19. Jahrhunderts kamen nicht nur Maler und Dichter, Großbürger, Industrielle und Neureiche, sondern überhaupt jeder im Sommer an den Starnberger See. Und es war eine Zeit, in der nicht nur landschaftliche Schönheit, sondern auch die Technik eine enorme Faszination ausübte: Zu den großen Attraktionen gehörten zunächst die Eisenbahn und die Dampfschifffahrt, später waren es das Undosa-Bad, das ab 1905 als erstes in Deutschland mit einer Wellenmaschine ausgestattet war, und eine Seilbahn von Leoni auf die Rottmannshöhe, die um die Jahrhundertwende Tausende von Besuchern anlockten.

Im ersten Jahrzehnt des neuen Jahrhunderts pries sich auch das „Fremdenheim Huber" in der Starnberger Ludwigstraße auf der hauseigenen Postkarte an: „3 Minuten vom Bahnhof, Privatpension in ruhiger, bester Lage Starnbergs. 20 Fremdenbetten, Südterrasse, Liegegarten und alle Bequemlichkeiten, wie auch Zentralheizung und Bäder stehen unseren Gästen zur Verfügung. Bekannt gute Küche. Auto-Einstellgelegenheit ist vorhanden." Postkarten vom Starnberger See wurden in deutscher und englischer, französischer, holländischer und sogar ungarischer Sprache verschickt: Über 3.000 solcher Karten von langen Aufenthalten oder kurzen Ausflügen – „Gestern Abend Oktoberfest, heute Starnberger See, herrliches Wetter, Deine Mutti" – haben sich in einer Sammlung erhalten, die seit einigen Jahren im Archiv der Kreissparkasse München Starnberg schlummert. Eine „Privatierstochter" in Tirschenreuth etwa erhielt eine Karte mit einer Ansicht von der Starnberger Hauptstraße, auf der Höhe des Rathauses hat der Absender in schnörkeliger Schrift: „Dös is a guats Lüfterl!" geschrieben und hat es vermutlich zur damaligen Zeit nicht einmal ironisch gemeint. Eine andere Karte hingegen verrät, dass es zumindest ein sommerliches Problem schon damals gab: „Liebe Mutter, hoffentlich geht es Dir gut. Mir schon. Nur das Wetter ist trostlos und macht mir immer wieder einen dicken Strich durch die Rechnung."

Aus dem verschlafenen Fischerdorf Achheim am Ufer des Sees war innerhalb von nur wenigen Jahrzehnten das mondäne Seebad Starnberg geworden, dessen glanzvolles Entree der von keinem Geringeren als dem königlichen Baurat Friedrich Bürk-

Der Eingang zum ehemaligen „Wartesalon für allerhöchste Herrschaften"

lein entworfene Bahnhof im eleganten Maximilianstil war. Als
Bahnhof für die königliche Sommerresidenz verfügte er – im
Unterschied zu den anderen Haltepunkten – über ein repräsen-
tatives Empfangsgebäude, in dem es auch einen „Wartesalon für
allerhöchste Herrschaften" gab. Die Ausstattung des mit dunklem
Holz getäfelten Warteraums war von der englischen Gotik inspi-
riert. Im immer noch noblen Ambiente des in Würde gealterten
Salons finden heute unter der Ägide der Stadt Starnberg feine
Kulturveranstaltungen statt.

Der von Bürklein für seinen königlichen Auftraggeber Maximilian II. entwickelte repräsentative Baustil vereinte neogotische
Elemente mit den technischen Errungenschaften der Zeit. Das lang
gestreckte, zweigeschossige Walmdachgebäude war ursprünglich
von einem kleinen Glockenturm bekrönt. Die Anlage war von
barocken Schlossbauten inspiriert, die beiden flügelartigen, einge-
schossigen Anbauten spannen aber nun anstatt des „Cour
d'honneur", des Ehrenhofs, eine von schlanken gusseisernen Säu-
len getragene Vorhalle ein. Hier, auf der Stadtseite, verliefen

15

Der „Kulturbahnhof", hier mit einer Lichtinstallation des Künstlers Johannes Reihl

ursprünglich die Gleise, sie wurden jedoch schon nach wenigen Jahren auf die Seeseite verlegt. Auch dort wurde dem Gebäude eine säulengestützte Perronhalle vorgelagert.

Erhalten hat sich übrigens das Geschäft für „feine Kost", das der ehemalige Leibkoch von Ludwig II. in Starnberg eröffnete. Nach dem Tod des unglücklichen Königs arbeitete Theodor Hierneis noch bis 1890 als Hofkoch des Prinzregenten Luitpold. Dann machte er sich als Delikatessenhändler selbstständig und bewarb sich um den Titel eines Hoflieferanten, den er auch erhielt. Sein Starnberger Geschäft lag in der Maximilianstraße nur ein paar Schritte vom königlichen Wartesaal des Bahnhofs entfernt und belieferte deshalb nicht nur die königliche Sommerresidenz in Berg, sondern konnte auch kulinarische Wünsche der allerhöchsten Herrschaften auf Reisen befriedigen. Und auch heute noch kann man dort im ehemaligen Feinkostgeschäft von Theodor Hierneis einkaufen und ausgesprochen nobel einen kleinen Imbiss zu sich nehmen.

Der Bahnhof und vor allem der parallel zum Ufer verlaufende Gleisstrang schneiden die Stadt Starnberg heute brutal von ihrem See ab. Die sogenannte „Seeanbindung" ist deshalb im Stadtrat ein seit vielen Jahren heiß diskutiertes Thema. Zur Erbauungszeit des Bahnhofs machte jedoch gerade diese unmittelbare Nähe zum See und zum Dampfersteg seine Attraktivität aus: Als Bürklein seine Pläne einreichte, schrieb er an die königliche Regierung, dass zwar einige Grundbesitzer auf ihre schöne Aussicht verzichten müssten, dies würde jedoch „für das Publikum durch die Annehmlichkeit aufgewogen, nach Ankunft mit dem Dampfwagen in wenigen Schritten schon das davorliegende Dampfboot erreichen zu können".

Tatsächlich war der Bau der Eisenbahnlinie ein Coup, den sich der findige Unternehmer Johann Ulrich Himbsel ausgedacht hatte: Er war nämlich Mitbegründer der „Starnberger Eisenbahn- und Würmseedampfschiffahrtsgesellschaft" und hatte bereits im Jahr 1850 bei der Maschinenfabrik Maffei in der Hirschau bei München den Bau eines Raddampfers in Auftrag gegeben. Das „Dampfschiff Maximilian" wurde am 1. Mai 1851 im Beisein von König Maximilian II. feierlich vom Stapel gelassen. Es sollte gerade die Verbindung von Eisenbahn und Schifffahrt sein, die den Starnberger See zum attraktiven Ausflugsziel für die Münchner machte – und man darf wohl sagen, dass Johann Ulrich Himbsel der Erfinder des Fremdenverkehrs im Fünfseenland war.

DER HISTORISCHE BAHNHOF IN STARNBERG
Schifffahrt Starnberger See: Nepomukweg 4, 82319 Starnberg, Tel. 08151 8061, E-Mail: starnbergersee@seenschifffahrt.de, www.seenschifffahrt.de.

Einkehrtipp: Schindler Delikatessen, Maximilianstraße 1, 82319 Starnberg, Tel. 08151 4468890, E-Mail: info@schindler-delikatessen.de, www.schindler-delikatessen.de; Öffnungszeiten: Montag bis Freitag 9.30 bis 18.30 Uhr und Samstag 9 bis 14 Uhr.

Die Seilbahn auf die Rottmannshöhe

G ehen wir zum Leoni" – das war unter den Münchner Künstlern zu Anfang des 19. Jahrhunderts ein geflügeltes Wort. Hatte man einen Tag mit Staffelei und Pinsel auf einer der Anhöhen über dem See oder im Boot auf dem Wasser verbracht, dann ging man am Abend zu Giuseppe Leoni.

Der Münchner Hofopernsänger und Spross eines sizilianischen Adelsgeschlechts pflegte hier die italienische Gastfreundschaft. Leonis Ehefrau war weithin bekannt für ihre hervorragenden Kochkünste. Als die Räumlichkeiten im ererbten Sommersitz für die vielen Gäste nicht mehr ausreichten, baute Leoni an und eröffnete schließlich ein Restaurant und später sogar eine Fremdenpension. Man ging „zum Leoni" und vergaß bald, dass der kleine Fischerort ursprünglich „Assenbuch" geheißen hatte.

Anstelle des Gasthauses von Giuseppe Leoni entstand 1870 direkt an der Anlegestelle des Dampfers das hübsche „Seehotel Leoni" mit den zwei unterschiedlichen Türmchen. Es gehörte Oskar Strauch, dem noblen Paten des Schriftstellers Oskar Maria Graf, und galt als eines der besten Häuser rund um den See. Von hier aus hatte der Münchner Landschaftsmaler Carl Rottmann auf einem seiner Spaziergänge die später nach ihm benannte Anhöhe mit der legendären Aussicht entdeckt. Ein halbes Jahrhundert später kaufte Oskar Strauch das mittlerweile dort oben entstandene „Palasthotel Rottmannshöhe". Und weil die Aussicht zwar schön, der Aufstieg aber beschwerlich war, beantragte er 1896 beim Königlichen Bezirksamt München II eine „Konzession zur Gestaltung und zum Betriebe einer Drahtseilbahn von Leoni auf die Rottmannshöhe".

Der „Seilbahnweg" im Berger Ortsteil Leoni, außerdem ein kleines Stück des Drahtseils, das zwischen zwei Bäumen eingewachsen ist, sowie ein schönes altes Schild, auf dem in geschwungenen Lettern geschrieben steht „Zur Drahtseilbahn, Thalfahrt nach Leoni à Person 10 Pf." – das ist alles, was an die Standseilbahn von Leoni auf die Rottmannshöhe erinnert, die am 5. September 1896 eröffnet wurde und etwa zwei Jahrzehnte lang eine der größten Attraktionen am Starnberger See war.

Schnurgerade verläuft noch heute die Trasse der ehemaligen Seilbahn von Leoni den Berg hinauf. Auf halber Höhe macht sie einen eleganten Schwung nach rechts. Ein paar Mauerreste verraten noch, wo sich einst die Ausweichstelle befand: Hier fuhren der von oben und der von unten kommende Waggon aneinander vorbei. Dann geht es ebenso schnurgerade zunächst in einem gemauerten Graben und dann auf einem schmalen Wall weiter durch den Wald in Richtung Rottmannshöhe. Der Seilbahnweg beginnt direkt gegenüber des Seehotels – das allerdings längst nicht mehr das schöne alte Gebäude mit den zwei Türmchen ist. Wer heute einen Spaziergang auf den Spuren der ehemaligen Seilbahn macht, der kann sich gut vorstellen, wie idyllisch das kleine Dorf Assenhausen, einst Bergstation der Bahn, einmal gewesen sein dürfte. Zwischenzeitlich hat es hier gleich drei Cafés gegeben und auf dem Dach des eleganten Hotels Rottmannshöhe stand vor hundert Jahren sogar ein Aussichtsturm, den man mit einem Aufzug erreichte: „Eine Fernsicht von bezaubernder Schönheit auf den tief unten liegenden See mit seinen Dampfern, Segel- und Ruderbooten, auf die überall zerstreut umherliegenden Ortschaften und auf die mächtige Gebirgskette vom Wendelstein bis zu den Allgäuer Alpen", warb der

Historisches Hinweisschild auf der Rottmannshöhe

„Verschönerungsverein" zu Beginn des vergangenen Jahrhunderts in einer kleinen Broschüre, die als „kostenloser Wohnungsnachweis und Auskunft" in der Bäckerei von Max Graf in Berg erhältlich war.

Schon mit der Eisenbahn und den ersten Dampfschiffen hatte der Fremdenverkehr am Starnberger See eingesetzt. Unmittelbar nach dem Tod von König Ludwig II. im Juni 1886 kamen die ersten Besucherscharen. Von der „Grundsteinlegung zur Votivkirche, Weiland Seiner Majestät des König Ludwig II. von Bayern" berichtete der Land- und Seebote im Juni 1896. „Seine königliche Hoheit der greise Prinzregent wird der Feierlichkeit mit entsprechendem hohen Gefolge selbst beiwohnen", heißt es weiter. „Eine an der Unglücksstelle erbaute, mit prächtigen Wandgemälden ausgeschmückte Votivkapelle erinnert an diese für Bayerns Herrscherhaus und Volk so traurige Zeit", schreibt der Verschönerungsverein ein paar Jahre später blumig. Und weiter: „Das königsliche Schloß und der dasselbe umgebende Schloßpark ist während des ganzen Jahres den Besuchern geöffnet." Aber auch der 1899 auf einer freien Wiese errichtete Bismarckturm, von der Bergstation der Seilbahn „in wenigen Minuten erreichbar", lockte damals „alljährlich Tausende von Fremden" an.

Zu Beginn des Jahres 1896 war vom Königlichen Bezirksamt München II unter allerhand Auflagen für die vom „Hotelbesitzer Oskar Strauch in Leoni und den Privatier Josef Sigl in Starnberg zu gründende Gesellschaft mit beschränkter Haftung die Konzession zur Gestaltung und zum Betriebe einer Drahtseilbahn von Leoni auf die Rottmannshöhe" erteilt worden. Der Land- und Seebote berichtete damals: „Die Arbeiten auf der Rottmannshöhe schreiten seit dem die allerhöchste Genehmigung erteilt worden ist, rasch vorwärts. Von den Dampfschiffen sieht man in der Nähe Leonis die Arbeiter an dem steilen Abhange rege schaffen und ist oben bei der Rottmannshöhe selbst das Dach des Maschinen- und Unterkunftshauses sichtbar. Mit der Schienenlage ist bereits von oben herab begonnen und gehen die Erdarbeiten ihrer Vollendung entgegen. – Mit Ungeduld sieht das Publikum der Betriebseröffnung entgegen." In derselben Ausgabe wird auch vom Fortschreiten der Bauarbeiten an der Votivkapelle berichtet. Mitte Mai schreibt das Lokalblättchen: „Von der Rottmannshöhe wird dem Land- und Seeboten mitgeteilt, daß im

Die Seilbahntrasse zwischen Leoni und der Rottmannshöhe

Monate Juli die Drahtseilbahn fertiggestellt sein wird. Die Unternehmer waren im April sehr durch die nasse Witterung an der Arbeit gehemmt." Und gleich weiter heißt es: „In einiger Entfernung von der Rottmannshöhe, gegen Südwest, sieht man zur Zeit von den Schiffen aus in einer Entfernung von circa 500 Meter vom Ufer eine weißblaue Fahne auf einer hohen Stange wimpeln. Es zeigt dieselbe die Stelle an, wo der Bismarckturm angebracht werden wird."

Anfang Juni waren schon viele Sommergäste am Starnberger See, die Bahn aber noch nicht fertig. Man begnügte sich vorab mit der Besichtigung der Baustelle und der eifrige Lokalreporter schrieb einen ausführlichen Bericht mit allen technischen Details. Ende August aber war es endlich so weit: „Die Drahtseilbahn, welche Leoni mit der Rottmannshöhe verbindet, ist soweit fertig gestellt, daß sie nunmehr der Eröffnung harrt, welche nach Prüfung durch die staatliche Kommission erfolgen kann. Diese Prüfung auf Sicherheit wird besonders interessant dadurch werden, daß eine Erprobung auf sofortiges Stillstehen der Waggons beim Reißen des Drahtseils vorgenommen wird. Diese Probe wird bei der höchsten Steigung erfolgen." Und endlich, am 8. September heißt es: „Von Leoni wird mitgeteilt, daß am Samstag die Drahtseilbahn nach der Rottmannshöhe in Betrieb gesetzt und nunmehr dem öffentlichen Verkehr übergeben worden ist. Der darauffolgende Sonntag zeigte einen äußerst regen, zahlreichen Verkehr."

Der Hotelier Oskar Strauch hatte mit der Seilbahn eine attraktive Verbindungslinie zwischen den beiden von ihm geführten Häusern, dem Hotel Leoni und dem Hotel Rottmannshöhe, geschaffen. Auch die Sommergäste, die in den Gasthöfen in Allmannshausen und Assenhausen absteigen wollten, kamen mit der Seilbahn vom Dampfersteg herauf und ließen ihr Gepäck an der Bergstation abholen.

Zum Saisonbeginn 1898 konnte der Land- und Seebote vermelden: „Gestern ist durch die kommissarische Besichtigung der Generaldirektion die Drahtseilbahn geprüft worden. Der Betrieb beginnt am Ostermontag. Abfahrt der Wägen nach Ankunft der

Dampfschiffe. Zwei weitere Wägen sind neu eingestellt worden, so daß mit vier Wägen gefahren wird, um einen rascheren Verkehr zu bethätigen." Zumindest in den ersten Jahren dürfte die Seilbahn also durchaus rentabel gewesen sein. Im „Illustrierten Reiseführer", den Franz-Xaver Gegenfurtner 1896 herausgab, hieß es jedenfalls: „Der Besitzer beider Hotels, Herr Oskar Strauch, Mitbesitzer der Drahtseilbahn, ließ sich keine Kosten scheuen, um allen gerechten Anforderungen der Besucher dieser Etablissements in jeder Weise zu entsprechen und wird nicht so leicht ein Besucher unbefriedigt von dannen gehen."

Es war wohl der Erste Weltkrieg, der die Besucher nach und nach ausbleiben ließ. Auch soll es in den späteren Jahren öfters technische Probleme gegeben haben, sodass die Seilbahn 1919 den Betrieb einstellen musste. Auf der Rottmannshöhe war zwischenzeitlich ein Sanatorium, in dem man sich einer neuartigen Diätkur unterziehen konnte, untergebracht worden. Ab 1922 hatten die Jesuiten dort ein Exerzitienhaus. Sie ließen nicht nur den Aussichtsturm, sondern auch alle schmückenden architektonischen Details am Haus sowie die gesamte Seilbahnanlage entfernen. Das Maschinenhaus, in dem die mit Torf aus dem Allmannshauser Moor betriebene Dampfmaschine gestanden hatte, wurde zur Kapelle umgebaut. Beim Abbau der Gleisanlage raste ein Waggon in den See hinein, weiß Alfons Buttinger, der Besitzer des ehemaligen Waldcafés auf der Rottmannshöhe, zu berichten. Der Wagen soll noch heute etwa 30 Meter vom Ufer entfernt im See liegen. Buttinger hat auch das alte Hinweisschild aufgehoben und an der Tür zu seiner Kegelbahn befestigt.

DIE SEILBAHN AUF DIE ROTTMANNSHÖHE
Einkehrtipp: Seehotel Leoni: Assenbucher Straße 44, 82335 Berg am Starnberger See, Tel. 08151 50 60, E-Mail: info@seehotel-leoni.com, www.seehotel-leoni.com.

Einkehrtipp: Fischermeister Gastl Café, Assenbucher Straße 41, 82335 Berg am Starnberger See, Tel. 08151 5627, E-Mail: info@fischermeister-gastl.de, www.fischermeister-gastl.de; Öffnungszeiten: Donnerstag bis Sonntag 11 bis 18 Uhr (ab Mai auch Mittwoch).

Der malerische Bahnhof in Herrsching

Der Ammersee ist nach dem Chiemsee und dem Starnberger See der drittgrößte See in Bayern. Bei der Entdeckung der oberbayerischen Seen durch die Sommerfrischler und Ausflügler des 19. Jahrhunderts wurde er zunächst ein wenig übersehen – und genau diesem Umstand verdankt er bis heute seine ganz besonders reizvolle Beschaulichkeit. Als Fremdenverkehrsort erwachte das kleine Fischerdorf Herrsching erst nach dem Bau der Eisenbahnlinie 1903, also fast ein halbes Jahrhundert später als das benachbarte Starnberg.

Vom einstigen Jugendstil-Charme des Herrschinger Bahnhofs hat sich nicht viel erhalten.

Der „Land- und Seebote" berichtete am 21. Juni 1903: „Da der Ausflugsverkehr auf der neuen Bahnlinie ganz erheblich zu werden verspricht, hat die Eisenbahnbetriebsdirektion in Bezug auf die Stationsanlagen nichts unterlassen, genügend große, helle Räume zur Unterbringung der Ausflügler sowohl wie des Personals zu errichten." Die 22 Meter lange Wartehalle am Endbahnhof in Herrsching war denn auch für sage und schreibe 350 Personen ausgerichtet. Das Bahnhofsgebäude war aber nicht auf Repräsentation ausgerichtet, sondern hatte mit einer unregelmäßig gestalteten Fassade einen eher malerischen Charakter ganz im Stil der Zeit: Alle Fenster und Türen hatten ursprünglich geschwungene Putzrahmungen mit farbigen Pflanzenornamenten, die jedoch im Zuge späterer Renovierungen abgeschlagen wurden. Der kleine Pavillon aber, der als „Verkehrs-Zentrale" zwei Jahre nach dem Bahnhof auf der gegenüberliegenden Straßenseite errichtet wurde, hat sich seine bezaubernde Jugendstil-Anmutung bis heute erhalten. Und auch heute noch bekommen Touristen dort alle wichtigen Informationen für ihren Aufenthalt am Ammersee.

Die malerische und noch ländlich geprägte neue Ausflugslandschaft am „Bauernsee" war es, die auf Ausflügler und Sommerfrischler, auf Künstler und Lebenskünstler zu Beginn des 20. Jahrhunderts einen großen Reiz ausübte. Schon vor der Eröffnung der neuen Bahnlinie für den Personenverkehr hatte sich ein Reporter des „Land- und Seeboten" als blinder Passagier auf einen Güterzug geschmuggelt. Voller Enthusiasmus berichtet er in der Ausgabe vom 15. Februar 1903 von dieser Fahrt: „Wahrhaftig, wir kommen in eine herrliche Gegend! Wie rein und sauber hier die Häuser sind, dazwischen die stilvollen Villen einiger Münchener Patrizier." Über Weßling schreibt er: „So nahe der Hauptstadt ein so niedlicher See mit mildem Badewasser muß eine Zukunft haben. Weßling hat Talente zu einem Miniatur-Ostende!" Weiter geht es durch den „herrlichen Buchenwald": „Nach 5 Minuten langer Fahrt treten wir aus dem Forste heraus: ein Schmuckkästlein tut sich auf und bietet unseren Augen den Inhalt zum Beschauen dar, der sagenreiche Wörthsee liegt vor uns." Und schließlich: „Vor uns liegt der liebliche Pilsensee und als Abschluß des gesamten Panoramas schillert die grüne Wasserfläche des Ammersees hervor, an dessen Ende der Peißenberg, der bayr. Rigi, mit seiner Bergkirche gegen das blaue Firmament ragt."

Nur ein Katzensprung ist es vom Herrschinger Bahnhof bis zum Kurpark am Seeufer.

Das stilvolle Gebäude der Tourist-Information in Herrsching

Die Bahnstrecke München – Herrsching wurde schließlich am 1. Juli 1903 in Betrieb genommen. Von Anfang an wurden täglich drei Zugpaare und im Sommer ein zusätzlicher Badezug eingesetzt, trotzdem war die Strecke gerade in dieser Jahreszeit oft überlastet. Schon im Eröffnungsjahr war sie mit mehr als 120.000 Fahrgästen die meistbefahrene Lokalbahnstrecke der Region, ein Jahr später waren es bereits 260.000. Deshalb wurde im Jahr 1913 der Abschnitt von Pasing bis Freiham zweigleisig ausgebaut. 1925 wurde die Strecke elektrifiziert, sodass mehr Züge auf der Strecke fahren konnten und sich die Fahrtzeit verringerte. Es ist wohl auch dem Bau der Bahnlinie zu verdanken, dass aus den 500 Menschen, die in dem kleinen Fischerdorf Herrsching um 1900 lebten, mehr als 10.000 Einwohner geworden sind.

DER MALERISCHE BAHNHOF IN HERRSCHING
Tourist-Information Herrsching: Bahnhofsplatz 3, 82211 Herrsching, Tel. 08152 52 27, E-Mail: herrsching@sta5.de.

Einkehrtipp: Andechser Hof, Zum Landungssteg 1, 82211 Herrsching am Ammersee, Tel. 08152 96810, E-Mail: info@andechser-hof.de, www.andechser-hof.de.

Die Schifffahrt auf dem Ammerssee

Beim Bau der Eisenbahnlinie von Pasing an den Ammersee ist Stegen seinerzeit zu kurz gekommen, die Linie führt nämlich über Seefeld nach Herrsching. Beim Bau der Autobahn ist es dafür fast ein bisschen zu gut weggekommen, denn diese verläuft zwischen Stegen und Eching direkt am nördlichen Ammerseeufer. Die Stegener haben allerdings damals wie heute aus der Not eine Tugend gemacht.

Hugo Arnold schrieb in seinem Ammerseeführer von 1878 noch von einer „Aschenbrödelrolle durch die Abgelegenheit des Landstriches", aber schon ein Jahr später fuhr die Eisenbahn auch von München nach Lindau. Der dem Ammersee nächstgelegene Bahnhof in Grafrath wurde zur Umsteigestation für die Ausflügler aus München. Der Amper-Flussdampfer „Marie Therese" aus der Münchner Lokomotivenfabrik von J. A. Maffei, der sie nach Stegen brachte, war ebenso wie das Bier, das Otmar Schreyegg ab 1890 am Stegener Berg braute, eine besondere Attraktion für die Städter.

An manchen Sommerwochenenden kamen so viele Münchner, dass man Schleppkähne an das Dampfschiff anhängen musste. Auch der ehemals königliche Dampfer „Tristan", mit dem vormals Ludwig II. über den Starnberger See gefahren war, absolvierte auf der Amper nach dem Tod des Königs noch eine zweite Karriere unter dem Namen „Ludwig". Dafür reiste er, von acht Pferden gezogen, auf dem Landweg an dem Ammersee, wurde ein wenig umgebaut und verrichtete hier seinen Dienst bis 1898. Bis zum Zweiten Weltkrieg wurde er noch als Transportschiff in der Stegener Werft eingesetzt. Zuletzt allerdings fand er wie sein früherer Besitzer einen recht unrühmlichen Ertrinkungstod: 1945 wurde das ausrangierte Schiff im Ammersee versenkt. Da war es aber mit der Amperschifffahrt ohnehin längst vorbei. Seit 1898 fuhr die Ammersee-Bahn von Augsburg nach Weilheim am westlichen Seeufer entlang und ab 1903 wurden die Münchner Ausflügler ja ohnehin von der Eisenbahn am Herrschinger Bahnhof in unmittelbarer Nähe zum See ausgespuckt.

Die Fischerei und die Schifffahrt haben das Leben in Stegen bereits bestimmt, bevor überhaupt die ersten Sommerfrischler kamen – und auch ein Wirtshaus hat es in der Nähe der Amperbrücke schon in früheren Jahrhunderten gegeben. Heute lädt das nördliche Ammerseeufer Besucher mit seinen Biergärten und Restaurants ein, die teilweise immer noch den Charme eines Fin-de-Siècle-Seebads haben und teilweise zu trendigen Sonnenuntergangs-Locations mit Clubatmosphäre aufgemöbelt wurden. Stegen profitiert als Freizeitgelände ebenso wie als Gastronomiestandort davon, dass es unmittelbar an der Autobahnausfahrt gelegen und somit nur einen Katzensprung von München entfernt ist.

„Das alleinige Recht zum Transport von Personen und Waren auf dem See" war den Fischern am Ammersee in der „Seeordnung" von 1841 verbrieft worden. „Die landschaftlichen Reize des Ammersees stehen jenen seines stolzen Nachbarn drüben an der Würm merklich nach. Man vermisst die herrlichen Edelsitze mit den duftenden Parken, die zahllosen Villen mit ihren zierlichen Gärten an den Abhängen reizender Höhenzüge und die glänzenden Equipagen, welche die Ufer des Starnberger Sees beleben. Kein Dampfschiff durchfurcht die lange Wasserfläche und selbst die kleinen Schiffe unterhalten nur eine spärliche Communication zwischen den Uferorten", heißt es denn auch in einem Reiseführer aus dem Jahr 1867.

Auf dem Ammersee fahren gleich mehrere Nostalgie-Dampfer.

Zehn Jahre später aber war endgültig Schluss mit der „feierlichen Stille", die jener Reiseführer beschwört: Das erste Dampfschiff wurde in Betrieb genommen. Die Ammersee-Schifffahrt ist traditionell eng verbunden mit Stegen, „erfunden" aber wurde sie von zwölf Dießenern, die das erste Schiff, den „Omnibus", aus eigener Tasche finanzierten. Die kühne Unternehmung schien damals wenig erfolgversprechend, deshalb wurden sie als „die zwölf Apostel vom Ammersee" verspottet. Der erste Dampfer erwies sich dann tatsächlich als wenig seetauglich und musste schon bald ersetzt werden: 1878 wurde das nach der bayerischen Königin „Marie" benannte Schiff in Dießen getauft.

Noch heute verkehren auf dem Ammersee zwei Schaufelraddampfer. Die 2002 gebaute „Herrsching" und die zu ihrem 100. Geburtstag im Jahr 2008 mit Originalteilen nachgebaute „Diessen" haben wie die übrigen Schiffe ihren Heimathafen in Stegen. Vielleicht sind es ja diese beiden wunderbar nostalgischen Schiffe, die dazu geführt haben, dass der Ammersee in unserem Jahrtausend den Starnberger See bei den Passagierzahlen endgültig überflügelt hat.

DIE SCHIFFFAHRT AUF DEM AMMERSEE

Bayerische Schifffahrt Ammersee: Landsberger Straße 81, 82266 Inning am Ammersee, Tel. 08143 94021, E-Mail: zentrale@seenschifffahrt.de, www.seenschifffahrt.de.

Einkehrtipp: Ammerseer Bräustüberl, Landsberger Straße 57, 82266 Inning am Ammersee, Tel. 08143 9976431, E-Mail: gastronomie@ammerseer-brauhaus.com, www.ammerseer-brauhaus.com; Öffnungszeiten: Donnerstag bis Sonntag und an Feiertagen 12 bis 23 Uhr.

Einkehrtipp: Seehaus Schreyegg, Landsberger Straße 78, 82266 Stegen am Ammersee, Tel. 08143 992537, E-Mail: info@seehaus-schreyegg.com, www.seehaus-schreyegg.com; Öffnungszeiten: täglich ab 9 Uhr, November bis Ende Februar Dienstag Ruhetag.

Fatschenkindl und saumäßige Dinger

St. Jakob in Schondorf

Nicht nur eine Römerstraße verlief westlich des Ammersees, auch der Jakobsweg von München ins 2.700 Kilometer entfernte Santiago de Compostela führte durch Schondorf. Die angebliche Grabstätte des Apostels Jakobus in Santiago de Compostela hatte sich im Mittelalter neben Rom und Jerusalem zum dritten Hauptziel der christlichen Pilgerfahrt entwickelt. Das sogenannte Jakobsbuch, eine Sammelhandschrift aus dem 12. Jahrhundert mit zahlreichen Wundererzählungen, hatte die Jakobswallfahrt enorm populär gemacht. Die Grafen von Dießen-Andechs und ihre Dienstmannen in Gestalt eines Konrad von Schondorf erscheinen ebenfalls Mitte des 12. Jahrhunderts als Inhaber der weltlichen Herrschaft. So dürfte dieser erste namentlich erwähnte Ortsadelige auch der Erbauer der Kirche St. Jakob in Unterschondorf gewesen sein, die als einer der besterhaltenen romanischen Sakralbauten im Alpenvorland gilt. Die aus Tuffstein gemauerte Kirche steht auf einer kleinen Anhöhe am Seeufer und ist vermutlich älter als die kleine Fischersiedlung, die erst nach und nach zu ihren Füßen entstand.

St. Jakob in Unterschondorf ist älter als der Ort selbst.

Auf einer Zeichnung von Carl Spitzweg aus dem Jahr 1858 erhebt sich das Schondorfer Kirchlein noch über den wenigen niedrigen Fischerhäusern, um die Jahrhundertwende waren sie dann bereits behäbigen Höfen gewichen. Mit der Einführung der Ammerseeschifffahrt 1868 und der Eröffnung der Ammerseebahn 1898 wurden die ersten Sommerfrischler und Ausflügler ans westliche Ammerseeufer gespült. Im Jahr 1874 hatte mit der „Post" das erste Gasthaus am Ort eröffnet und bald darauf ließen sich die ersten Auswärtigen hier Sommerhäuser bauen.

Die Schondorfer Jakobskirche gab Generationen von Forschern Rätsel auf. Sie ist nicht nur eine der ältesten Kirchen der Region, sie weist auch einige Besonderheiten auf. Der aus sorgfältig behauenen Tuffquadern errichtete Bau ist unverputzt, allein das ist für das Alpenvorland recht ungewöhnlich. Außerdem gibt es über dem Langhaus ein Obergeschoss, über dessen Funktion immer noch Unklarheit besteht. Wegen seiner schmalen Fensterschlitze könnte der obere Raum zu Verteidigungszwecken genutzt worden sein. Ein Visitationsprotokoll aus dem 17. Jahrhundert erwähnt einen zweiten Altar im Obergeschoss, der auf eine Doppelkirche hindeuten könnte. Da die Kirche eine Station auf dem Jakobsweg war, erscheint es allerdings am wahrscheinlichsten, dass sich über dem Kirchenraum eine Pilgerherberge befand.

Der kecke barocke Dachreiter aus dem Jahr 1750 weist schon von außen darauf hin, dass die uralte Kirche im Laufe der Jahrhunderte mehrmals modernisiert wurde. Der Hochaltar mit dem zweisäuligen Aufbau, seitlichen Muschelkonsolen und dem von Engeln flankierten Giebelauszug stammt aus dem 17. Jahrhundert. Die farbig gefassten Holzfiguren

Der unverputzte Tuffsteinbau ist eine Besonderheit in der Region.

kommen aus der Weilheimer Degler-Werkstatt. Der Kirchenpatron als Hauptfigur wird von der heiligen Katharina und dem heiligen Paulus flankiert. An der Mensa gibt es außerdem ein Gemälde, das den heiligen Jakobus als Pilger darstellt. Eine Kopie des berühmten Mariahilf-Bilds von Lucas Cranach hängt an der Westwand in einem üppigen Rokokorahmen. Das Gnadenbild aus dem Innsbrucker Dom war sehr populär und hat in unzähligen Kopien und Variationen vor allem im Alpenraum weite Verbreitung gefunden.

Das Obergeschoss der Kirche diente vielleicht als Pilgerherberge.

In der Kirche St. Jakob gab es früher auch ein bedeutendes romanisches Holzkruzifix aus dem 13. Jahrhundert, das jedoch 1942 aus dem Kirchlein gestohlen wurde und nie wieder auftauchte. Als Ersatz kam 1969 durch eine Stiftung ein Kruzifixus aus der Andechser Gegend in die Kirche, es stammt ebenfalls aus der Zeit um 1200.

ST. JAKOB IN SCHONDORF
Katholische Pfarreiengemeinschaft Utting-Schondorf: Ludwigstraße 14, 86919 Utting a. A., Tel. 08806 7577, www.pg-utting.de.

Tourismusbüro: Bahnhofstraße 44, 86938 Schondorf, Tel. 08192 8899, E-Mail: tourismus@schondorf.de, www.schondorf-tourismus.de; Öffnungszeiten: Mitte Mai bis Mitte September Montag, Dienstag, Donnerstag und Freitag 10 bis 12 Uhr, Mitte September bis Mitte Mai Dienstag und Donnerstag 10 bis 12 Uhr.

St. Stephan in Mörlbach

Das Dörflein Mörlbach, ein Ortsteil der Gemeinde Berg am Ostufer des Starnberger Sees, liegt etwas abgelegen auf einem Moränenhügel zwischen dem Starnberger See und dem Isartal. Durch den Bau der Garmischer Autobahn, die unmittelbar am Ortsrand vorbeiführt, wurde Mörlbach vor den Olympischen Spielen 1972 recht drastisch in die Gegenwart katapultiert – abgelegen ist es aber zwischen den beiden Ausfahrten Schäftlarn und Wolfratshausen trotzdem immer noch.

Mörlbach ist eine bajuwarische Ortsgründung aus dem späten 6. Jahrhundert. 1121 wird es erstmals in den „Traditionen des Klosters Tegernsee" als Sitz des Edelfreien Adalbero von Mörlbach genannt. In der zweiten Hälfte des 16. Jahrhunderts befand es sich als Hofmark im Besitz der Grafen Ruepp. Mitte des 17. Jahrhunderts erwarb Johann Freiherr Mändl von und zu Deutenhofen Mörlbach und Bachhausen. Spätere Besitzer waren die Grafen La Rosée, Carl Anton von Vogel und ab 1842 der Graf Pocci aus Ammerland. Der kleine Ort zählte 1827 im Besitz des Grafen La Rosée neun Anwesen mit 51 Seelen. Seine dörfliche Idylle hat sich Mörlbach bis heute bewahrt.

Das ursprüngliche Mörlbacher Schloss, ein kleiner ländlicher Herrensitz, stand südlich der Kirche St. Stephan. Es existiert nicht mehr, heute wird eine später entstandene Villa als Mörlbacher Schloss bezeichnet. Michael Wening schrieb 1701 in der „Topographia Bavaria": „Merlbach, eine Hofmark samt Schloß Pachhausen im Obern Bayern liegt, Renntambt München, Bistum Freysing, Gericht Wolfertshausen, eine Stundt von da zimblich nieder und nahe bey einem großen Puechwald. […] Das Gotteshaus zu Merlbach ist dem St. Stephano zu Ehren gewidmet. Sonst aber ist bey dieser Ortschaft außer einem mittelmäßigen Feldbau nichts vorhanden."

Das von Wening erwähnte gotische Kirchlein, kaum mehr als eine Kapelle, stammt aus dem späten 15. Jahrhundert und steht, heute hinter hohen Bäumen versteckt, sehr malerisch am Rande eines Weihers. In seinem Inneren birgt es zwei wertvolle gotische

Die zahlreichen Votivgaben sind eindrucksvolle Zeugnisse der Volksfrömmigkeit.

Altäre, die man in einer schlichten Dorfkirche nicht erwarten würde: Der Hochaltar aus dem frühen 16. Jahrhundert wurde in der Werkstatt des berühmten „Meisters von Rabenden" gefertigt und der Verkündigungsaltar von 1480 stammt vermutlich aus einer Schlosskapelle und gelangte erst in späteren Jahren nach Mörlbach. Seit alters her findet in Mörlbach am Stephanitag ein Pferdeumritt statt, bei dem die Tiere mit Weihwasser besprengt werden und das „Stephanisalz" geweiht wird, das sie das ganze Jahr über vor Krankheit bewahren soll. Früher umrundeten die Bauern mit ihren Arbeitspferden dreimal das kleine Gotteshaus, heute sind es vor allem Reitpferde.

Nicht nur die Tradition des Stephaniritts hat sich in Mörlbach erhalten, auch das Kirchlein selbst mit seiner spätgotischen Ausstattung hat alle Moden späterer Jahrhunderte überdauert. Der Stephanusaltar ist das einzige vollständig erhaltene Schnitzretabel, das einen Vergleich mit dem in der Kirche von Rabenden im Chiemgau erlaubt. Dieses gilt als Hauptwerk des als „Meister von Rabenden" bekannten Bildhauers, der wohl, so die jüngsten Forschungsergebnisse, um 1511 seine Werkstatt in München eröffnete. Zu dieser Zeit lebte der große Erasmus Grasser, der Schöpfer der berühmten Moriskentänzer aus dem Alten Rathaus, zwar noch, seine Werkstatt dürfte aber schon nicht mehr bestanden haben. Der Meister von Rabenden zeichnet sich vor allem durch seine derben, aber ungemein ausdrucksstarken Gesichter aus, gleichzeitig zeugt das filigrane Gesprenge mit seiner verspielten Formenvielfalt von seinem enormen handwerklichen Können und seiner Phantasie. Auch wenn er den Mörlbacher Altar nicht eigenhändig anfertigte, so gilt doch mittlerweile als gesichert, dass er in seiner Werkstatt entstanden ist. Das mit Flügeln ausgestattete Schnitzretabel ist eine Glanzleistung gotischer Kunst. Bei dieser Art von Wandelaltar konnten durch das Auf- und Zuklappen der Flügel unterschiedliche Bildprogramme abgerufen werden. Der geschlossene Zustand ist dabei als Werktagsseite zu verstehen. In Mörlbach zeigt der geschlossene Altar vier gemalte Szenen aus der Passionsgeschichte. Die innere Festtagsseite war nur bei geöffneten Flügeln sichtbar und war entsprechend aufwendiger und kostbarer gestaltet. An der Ausfertigung eines Schnitzaltars waren meist eine Vielzahl von Handwerkern und Künstlern beteiligt. So arbeiteten etwa Bildschnitzer, Maler, Vergolder, Fassmaler, Schreiner, Glaser und Schmiede unter der Regie eines Werkmeisters, der den Auftrag entgegengenommen hatte und mit dem Hauptmaler oder -schnitzer identisch sein konnte.

Den zentralen Platz im Schrein des Mörlbacher Altars nimmt die Schnitzfigur des heiligen Stephanus ein, zu seiner Linken ist der heilige Jakobus der Ältere und zu seiner Rechten der heilige Sebastian dargestellt. Charakteristisch für den unbekannten Meister sind die Erdschollen, auf denen die Figuren stehen. Alle drei befinden sich unter einer aufwendig geschnitzten Arkadenarchitektur. Der heilige Stephan schürzt sein goldenes Gewand auf Hüfthöhe, in der so entstehenden Schüsselfalte hält er die Steine, die das Martyrium des Steinigens symbolisieren. Auch die Märtyrerpalme, die er in der rechten Hand hält, gehört zu seinen typischen Heiligenattributen. Den Apostel Jakobus neben ihm konnten die Menschen des Spätmittelalters unschwer an der Muschel in seiner linken Hand und an seinem Pilgerhut erkennen. Der heilige Sebastian ist hier jedoch nicht, wie sonst üblich, mit einem Baumstumpf und von Pfeilen durchbohrt, sondern

Das Schnitzretabel ist eine Glanzleistung gotischer Kunst.

lediglich mit entblößtem Oberkörper und ebenfalls mit der Märtyrerpalme dargestellt. Auf den vier Relieftafeln an den Innen-
seiten der Altarflügel sind die zwölf Apostel zu sehen. Aus der
Predella, dem Sockel des Altaraufbaus, stammt vermutlich das
Vesperbild, das hinter Glas ausgestellt wird.

An der Chorrückwand sind zwei alte Votivgabenschreine zu
sehen: Pferde und Rinder aus rotem Wachs, Arme und Beine, ein
wächsernes Fatschenkindl, eine kleine hölzerne Stephanusfigur
und ein Schmerzensmann sind Zeugnisse der Volksfrömmigkeit. Auch das Chorgestühl stammt noch aus dem 16. Jahrhundert. Stifter der Kirche waren wohl die Thorer von Eurasburg, die
sich 1510 mit ihrem Wappen in einem der Chorfenster verewigt
haben.

Noch älter als der Hochaltar ist der Verkündigungsaltar, der
jedoch nicht zur ursprünglichen Kirchenausstattung gehörte.
Wie und wann er in die Kirche gelangte, ist immer noch ungeklärt. Hier sind es die ausnehmend schön bemalten Seitenflügel,
denen ein weiterer unbekannter Künstler seinen Notnamen verdankt: der „Meister des Mörlbacher Marienaltars". Die beiden
geschnitzten Figuren im Schrein zeigen die Verkündigung. Die

Bildtafeln auf den Flügeln stellen Szenen aus dem Marienleben dar. Beim geöffneten Altar sind dies der Tempelgang Mariens, die Heimsuchung, die Darbringung Christi im Tempel und die Flucht nach Ägypten.

ST. STEPHAN IN MÖRLBACH
Die Kirche kann nur nach Anmeldung bei der Mesnerin besichtigt werden. Informationen im Katholischen Pfarramt in Aufkirchen (Pfarrgemeinde Mariä Himmelfahrt Aufkirchen, Lindenallee 2, 82335 Berg – Aufkirchen, Tel. 08151 9987980, E-Mail: info@pfarrgemeinde-aufkirchen.de, www.pfarrgemeinde-aufkirchen.de.

St. Koloman in Weipertshausen

Saumäßige Dinger", titelte knackig das Nachrichtenmagazin „Spiegel" in seiner Ausgabe vom 20. Mai 1985. Gemeint waren die Tiefflieger der Luftwaffe, die in Weipertshausen am Ostufer des Starnberger Sees eine Kirche zum Einstürzen gebracht hatten.

Der „Spiegel" schickte umgehend ein Reporterteam nach Bayern, um O-Töne einzufangen: „Erst hat's ogfangt zu rieseln und zu knistern", berichtete der Maurerpolier Reinhard Magerl. Wie seine Kollegen hatte er sich gerade noch mit einem beherzten Sprung auf die Wiese retten können, als kurz nacheinander drei Düsenflieger direkt über ihnen die Schallmauer durchbrochen hatten und innerhalb von Sekunden erst das Deckengewölbe der Kirche St. Koloman herunterbrach, dann die Seitenwände und schließlich auch der Turm in sich zusammenfielen. Die Bauarbeiter waren mit der Sanierung der Kirchenfundamente beschäftigt gewesen und befürchteten zunächst, sie selbst hätten mit ihren Abgrabungen das Gotteshaus aus dem 17. Jahrhundert zum Einstürzen gebracht.

In den Tagen danach pilgerten nicht nur die Schaulustigen von weit her nach Weipertshausen, um die Unglücksstelle zu besichtigen, auch die Presse berichtete darüber und die kleine Pestkapelle erlangte für kurze Zeit bundesweite Berühmtheit. Die Aufregung über die Maschinen der Bundeswehr, die kirchliche Kunstwerke zerstörten, war groß. Das Landratsamt stellte bei der

Polizeiinspektion Wolfratshausen Strafanzeige „gegen Tiefflieger". Selbstredend wiesen die zuständigen Behörden alle Vorwürfe weit von sich. Es seien keine deutschen Maschinen gewesen, allenfalls irgendjemand von den Alliierten, zitierte der „Spiegel" den Sprecher des Bundesverteidigungsministeriums.

Laut der Inschrift auf einer Marmortafel wurde die Kirche im Jahr 1608 von Oswald Stadler, Magister der Künste und Philosophie und Prokurator der Stadt München, und Michael Ompacher aus Weipertshausen „zur Ehre Gottes und seiner Heiligen" gestiftet. Der Kirchenpatron Sankt Koloman könnte auf eine überstandene Pestepidemie hindeuten. Koloman ist der Schutzheilige der zum Tod durch den Strang Verurteilten, der Reisenden und des Viehs, soll aber auch bei Pest und anderen Krankheiten, Unwetter, Feuergefahr sowie Ratten- und Mäuseplagen beistehen. Die Kapelle wurde 1764 erneuert und um 1860 in ihrem Inneren neugotisch umgestaltet. Ihre barocken Ausstattungsstücke wurden beim Einsturz weitgehend zerstört. Die Figur des heiligen Koloman, die Joseph Krinner d.J. 1753 schuf, hat jedoch überlebt. Auch die angebaute Sakristei blieb stehen. Das Gebäude selbst wurde Ende der 1980er Jahre rekonstruiert.

St. Koloman liegt malerisch auf einem kleinen Hügel bei Weipertshausen.

Längst ist wieder Ruhe eingekehrt auf dem Kirchenhügel bei Weipertshausen. Die Bänke an der Südseite der Kirche sind ein absoluter Geheimtipp, um im ausgehenden Winter die ersten Sonnenstrahlen zu genießen. Die Aussicht auf die Gebirgskette ist ein Traum. Und natürlich sind auch längst die Esoteriker zur Stelle, die von einer „uralten Kultstätte" und einem „besonderen Kraftort" sprechen. Sie verweisen außerdem auf die vorgeschichtlichen Grabhügel, auf die man stößt, wenn man in nordwestlicher Richtung durch den Wald stapft. Für das unwegsame Gelände und die feuchten Wiesen seien allerdings zu jeder Jahreszeit Gummistiefel empfohlen.

ST. KOLOMAN IN WEIPERTSHAUSEN
Weipertshausen 31.

St. Martin in Unering

In seiner Mitte ist das Fünfseenland bis heute ländlich geblieben. Zwischen den beiden großen Seen und ein wenig östlich vom Pilsensee liegt ausgesprochen malerisch Unering. Und als ob der schöne Dorfweiher und das gemütliche Gasthaus noch nicht ausreichten, hat Unering auch noch eine ganz und gar bezaubernde Rokoko-Kirche, die es wohl den Grafen Toerring auf Schloss Seefeld zu verdanken hat.

Dort ließ man nämlich um 1730 einen neuen Wirtschaftshof mit Bräuhaus und Ökonomiegebäuden errichten. Auch für den hübschen Torbau, der in diesen Hof führt, zeichnete kein geringerer als Johann Michael Fischer die Pläne. Und sozusagen nebenbei hat Fischer auch noch eine neue Kirche für Unering entworfen, die einen baufällig gewordenen Vorgängerbau ersetzen sollte.

Fischer, der 1692 im oberpfälzischen Burglengenfeld geboren wurde, ist einer der bedeutendsten Vertreter der barocken Kirchenarchitektur. Seine in den Jahren 1727 bis 1733 errichtete Klosterkirche St. Anna im Lehel gilt als Wendepunkt zwischen Spätbarock und Rokoko. Etwa zeitgleich wirkte er in Seefeld und unmittelbar danach wurde mit dem Neubau des Dießener Marienmünsters nach seinen Plänen begonnen. Irgendwann dazwischen also muss der große Baumeister das ausgesprochen hübsche Kirchlein St. Martin in Unering geplant haben.

Die Kirche thront weithin sichtbar auf einem kleinen Bergkegel hoch über dem Dorf. Mit ihrem eleganten Spitztürmchen, das sie im Übrigen erst im 19. Jahrhundert erhalten hat, und dem ummauerten Friedhof, der sie umgibt, würde man sie wohl für eine ganz „normale" Dorfkirche halten. Umso größer die Überraschung, wenn man – meistens allerdings nur durch ein Gitter – einen Blick in ihr Inneres werfen kann: Freilich nimmt sich der kleine Kirchenraum im Vergleich zu den opulenten Bauten Fischers in Dießen oder in Berg am Laim sehr bescheiden aus, aber er ist doch von einer wundersamen Harmonie. Fast scheint es, als hätte der geniale Architekt hier als programmatischen Prototyp genau das verwirklicht, wonach er Zeit seines Lebens strebte, nämlich die zwei einander widerstrebenden Raumarten des Längs- und des Zentralbaus miteinander zu vereinigen. Schon allein wegen der beengten Platzverhältnisse auf dem Kirchberg musste Fischer hier mit quadratischem Grundriss planen. Er entwickelte also einen geradezu idealtypischen, aber eben sehr kleinen Zentralbau mit abgeschrägten Ecken, dem er einen Chor in Form eines Querovals anfügte. Wegen seiner geringen Größe wirkt der aus zwei in sich zentrierten Teilen bestehende Raum aber insgesamt trotzdem eher länglich, dabei aber beinahe intim. Das ist wiederum

St. Martin thront weithin sichtbar über dem Dorf.

umso erstaunlicher, als die Kirche wegen der großen geschweiften Fenster an beiden Seiten ungewöhnlich hell ist. Beinahe zu jeder Tageszeit ergeben sich reizvolle Lichteffekte.

Die Uneringer Kirche hat nicht nur einen berühmten Baumeister, auch an der Ausstattung waren namhafte Künstler beteiligt. Sie war erst um 1760 endgültig abgeschlossen, die Weihe fand bereits 1732 statt. Für die zarte Stuckierung der Flachkuppel und die in Stuckmarmor gestalteten Altäre zeichnet Johann Baptist Zimmermann verantwortlich, ausgeführt hat sie aber wohl sein Palier Martin Hörmannstorfer. Die Deckenfresken stammen von dem Münchner Maler Johann Georg Sang. Das Deckenbild zeigt den heiligen Martin kniend vor der Gottesmutter als Fürsprecher der Armen. Die Kirchenbücher berichten, dass der um den Neubau verdiente Seefelder Schlossverwalter Johann Sigmund Sprunner die Deckengemälde hat „ohnentgeltlich an das Kirchengewölb in fresco maallen lassen".

Dominiert wird der Innenraum durch die große Figur des Kirchenpatrons, der auf dem Pferd sitzend seinen Mantel teilt. Sie stammt wie auch die übrigen Schnitzfiguren von Johann Georg Greiff. An den Seitenaltären sind links die heilige Anna selbdritt und rechts der heilige Johann Nepomuk zu sehen.

Eine in der Fachwelt vielgerühmte Besonderheit sind auch die Antependien, also Altarverkleidungen, in aufwendiger Scagliola-Technik. Aber selbst wer sich gar nicht für solche Details interessiert, wird sich dem Zauber der Uneringer Kirche kaum entziehen können.

ST. MARTIN IN UNERING
Pfarreiengemeinschaft Seefeld: Marienplatz 4, 82229 Seefeld, Tel. 08152 7267, www.pfarreiengemeinschaft-seefeld.de; für Besichtigungstermine bitte an die zuständige Mesnerfamilie wenden.

Einkehrtipp: Gasthof Schreyegg, Andechserstraße 2, 82229 Seefeld, Tel. 08153 3409, E-Mail: info@gasthof-schreyegg.de, www.gasthof-schreyegg.de.

Ein ausgesprochen harmonischer Kirchenraum

St. Ulrich in Söcking

Sieht man einmal von den Söckinger Kirchgängern ab, dann dürften wohl nur wenige Menschen wissen, welch spektakulär schöner Kirchenbau hier in der Nachkriegszeit realisiert werden konnte. Auch ein halbes Jahrhundert nach ihrer Fertigstellung hat die Kirche St. Ulrich in Söcking mit ihrem hohen, schmalen Kirchenraum, der die Anmutung und Lichtführung einer gotischen Kathedrale mit den Elementen des Neuen Bauens verbindet, nichts von ihrer kühnen Modernität eingebüßt.

Trotz ihrer enormen Größe, ihres markanten, 56 Meter hohen Spitzturms und ihrer exponierten Lage am Rand einer weiten Wiesenfläche fügt sich die Kirche ausgesprochen harmonisch in die Landschaft ein. Der Neubau war notwendig geworden, weil die alte Söckinger Kirche St. Stephan nach dem Zweiten Weltkrieg für den stark gewachsenen Ort zu klein geworden war. Damals war Söcking noch eine selbstständige Gemeinde, heute ist es ein Ortsteil der Stadt Starnberg.

Im Jahr 1956 hatte man einen Architektenwettbewerb ausgeschrieben, aus dem der Münchner Architekturprofessor Georg Werner als Sieger hervorging. Im April 1957 wurde der Grundstein gelegt und bereits am 1. November 1958 konnte die neue Kirche geweiht werden.

Ihr architektonisches Konzept offenbart die nach außen eher abweisend als einladend wirkende Kirche erst in ihrem Inneren: Es handelt sich um die moderne Interpretation einer Basilika, bei der ein hohes und durch eine Fensterzone belichtetes Mittelschiff von niedrigeren Seitenschiffen flankiert wird. Das Mittelschiff ist über 60 Meter lang und fast 20 Meter hoch.

Die beeindruckende Raumwirkung wird aber vor allem durch die ungewöhnlichen Proportionen erzielt, denn die Seitenschiffe erreichen nur etwa ein Drittel der Traufhöhe des Hauptschiffs. Dieses wird von einem offenen Sparrendach überspannt, das an die ebenfalls enorm dimensionierten Bettelordenskirchen in Italien erinnert. Die Monumentalität des hohen und schmalen Kirchenraums wird durch die riesige, scheinbar

St. Ulrich als gelungenes Beispiel für die Kirchenarchitektur der Nachkriegszeit.

freistehende Altarwand, die wie eine Felswand an seiner Ostseite aufragt, noch verstärkt.

Diese höchst ungewöhnliche Altarwand aus Huglfinger Tuffstein ist ein Werk des Bildhauers Georg Brenninger. Sie ist 12,5 Meter hoch, sechs Meter breit und 50 Zentimeter stark. Ihr Schmuck besteht aus einer in den Stein gehauenen Schrift und Reliefskulpturen. Der Text, der über die gesamte Höhe verläuft, besteht aus den Versen 1 bis 14 des Johannesevangeliums. Viermal wird er durch figürliche Darstellungen unterbrochen, die sich auf die jeweilige Textpassage beziehen.

Ihre feierliche, beinahe mystische Anmutung verdankt die Ulrichskirche, wie auch die Kathedralen der Gotik, der Lichtführung. Strahlende Farben waren ein zentrales Merkmal der mittelalterlichen Ästhetik. Licht und Farbe waren in gotischen Kirchen Elemente einer Epiphanie, sie stehen also für die Präsenz Gottes. Diese Vorstellung scheint nun auch in der Söckinger Ulrichskirche auf: Über fünf große Rundfenster an der Südseite wird der obere Bereich des Mittelschiffs belichtet, er ist also vor allem bei Sonnenschein strahlend hell, fast so, als öffne er sich in Richtung Himmel. Die Nordseite des Altarraums besteht aus 50 quadratischen Glasbausteinen, die diesen Bereich gleichmäßig, aber

Kühne Monumentalität und gekonnte Lichtführung bestimmen den Innenraum.

eher diffus erhellen. In den Seitenschiffen aber entfaltet sich ein je nach Tageszeit immer wieder neues Spiel aus Licht und Farbe. Vielfarbiges Licht dringt durch die Glasmosaikwände ein, die der Münchner Künstler Franz Nagel gestaltete. Die in ein Betongitter eingefügten Bleiglasflächen sind gleichsam eine moderne Interpretation der bunten Glasfenster, wie man sie etwa aus dem Regensburger oder dem Kölner Dom kennt und die dem mittelalterlichen Kirchenbesucher wie ein Wunder erscheinen mussten.

Einen Besuch der Kirche St. Ulrich kann man entweder mit einem Abstecher zur alten Söckinger Pfarrkirche St. Stephanus verbinden, die heute von der evangelischen Kirchengemeinde für Gottesdienste genutzt wird – oder aber man steigt auf den „Kahlenberg", auf dem sich hinter hohen Bäumen das Prinz-Karl-Mausoleum befindet. Es wurde 1840 als Begräbnisstätte für die erste Ehefrau des Prinzen Karl Theodor Maximilian von Bayern, dem jüngeren Bruder von König Ludwig I. errichtet. Auch die zweite Frau des Prinzen und schließlich er selbst fanden hier ihre letzte Ruhestätte.

ST. ULRICH IN SÖCKING

Prinz-Karl-Straße 3, 82319 Starnberg, Tel. 18151 12468,
E-Mail: pg.starnberg@bistum-augsburg.de, www.pfarrei-soecking.de.

Mausoleum des Prinzen Karl von Bayern: Andechser Straße 30, 82319 Starnberg.

Wallfahrer und Ochserer

Die Grünsinker Feste

Was wäre wohl aus Grünsink geworden, läge es nicht sozusagen im Schatten des Heiligen Bergs von Andechs, einem der bedeutendsten Wallfahrtsorte in Bayern? Man denke nur an das „Tränenwunder in der Wies", das nach kürzester Zeit ganze Heerscharen von Pilgern anzog, die kaum mehr zu bewältigen waren. Aus heutiger Sicht kann man wohl von Glück sprechen, dass der „Maria von Grünsink" die ganz große Aufmerksamkeit versagt blieb und deshalb die kleine Wallfahrtsstätte mit ihren sommerlichen Festen bis heute eine lokale Besonderheit ist.

Die Geschichte des Grünsinker Kirchleins ist aber wie die der berühmten Wieskirche und vieler anderer barocker Wallfahrtskirchen mit einem Wunder verbunden: Um das Jahr 1740 soll sich ein Jäger der Herrschaft Seefeld in den dichten Wäldern zwischen Weßling und Etterschlag verirrt haben. Damals gab es noch den Schluifelder See und andere gefährliche Sumpf- und Wasserlöcher. Auch Wölfe streiften durch die Wälder. Als es schon dunkelte, überkam den Jäger die Angst. Er flehte zur Muttergottes, sie möge ihn auf den Weg nach Etterschlag „an der grünen Senke" führen. Er wurde erhört, fand bald die nahe Toerring'sche Einöde Schluifeld und nächtigte dort bei den Bauern. Er entdeckte im Haus ein Marienbild, „das ganz vernachlässiget war", und erbat es sich als Geschenk. Er brachte es in die grüne Senke und stellte es in einen hohlen Birnbaum. Die Geschichte sprach sich herum und bald blieb jeder auf dem Weg von Weßling nach Etterschlag vor dem Bildnis stehen, um der Muttergottes seine Sorgen anzuvertrauen.

Und siehe da: Bald darauf kam es auch schon zu Wunderheilungen. Die älteste ist durch ein Votivbild aus dem Jahr 1744 belegt. Als immer mehr Menschen zur wundertätigen Maria von Grünsink pilgerten und ihre Opfergaben am Baum hinterließen, erwirkte Pfarrer Anton Steiner im Jahr 1762 beim Augsburger Fürstbischof die Erlaubnis, eine Kapelle zu bauen. Bereits ein Jahr später wurde die kleine Kirche Maria Hilf geweiht und das Bild vom Birnbaum überführt. Zehn Jahre später musste die Kirche bereits erweitert werden. Sie erhielt nicht nur eine Vorhalle, sondern auch gleich ein kleines Türmchen sowie einen Anbau für einen Eremiten, der hier bis 1802 auch die Schulkinder aus den umliegenden Höfen unterrichtete. 1779 erteilte Papst Benedikt VI. für sieben Jahre vollkommenen Ablass für Pilger zur Maria von Grünsink, was wiederum der Wallfahrt gewaltigen Auftrieb gab. Papst Leo XII. bestätigte 1825 den Ablass auf ewige Zeiten und legte ihn auf den letzten Sonntag im Juli fest.

Im Jahr 1898 befanden sich mehr als 500 Votivtafeln in dem kleinen Kirchlein. Heute sind bei Weitem nicht mehr alle erhalten. Sie gelten als wertvolle Dokumente der Volkskunst und belegen darüber hinaus höchst anschaulich, dass man Maria von Grünsink bei Krankheit von Mensch und Vieh, bei Unfall, Unglück, Feuerschaden und Kriegsleiden um Beistand anrief. Ein besonders eindrückliches Beispiel ist das Bild, auf das der „Bauer von Schliefeld" im Jahr 1838 jedes einzelne seiner Schafe, Schweine, Pferde sowie alle Kühe und Kälber malen ließ, versehen mit der Inschrift, dass er „alle seine Hausthier um Erhaltung des göttlichen Segens" verloben wolle. Und ein Soldat brachte die preußische Gewehrkugel, die ihm nach der Schlacht bei Helmstadt am 25. Juli 1866 aus der Schulter operiert wurde, zum Dank für seine Errettung nach Grünsink.

Der Gnadenaltar in dem hübsch ausgestatteten Kirchlein ist in Stuckmarmor ausgeführt und mit einer als Blumenvorhang gestalteten Draperie versehen. Er enthält eine Kopie des Innsbrucker Mariahilf-Bilds von Lucas Cranach aus dem 18. Jahrhundert. Die kleine Muttergottesfigur aus Terrakotta seitlich am Chorbogen dürfte wohl das ursprüngliche Gnadenbild gewesen sein.

Die eigentliche Besonderheit von Grünsink ist aber das bis heute lebendige Wallfahrtsbrauchtum, das in den Grünsinker Festen zum Ausdruck kommt. Am letzten Sonntag im Juli wird traditionell das Ablassfest gefeiert und am Sonntag nach Mariä Himmelfahrt wird beim Translationsfest der Überführung des Gnadenbilds vom Birnbaum in die Kapelle gedacht. An beiden Tagen wird im Freien unter den Bäumen hinter der Kapelle die Messe gehalten, anschließend findet ein Wallfahrtsmarkt statt.

Grünsink ist auch heute noch Ziel der Wallfahrer.

DIE GRÜNSINKER FESTE

Gemeinde Weßling: Gautinger Straße 17, 82234 Weßling, Tel. 08153 4040, E-Mail: info@gemeinde-wessling.de, www.gemeinde-wessling.de.

Pfarrgemeinschaft Weßling: Schulstraße 23, 82234 Weßling, Tel. 08153 3415, E-Mail: pg.wessling@bistum-augsburg.de, www.pg-wessling.de.

Das Fischerstechen in Starnberg

Die Weibsleute tragen die Pelzmütze, gemacht von dem Felle der Otter, die alte Tracht im Ottergau, immer 15 bis 20 Gulden kostend. Wie aber die Otter ausgestorben sind, so stirbt auch diese Mütze aus, was wirklich schade ist, da sie besonders jüngere Leute schön kleidet. Dazu das bayerische sammtne Mieder mit dem Silbergehänge, um den Hals eine silberne Kette, je schwerer, desto vornehmer." Als der königliche Gerichtsarzt in Starnberg Carl von Linprun in seinem Physikatsbericht von 1861 diese Zeilen schrieb, verstaubten die wertvollen Trachtenstücke jedoch bereits in Truhen und auf Speichern.

An anderer Stelle berichtet Linprun: „Die Haare sind schön in Zöpfe geflochten, welche sich unter der Pelzhaube an das Hinter-

47

haupt schmiegen. Die Jahreszeit bringt in dieser Tracht keine erhebliche Veränderung hervor. Im Sommer dient ein weisses über die Pelzmütze gebreitetes Tuch zur Abhaltung von Sonnenstrahlen." Auch das „Geschnier" am Mieder beschreibt er näher, es ist „nemlich mit Thalern, Denkmünzen, silbernen Geschmeiden behängt." Der Halsschmuck, die „Florbinde", ist ebenfalls mit einem „silbernen Geschmeide", der sogenannten „Florschnalln", versehen, die „zwei konvexe Buckeln bildet, die mittels einer silbernen Schnalle mit einander verbunden sind." Aber: „Die alte Nationaltracht ist großentheils der Mode gewichen, nur bei dem weiblichen Geschlechte hat sie sich noch hie und da erhalten. Weiber und Mädchen tragen lange und faltige Röcke von schwarzem Wollenzeug, Brust und Rücken bedeckt das ‚Goller', dazu kommt vorne auf der Brust der ‚Vorfleck' [...] noch weniger hat sich die alte Landestracht bei dem männlichen Geschlechte erhalten."

Otterfellhauben, Florschließen und der „Kranl" genannte Haarschmuck der jungen Mädchen, einst in den Starnberger Fischeranwesen als Familienschatz gehütet, wären beinahe in Vergessenheit geraten. Überall in Bayern gab es im 19. Jahrhundert Bemühungen zur Erhaltung – oder besser gesagt zur Wiederbelebung – der alten Volkstrachten. In Starnberg waren sie erst am 3. Juni 1907 mit der Gründungsversammlung des „Volkstrachtenvereins Starnberg" von Erfolg gekrönt. Prinzregent Luitpold stand nicht nur bei der Gründung des Vereins Pate, er stiftete auch für das erste „Prinzregent-Luitpold-Fischerstechen", das am 10. August desselben Jahres stattfand, einen Wanderpokal, verbunden mit dem Wunsch, dass er alle fünf Jahre unter den Berufsfischern des Starnberger Sees ausgestochen werden möge, um den Fortbestand dieses alten Zunftspiels zu sichern.

Dank der etwas überambitionierten Berichterstattung in den Medien hat sich ja in den letzten Jahren allgemein die Ansicht durchgesetzt, die Bevölkerung des Landkreises Starnberg bestehe ausschließlich aus Immobilienschacherern, Cabriofahrern, Fußballern und B-Promis sowie den sich daraus ergebenden Schnittmengen. Deshalb sei hier ausdrücklich darauf hingewiesen, dass solche Zeitgenossen zwar durchaus anzutreffen sind, sie alles in

Das Fischerstechen ist ein Spektakel mit jahrhundertelanger Tradition.

allem aber eine Randerscheinung sind. Bis heute gibt es in der Kreisstadt Starnberg einen „Heimat- und Volkstrachtenverein", der sich um die Pflege der Volksmusik und der bayerischen Mundart sowie um den Erhalt des althergebrachten Gewandes, der sogenannten „Starnberger Fischertracht", und nicht zuletzt um das Weiterleben guter alter Bräuche im kirchlichen und weltlichen Bereich kümmert. Und ja, auch das „Prinzregent-Luitpold-Fischerstechen" findet immer noch alle fünf Jahre in der Starnberger Bucht statt. Im Jahr 1952 entschloss man sich, eine zusätzliche Wettkampfkategorie für „Sportler" einzuführen. Den Titel des „Fischerkönigs" kann aber nach wie vor nur ein Berufsfischer erringen.

Die Tradition des Fischerstechens lässt sich bis zu den Zunftspielen des späten Mittelalters zurückverfolgen. Nachweislich fand es bereits 1530 in München auf der Isar zu Ehren Kaiser Karls V. statt. Eine Blütezeit erlebte das Fischerstechen wohl in der Zeit der

Lebendiges Brauchtum in Starnberg

glanzvollen Seefeste unter Kurfürst Ferdinand Maria im 17. Jahrhundert. In seiner 1784 erschienenen „Beschreibung des Wurm- und Starenberger Sees" berichtet Lorenz von Westenrieder über die Fischer: „Ihre Spiele bestehen außer denen, welche auf dem Lande üblich sind, im Schwimmen, Schiffsrennen und Panzenstechen." Bis heute geht es beim Fischerstechen im Wesentlichen darum, dass der Stecher, der immer kostümiert auftritt, seinen Konkurrenten mit einer gepolsterten Lanze von einem über das Flachboot hinausragenden Standbrett ins Wasser stoßen muss. Nach einem Ausschlussverfahren wird der letzte Stecher, der nicht heruntergestoßen wurde, als „Fischerkönig" gekrönt.

Schon beim Wiesnfestzug im Jahr 1835 marschierten die Starnberger Bürger zur Theresienwiese. Und noch heute beteiligt sich der Heimat- und Volkstrachtenverein Starnberg alle zwei Jahre mit über hundert Teilnehmern am großen Trachten- und Schützenzug. Das ist mit Sicherheit die schönste Gelegenheit, ihre ungewöhnliche Tracht zu bewundern. Die übrige Zeit des Jahres aber ist die Starnberger Fischertracht im Museum Starnberger See, dem ehemaligen Heimatmuseum, zu sehen.

Die ungewöhnliche Starnberger Frauentracht mit der Otterfellhaube

Bis heute besteht die Frauentracht aus einem meist schwarzen, reich plissierten, knöchellangen Rock aus Wollstoff, gehalten von einem gesteppten Mieder aus schwarzer Seide, das über einem brokatenen Brustlatz mit Bändern geschnürt ist. Darunter trägt man eine weiße, mit Spitzen besetzte Bluse. Über dem Mieder wird der kurze, einfarbig eingefasste Spenzer aus bunter, gemusterter Seide getragen, zusammengehalten von einer Schleife, dazu der breite, passende Seidenschurz. Die Strümpfe und der Unterrock sind weiß, die schwarzen, ausgeschnittenen Lederschuhe haben eine Silberschließe. Einziger Schmuck ist die „Florschnalle", eine silberne Filigranschließe, die den um den Hals gewundenen schwarzen Seidenflor zusammenhält. Der wohl dekorativste und ungewöhnlichste Teil der Frauentracht ist die hohe Otterfellhaube mit dem Brokateinsatz, die sich seit Jahrhunderten unverändert erhalten hat.

Auch die Männertracht hat im Lauf der Jahre nur wenige Veränderungen erfahren. Am augenfälligsten ist der sogenannte „Bratenrock" aus blauem, grünem, rotem oder schwarzem Tuch mit zwei Reihen Silberknöpfen. In früheren Zeiten galt: Je länger der Rock, umso mehr Knöpfe und umso reicher der Bauer. Darunter trug man früher ein meist rotes, heute auch ein buntes „Leibl" aus Samt, Brokat oder Seide, ebenfalls mit zwei Reihen Silberknöpfen, sowie ein weißes Leinenhemd mit schwarzem Krawattl oder Seidenflor. Dazu gehören die naturbraune oder schwarze Bundlederhose, weiß ausgenäht, und weiße Schafwollstrümpfe. Auch die Männerschuhe haben Silberschließen. Den Kopf bedeckt ein breitkrempiger schwarzer Schlapphut mit schwarzer Hutschnur und zwei Goldquasten auf der rechten Seite; an Festtagen ziert ihn ein kleines Sträußl frischer Blumen.

DAS FISCHERSTECHEN IN STARNBERG

Heimat- und Volkstrachtenverein Starnberg e.V.: Hans-Zellner-Weg 10, 82319 Starnberg, Tel. 08151 555526, E-Mail: info@trachtenverein-starnberg.de, www.trachtenverein-starnberg.de.

Museum Starnberger See: Possenhofener Straße 5, 82319 Starnberg, Tel. 08151 4477570, E-Mail: info@museum-starnberger-see.de, www.museum-starnberger-see.de; Öffnungszeiten: Dienstag bis Sonntag 10 bis 17 Uhr; Eintritt 3 Euro, ermäßigt 2 Euro, Kinder unter 6 Jahren frei, Familienkarte 7 Euro; Gruppenführungen, Workshops und Veranstaltungen möglich.

Die Fischerhochzeit in Tutzing

Seit 1929 feiern die Tutzinger das historische Festspiel von der „Tutzinger Fischerhochzeit" zwischen der Bierbichler Vroni, der Tochter des Fischmeisters in Ambach, und dem Gröber Michael vom Tutzinger Guggerhof. Das Historienspiel beruht auf einem Drehbuch, das der Gemeindebedienstete und Kreisheimatpfleger Josefranz Drummer für die Erstaufführung „komponiert" hat, so die offizielle Formulierung, und ist ein wunderbares Stück Brauchtumspflege, an dem alle fünf Jahre der ganze Ort beteiligt ist.

Der Überlieferung nach soll insbesondere der Hoffischer Gröber gegen die Repressalien des Tutzinger Schlossherrn, der zu jener Zeit einer der Grafen Vieregg war, aufbegehrt haben. Der

An der Tutzinger Fischerhochzeit ist der ganze Ort beteiligt.

Graf sorgte schließlich dafür, dass Gröbers Sohn Michael mit den napoleonischen Truppen in den Russlandkrieg ziehen musste, obwohl er als Hoffischerssohn eigentlich vom Kriegsdienst befreit war. Michael hatte zuvor um die stolze Tochter des Fischmeisters Kastulus Bierbichler auf der anderen Seeseite geworben, die ihn aber zunächst nicht wollte. Erst als die Nachricht kam, dass er in Russland erfroren sei, erkannte sie, dass sie ihn doch geliebt hatte. Und als der Totgeglaubte schließlich zerlumpt wie ein Landstreicher heimkehrte, war sie die einzige, die ihn erkannte. Sie gestand ihm nun ihre Liebe und die bald angesetzte Hochzeit wurde ein Freudenfest für alle. Weil es eine Liebesgeschichte mit Happy End ist, versöhnen sich natürlich auch der böse Schlossherr und der aufmüpfige Fischer.

Seit 1480 waren die Dichtl, eine Münchner Patrizierfamilie, die Herren von Tutzing. Sie dürften auch die Bauherren eines Herrenhauses gewesen sein, das von einer Mauer und einem Wassergraben umgeben war. Bernhard Dichtl der Ältere erhielt 1519 die Hofmarksgerechtigkeit. Während des Dreißigjährigen Kriegs brandschatzten die kaiserlich-spanischen Truppen das Schloss. Im ausgehenden 17. Jahrhundert erfolgte der Wieder-

Zur Fischerhochzeit gehören – wie zu jeder bayerischen Hochzeit – auch volkstümliche Tänze.

aufbau durch Maximilian von Götzengrien. Von 1731 bis 1869 gehörte Tutzing den Grafen Vieregg aus Mecklenburg, die es ab 1802 mit Seitenflügeln im Osten und im Westen erweiterten und grundlegend umgestalteten. In dieser Zeit entstanden auch der heutige Musiksaal und der dem Schloss vorgelagerte Kavaliersbau, außerdem wurde der Garten als Englischer Landschaftspark angelegt.

Der letzte Graf von Vieregg saß tatsächlich noch in der ersten Hälfte des 19. Jahrhunderts im Tutzinger Schloss. Er soll ein sehr verdrossener, eigenwilliger und obendrein geiziger Herr gewesen sein. „Mein Geld soll niemand finden", rief er angeblich noch auf dem Totenbett und seither muss er nächtens als Gespenst durchs Schloss schlurfen und nach Dieben Ausschau halten. Keine Angst vor Gespenstern haben offensichtlich die Tagungsgäste der Evangelischen Akademie, die heute im Tutzinger Schloss untergebracht ist. Das Schloss Tutzing ist eine der schönsten, wenn nicht gar die schönste Schlossanlage am Starnberger See.

In der zweiten Hälfte des 19. Jahrhunderts gehörte das Schloss dem Stuttgarter Verleger Eduard von Hallberger, der es zu einem luxuriösen Treffpunkt der literarischen Welt und des Großbürgertums machte. Er ließ die Seeterrasse und die Säulenpergola anlegen.

Nach mehreren Besitzerwechseln und auch düsteren Kapiteln war in den 1940er Jahren unter anderem der Backpulverfabrikant Rudolf August Oetker Schlossherr in Tutzing. Ab 1947 war hier ein Erholungsheim der Inneren Mission für Kriegsheimkehrer untergebracht und 1949 erwarb die Evangelisch-Lutherische Kirche in Bayern das Schloss.

Das heutige Tutzing ist mit der lebendigste Ort rund um den ganzen See – und das, obwohl ihm vor einigen Jahren sein eigentliches Herzstück, das ehemalige Hotel Seehof, abhandengekommen ist und seither um eine Neubebauung des brachliegenden Geländes gerungen wird. 1865 spülte die neugebaute Eisenbahn die ersten Sommerfrischler in den Tutzinger Bahnhof, der weit oben auf einer Anhöhe lag. Das kleine Fischerdorf unten am See mit ein paar hundert Einwohnern rund um Schloss und Hoftaverne wurde von ihnen mehr oder weniger überrumpelt. Auch wenn der ambitionierte Reiseschriftsteller Ludwig Steub schon 1860 den „großen viereckigen Platz, der bis ans Wasser hinunter reicht", vor dem späteren „Hotel Seehof", das damals noch ein schlichtes Gasthaus war, recht gewagt mit der Piazzetta in Venedig und das Schloss des Grafen Vieregg gar mit dem Dogenpalast verglich, so waren doch zunächst nur wenige Unterkünfte für die ersten Sommergäste vorhanden. 1885 gab es dann in Tutzing immerhin drei Hotels sowie mehrere Gasthäuser und Pensionen. Heute allerdings könnte man entlang der turbulenten Hauptstraße mit ihren Cafés und Geschäften fast meinen, man sei am Gardasee.

Die Fischerhochzeit wird alle fünf Jahre Anfang Juli gefeiert. Das Tutzinger Schloss kann man bei Konzerten und anderen kulturellen Veranstaltungen besuchen. Wenig bekannt hingegen ist die Tatsache, dass man dort auch übernachten kann, ohne an einer Tagung teilzunehmen. Und in den Monaten Juli und August kann man sich sogar für „Ferien im Schloss" einmieten.

DIE FISCHERHOCHZEIT IN TUTZING
Tutzinger Gilde: Am Kallerbach 32, 82327 Tutzing, Tel. 08158 2767, E-Mail: info@tutzinger-gilde.de, www.tutzinger-gilde.de.

Evangelische Akademie Tutzing: Schlossstraße 2+4, 82327 Tutzing, Tel. 08158 2510, E-Mail: info@ev-akademie-tutzing.de, www.schloss-tutzing.de.

Das Ochsenrennen in Münsing

Der „Eiserne Vorhang" ist andernorts längst Geschichte. In Münsing am Ostufer des Starnberger Sees aber gibt es noch die strikte Trennung zwischen Osten und Westen, genauer gesagt zwischen „Ouschn" und „Weschn", wie die Einheimischen sagen. Eine unsichtbare Grenzlinie verläuft seit jeher quer durch den Ort. Auch wenn heute grenzüberschreitende Ehen – anders als in früheren Zeiten – keine Katastrophe mehr darstellen, so gibt es doch immer noch diesseits und jenseits jeweils eine Dorfwirt-

In der Naturarena an der Krummleitn findet alle vier Jahre das Münsinger Ochsenrennen statt.

schaft sowie einen eigenen Burschenverein. Abwechselnd alle vier Jahre wird hüben oder drüben ein neuer Maibaum aufgestellt. Warum das so ist, wissen heutzutage viele jedoch nicht mehr.

Die Erklärung ist aber ganz einfach. Sie findet sich in einer Urkunde aus dem Jahr 765. Dort kann man lesen: „Ich, Hagustalt, habe eingedenk meines Seelenheils mein väterliches Erbe dauerhaft der Kirche, welche bei Münsing gelegen ist, übertragen". Diese Urkunde, die in einer Abschrift im Bayerischen Hauptstaatsarchiv aufbewahrt wird, ist für die Geschichte Münsings gleich in zweifacher Hinsicht von großer Bedeutung. Zum einen ist sie der Beleg dafür, dass es dort schon im achten Jahrhundert eine Kirche gab. Und zum zweiten besagt sie, dass diese Kirche nicht im Dorf stand, sondern eben nur „bei Münsing gelegen" war. Man geht davon aus, dass das Dorf Münsing zwei Wurzeln hat: Im heutigen Ostteil lebte wohl ursprünglich der örtliche Adel, vermutlich gehörte auch jener Hagustalt dazu. Hier entwickelte sich das sogenannte „Sedeldorf". Rund um das vom Ortsadel gestiftete erste Kirchlein, das wohl um 750 gebaut wurde, entstand im Westen das sogenannte „Kirchdorf". Irgendwann sind die beiden Ortsteile zusammengewachsen – aber eben nur bis zu jener Trennlinie, die zwischen den Häusern Bachstraße 12 und 14 in nord-südlicher Richtung verläuft.

Ihre schöne Pfarrkirche haben sich die Münsinger aus dem „Ouschn" und dem „Weschn" aber schon immer geteilt. Der im Kern bis heute bestehende spätgotische Bau entstand wohl, nachdem die Kirche im Jahr 1355 in den Besitz des Klosters Beuerberg übergegangen war. 1637 verlor die Kirche bei einem schweren Sturm ihren gotischen Spitzhelm, auch der Dachstuhl stürzte ein und das Langhausgewölbe wurde beschädigt. Danach erfolgte die Barockisierung unter dem Beuerberger Propst Simon Bauhofer. Im Jahr 1641 erhielt der Kirchturm einen achteckigen Aufbau und eine hübsche Zwiebelhaube. In der zweiten Hälfte des 18. Jahrhunderts wurde wieder umfassend renoviert, hundert Jahre später noch einmal und zu Beginn des 20. Jahrhunderts wurde die Kirche um sechs Meter verlängert. Die letzte umfassende Renovierung wurde erst 2014 abgeschlossen. Gerühmt wird die hübsche Kirche vor allem wegen ihrer zarten Stuckaturen, die wohl um 1765 entstanden sind.

Ein „grenzüberschreitendes" Unternehmen ist auch die Münsinger Blaskapelle, die seit über 150 Jahren das dörfliche Leben begleitet: Ein Ländler-Buch aus dem Jahr 1854, das dem Wimpasinger Michael Huber gehörte, gilt als ältester schriftlicher Nachweis der Münsinger Musikanten. Auch wenn die Münsinger Blaskapelle in jüngerer Zeit vor allem wegen ihrer herausragenden musikalischen Leistungen für Schlagzeilen sorgte, so war und ist sie doch ein Laienorchester im besten Sinne. Einige Anekdoten aus ihrer langen Geschichte lassen jedoch auch auf einen gewissen Hang zur Ausgelassenheit unter den Musikanten schließen: Dass einmal ein Tubist am Silvesterabend von seinen Musikerkollegen auf seinem Instrument durch den Schnee heimgezogen wurde und dass die Reparaturkosten für die Tuba nicht unerheblich waren, das darf man mittlerweile schon laut erzählen, denn die Geschichte hat sich vor vielen Jahren zugetragen und der Betreffende ist längst verstorben.

Alkoholgenuss dürfte dieser Begebenheit wohl ebenso vorangegangen sein wie der Erfindung des Münsinger Ochsenrennens – eine zwar noch junge, aber durchaus furiose Tradition im dörflichen Leben. Und auch hier befindet sich die Location

Tollkühne Burschen und Madl auf rasenden Ochsen

nicht im, sondern beim Dorf: Südlich von Münsing gibt es an der Krumpleiten in einem trockenen Toteisloch eine „Naturarena". Maßgeblich beteiligt an der Gründung des Vereins „D'Münsinger Ochserer" im Jahr 1996 war der Gastwirt und Metzger Josef

Jockey außer Konkurrenz

Großmann – seine Wirtschaft befindet sich im Westen –, die Aufzucht und „Dressur" eines Ochsen für das alle vier Jahre stattfindende Rennen ist aber für alle Landwirte in Münsing Ehrensache. Und natürlich finden sich auch tollkühne junge Burschen und Mädel, die den ganzen Sommer für ihren großen Auftritt als Jockeys trainieren. Schon beim ersten Mal gingen 18 Vierbeiner an den Start, über 6.000 Zweibeiner verfolgten das Geschehen.

DAS OCHSENRENNEN IN MÜNSING

Naturarena Krummleitn: An der Attenkamer Straße, 82541 Münsing.

Katholischer Burschenverein Münsing: Am Kirchberg 20, 82541 Münsing, Tel. 0151 25902056, E-Mail: bv_muensing@gmx.de, www.bv-muensing.de.

Einkehrtipp: Gasthaus Limm, Hauptstraße 29, 82541 Münsing, Tel. 08177 411, E-Mail: info@gasthauslimm.de, www.gasthauslimm.de; Öffnungszeiten: Dienstag und Donnerstag bis Sonntag 10.30 bis 14.30 Uhr, Montag, Dienstag sowie Donnerstag bis Sonntag ab 18 Uhr.

Einkehrtipp: Altwirt Münsing, Hauptstraße 2, 82541 Münsing, Tel. 08177 242, E-Mail: info@altwirt-muensing.de, www.altwirt-muensing.de; Öffnungszeiten: Montag und Dienstag Ruhetag, Mittwoch bis Sonntag ab 10 Uhr.

Wildgewordene Kühe und Kommunionkinder

Der Kalvarienberg in Perchting

Durch Perchting kommt man auf dem Weg von Starnberg nach Andechs oder Herrsching. Das heißt, eigentlich fährt man meistens an Perchting vorbei. Ins Dorf hinein verirren sich heutzutage nur die wenigsten Ausflügler, obwohl es ein ausgesprochen hübsches Dorf ist, in dessen Mitte die Kirche steht, und zwar so, dass man den Verkehr in zwei Einbahnstraßen links und rechts herumführen musste.

Auch in früheren Zeiten gingen die Menschen an Perchting meistens vorbei: Ein alter Pilgerweg führt von Hadorf kommend zum Heiligen Berg nach Andechs. In der Barockzeit aber war auch Perchting selbst Ziel der Wallfahrer, nachdem man dort mit einem „wundertätigen" Marienbild eine wildgewordene Kuhherde gebannt hatte. Das Mirakelbuch verzeichnet in der ersten Hälfte des 18. Jahrhunderts allerlei Wunderheilungen. In den Jahren 1764 und 1768 wurde Perchting von zwei Feuersbrünsten heimgesucht, spätestens bei der zweiten wurde auch die Kirche und mit ihr wohl auch das Marienbildnis zerstört. Diesem Unglück verdanken die Perchtinger allerdings ihre ausgesprochen schöne Rokokokirche, die in den Jahren 1770 bis 1774 mit Unterstützung des Pollinger Propstes Franziskus Töpsl und der Grafen Toerring-Seefeld gebaut werden konnte. Für Plan und Ausführung zeichnete Balthasar Trischberger verantwortlich, für den prächtigen Hochaltar Franz Xaver Schmädl.

Die Kalvarienbergkapelle auf dem Moränenrücken nordwestlich des Dorfs, an der der Pilgerweg vorbeiführt, stand da schon ein halbes Jahrhundert lang. Der Überlieferung nach soll sie auf ein Gelübde zurückgehen und im Jahr 1705 für den blinden Sohn des „Herrnbauern" von Perchting gestiftet worden sein.

Die Kapelle war aber baufällig geworden und 1755 vermerkte der Perchtinger Pfarrer, „das er den grossen eiffer seiner [...] Pfarr gemein, disen schon vorhin erbauten Calvariberg witerumb aufs neue zu erbauen nit will entgegen sein." Spätestens jetzt erhielt sie ihre heutige Form einer halbrunden offenen Nische, die man vom Dorf aus sehen und ursprünglich von vorne über eine Treppe erreichen konnte. Die ausdrucksstarke und sehr qualitätvolle Golgatha-Gruppe wird der Weilheimer Schule zugerechnet. Die hölzernen Figuren und die Wandmalereien sind in dieser exponierten Lage sehr stark der Witterung ausgesetzt, sodass die Perchtinger im Lauf der Zeit noch einige Male zur Kasse gebeten wurden. Auf der Rückseite der INRI-Tafel haben zahlreiche Restauratoren ihre Namen hinterlassen. Vermerkt sind dort die Jahreszahlen 1759, 1823 und 1848. Bei der nächsten Renovierungsmaßnahme im Jahr 1890 litten vor allem die Wandmalereien im Hintergrund, die als Ergänzung der Schnitzfiguren zu verstehen waren. In den Pfarrbüchern findet sich nun die Eintragung, dass die Kapelle „in der unschönsten Weise übermalt resp. überschmiert" wurde. Das ist umso bedauerlicher, als sie von Johann Baptist Baader stammen dürften. Weitere Restaurierungen in den Jahren 1919, 1977 und zuletzt 2006 sollten die Pfuschereien von damals wieder rückgängig machen. Die gemalten Figuren von Maria Magdalena und Johannes sind aber mittlerweile unwiederbringlich verloren. An ihrer Stelle wurden 1977 zwei Tafeln mit den Namen der in den Weltkriegen gefallenen Perchtingern angebracht.

Im Jahr 1885 wurde die weithin sichtbare Kalvarienbergkapelle durch einen Kreuzweg mit 14 Stationen ergänzt, der zwischen der Straße nach Hadorf und der nach Drößling verläuft und bei der Kalvarienbergkapelle endet. Den Stein ließ man aus Kelheim kommen, in jede einzelne Station wurde außerdem eine guss-

Die Kalvarienbergkapelle bei Perchting

eiserne Reliefplatte mit der jeweiligen Szene aus der Passion Christi eingelassen. Im darauffolgenden Jahrhundert war dieser Kreuzweg beinahe in Vergessenheit geraten und vom Wald verschlungen worden. 1997 waren es dann wieder die Perchtinger selbst, die ihn mit großem Engagement instand setzten.

DER KALVARIENBERG IN PERCHTING
Einkehrtipp: Gasthaus Georg Ludwig, Ortsstraße 16, 82343 Maising/ Pöcking, Tel. 08151 3445, E-Mail: info@gasthaus-georg-ludwig.de, www.georgludwig.jimdo.com; Öffnungszeiten: Donnerstag bis Montag 11 bis 23 Uhr.

Der Kreuzweg in Aufkirchen

Es muss wohl im Sommer des Jahres 1846 gewesen sein, als sich im Sommerhaus des königlich bayerischen Baurats und Stadtbaumeisters Ulrich Himbsel am Ostufer des Starnberger Sees eine illustre Künstlergesellschaft versammelt hatte. Der Hausherr war auch Gründungsmitglied des „Münchner Kunstvereins", mit den namhaftesten Malern seiner Zeit pflegte er freundschaftliche Beziehungen. Im kleinen Weiler Leoni entstand deshalb eine Art Künstlerkolonie. Wilhelm von Kaulbach hatte sich dort zur Sommerfrische eingemietet, auch der Maler Carl Rottmann machte mit seiner Familie seit einigen Jahren hier Urlaub. Friedrich Dürck, Karl Schorn, Ludwig Asher und Moritz von Schwind waren ebenfalls da, auch Franz von Pocci kam öfters vom nahen Ammerland herüber. Anlässlich der Ernennung von Clemens von Zimmermann zum Direktor der königlichen Gemäldegalerien feierte man bei Himbsels ein ausgelassenes Fest, das in einem Künstlerumzug mit allerhand improvisierten Kostümen gipfelte. Es sei doch schade, dass man solche Momente nicht festhalten könnte, sagte Himbsel zu später Stunde. Und so kam es, dass die Künstlerfreunde im Nachgang das Treppenhaus im Himbsel'schen Sommerhaus mit Szenen aus diesem Festzug ausmalten. Im Mittelpunkt des von Kaulbach konzipierten Bildprogramms steht ein Huldigungsgemälde für Zimmermann.

Himbsel ist auf diesem Bild als etwas korpulenter Herr in den besten Jahren zu sehen, mit rötlichem Backenbart und vollem Haar, leger im kurzen Leibrock und mit gestreifter Hose. Jovial schwenkt er seine Schirmmütze und weist mit der rechten Hand auf seine Frau, die wohl als umsichtige Hausfrau und großzügige Gastgeberin die Festlichkeiten möglich gemacht hatte.

Der sommerliche Erholungsaufenthalt der Städter auf dem Lande hatte aber um die Mitte des 19. Jahrhunderts bei Weitem nicht nur ideelle, sondern vor allem praktische Gründe: Die hygienischen Zustände in den Städten waren insbesondere in den heißen Sommermonaten geradezu katastrophal. Wer es sich leisten konnte, der flüchtete aufs Land. In München flossen damals noch alle Hausabwässer mit dem Regen in ungedeckte Straßen-

Die zusätzliche Wegkapelle zum Gedenken an Johann Ulrich Himbsel befindet sich unterhalb der ersten Station.

gräben ab. Sie verseuchten das Erdreich und schließlich auch das Grundwasser, Infektionskrankheiten wie Typhus und Cholera konnten sich rasant ausbreiten. Allein im Sommer 1854 starben in München fast 3.000 Menschen an der „asiatischen Brechruhr", wie man die Cholera nannte. Das prominenteste Opfer dieser Epidemie war die Ehefrau Ludwigs I., Königin Therese von Bayern. Auch Himbsels Ehefrau Ottilie und sein jüngster Sohn Konrad starben im August des Jahres 1854 an der Cholera. Es war das Jahr, in dem die Eröffnung der Eisenbahnlinie von München nach Starnberg gefeiert wurde. Als Gründer der „Aktiengesellschaft für den Zweck des Bauens und Betriebes einer Eisenbahn von München nach Starnberg" und als Betreiber der Dampfschifffahrt auf dem Starnberger See stand Himbsel auf dem Höhepunkt seiner Karriere – aber er war ein gebrochener Mann.

Aus Trauer ließ er im Jahr 1856 einen Kreuzweg von Leoni zur Wallfahrtskirche Mariä Himmelfahrt in Aufkirchen bauen. Er selbst schrieb dazu, „früherem Gelöbnis nachkommend" habe er zur „Förderung christlicher Andacht und Erhebung zu Gott" einen „Kreuzweg mit der Darstellung der Leiden Christi" erbaut. Der überaus qualitätvoll ausgeführte Kreuzweg ist nicht nur Ausdruck seines eigenen Glaubens, er folgt auch einem uralten Pilgerweg: In früheren Jahrhunderten ließen sich die Wallfahrer von den Fischern übersetzen, um dann weiter zu Fuß nach Aufkirchen hinaufzugehen. In Himbsels eigenem Haus gab es ein Bild, das die Überfahrt der Pilger in einer Plette zeigt. Carl August Lebschée hatte das „Morgenbild" mit der aufgehenden Sonne im Jahr 1850 als Supraporte gemalt. Ein Votivbild aus dem Jahr 1864, auf dem die Himbsel'schen Kreuzwegstationen und die Fronleichnamsprozession abgebildet sind, zeigt, dass sie bald Teil der Volksfrömmigkeit wurden. Sie sind es übrigens noch heute und werden stets liebevoll gepflegt.

Die Kreuzwegstationen stehen auf heckenumrandeten Plätzen, die Himbsel eigens erworben hatte und bepflanzen ließ. Die neugotischen Stationskapellen sind aus Natursteinen aufgemauert und überaus qualitätvoll ausgestattet. Die Terrakotta-Reliefs mit den Passionsszenen stammen von Anton Ganser, einem

Schüler Ludwig Schwanthalers. Unterhalb des Reliefs ist die jeweilige Bibelstelle angegeben. Eine Besonderheit des Aufkirchner Kreuzwegs ist es, dass dieser nicht wie üblich aus 14, sondern eigentlich aus 16 Stationen besteht. Eine zusätzliche Station im südwestlichen Teil des ehemaligen Parks wurde wohl vor den anderen zur Probe errichtet, sie zeigt die Auferstehung Jesu. Und unter der eigentlichen Station I, der Verurteilung durch Pilatus, ließ Himbsels Sohn Franz im Jahr 1882 zur Erinnerung an seinen Vater eine zusätzliche Wegkapelle bauen. Hier ist im Giebel der heilige Jakobus als Patron der Pilger dargestellt, die Relieftafel zeigt die Ölbergstation.

DER KREUZWEG IN AUFKIRCHEN
Einkehrtipp: „Die Post" Landgasthof Aufkirchen, Marienplatz 2, 82335 Berg am Starnberger See, Tel. 08151 446120, E-Mail: info@post-aufkirchen.de, www.post-aufkirchen.de; Öffnungszeiten: täglich 11 bis 21.30 Uhr.

Der Kalvarienberg in Feldafing

Das Blut rann ihr vom Haupte und den aufgebrochenen Wundmalen und am Karfreitage zeigte ihr von Hiebwunden bedeckter Leib, in welcher Art sie die Geißelung ihres Erlösers mit zu leiden hatte. Am Karsamstage war sie dann vor Ermattung einer Toten ähnlich; sie feierte die Ruhe des Leibes Christi im Grabe und stieg mit Ihm ab zur Hölle, in alle Räume den Herrn begleitend, welche seine heiligste Seele durchwandelte. Während dieser Leidenstage konnten höchstens Bruchstücke zu Tage kommen und auch diese nur in sehr unvollkommener Weise. Der Pilger pflegte dessen ungeachtet alle mühsam zu sammeln und sie waren ihm um so verehrungs-würdiger, je größer und heiliger die Schmerzen waren, unter welchen die Dulderin sie ihm zu reichen hatte."

Die Texte von Clemens Brentano machten die Visionen der stigmatisierten Nonne Anna Katharina Emmerick berühmt. Sechs Jahre, bis zu ihrem Tod 1824, war er an ihrem Bett im westfälischen Dülmen gesessen und hatte in 40 Foliobänden aufgezeichnet, was dort geschah. Nicht zuletzt aufgrund von Brentanos Wiedergabe ihrer Visionen in seinem Buch „Das Leben der hl. Jungfrau Maria" wurden auf einem Hügel in der Nähe von Ephesus Ausgrabungen vorgenommen und dort das sogenannte Haus Mariens entdeckt. Der Prozess zur Seligsprechung Anna Katharina Emmericks wurde 1892 eingeleitet und 1928 zunächst eingestellt, nachdem sich herausgestellt hatte, dass Clemens Brentanos Aufzeichnungen wegen seiner eigenen Hinzufügungen und Ausschmückungen nicht verwertbar waren.

1891 wurde der Kalvarienberg auf dem Höhenrücken zwischen Feldafing und Wieling geweiht, für den der Feldafinger Pfarrer Dr. Eduard Clos fast ein Vierteljahrhundert lang gekämpft hatte. Bis ins Detail folgt er den Visionen der Anna Katharina Emmerick, wie sie durch Brentano überliefert wurden. Sogar die Erdspalte, die sich beim Tod Christi zwischen dem Heiland und dem verstockten Schächer auftat, ist dargestellt. In den Annalen der Gemeinde Feldafing hat sich die hübsche Anekdote erhalten, dass der Pfarrherr den Bau des Kalvarienbergs deshalb so energisch vorantrieb, weil bis dato die Feldafinger Kommunionkinder mit ihren Eltern den Kalvarienberg im benachbarten Possenhofen besuchen mussten und es auf dem Heimweg bei der Rast im Gasthof „Fischmeister" oftmals zu alkoholischen Exzessen gekommen war. Neben vielen Feldafinger Bürgern, die das ehrgeizige Projekt mitfinanzierten, konnten so prominente Stifter wie Kaiserin Elisabeth von Österreich, Albert Fürst von Thurn und Taxis und der Reichsrat Ritter von Maffei gewonnen werden. Im Jahr 1864 hatte Clos beim Hofmarschallamt von Herzog Maximilian in Bayern, dem das Grundstück gehörte, die Erlaubnis erhalten, einen Kalvarienberg anzulegen. Bei den Erdarbeiten griff der Pfarrer selbst zum Spaten, so die Überlieferung. 1891 konnte nach vielem Hin und Her endlich die Weihe stattfinden. Zwei Jahre später starb Clos.

Die 14 Kreuzwegstationen schildern den Leidensweg Christi von der Verurteilung durch Pontius Pilatus bis zur Kreuzigung auf dem Berg Golgatha und der anschließenden Grablegung.

Im Archiv der Feldafinger Kirchengemeinde werden auch die Aufzeichnungen von Pfarrer Clos aufbewahrt. Den Aufbau der

Das gabelförmige Kreuz, errichtet gegen den Willen des bischöflichen Ordinariats.

Kreuzigungsgruppe legte er bis ins kleinste Detail fest: Das Leibtuch Jesu musste links gebunden sein, seine Augen sollten geschlossen sein und seine Körpergröße wurde mit exakt 1,86 Meter angegeben. Als Vorbild für das Gesicht diente eine Kopie des Schweißtuchs der Veronika in Rom und selbst die Nägel, mit denen Christus ans Kreuz genagelt wurde, sind detailgetreue Nachbildungen der heiligen Reliquien aus Rom und Turin. Das von Hans Nachreiner geschaffene Kreuz weist eine nicht der kirchlichen Tradition entsprechende Gabelform auf und wurde gegen den Willen des bischöflichen Ordinariats Augsburg verwendet. Die drei Eisenkreuze wurden in der Erzgießerei von Max Kustermann gegossen, auch die Zinkfiguren und die gusseisernen Stationshäuschen in Form einer gotischen Monstranz entstanden dort.

Gegenüber der Station 8 befindet sich als Feldafinger Besonderheit die sogenannte Kerkerzisterne. Die einzelnen Szenen der Passion Christi werden in Tonreliefs dargestellt. Die Vielzahl und die dynamische Darstellung der Figuren in den Bildschreinen sind eine weitere Besonderheit des Feldafinger Kreuzwegs. Als Bildhauer zeichnen die Gebrüder Prickle aus Stadtamhof bei Regensburg verantwortlich.

In der NS-Zeit fiel der Kalvarienberg an die Feldafinger Reichsschule der NSDAP. Um ein Haar hätte sich auf dem

Gußeiserne Kreuzwegstation

Gelände der „Reichsstatthalter in Bayern" Ritter von Epp eine Villa gebaut. Nach dem Krieg wurde der Zaun geplündert und als Alteisen verkauft. In der zweiten Hälfte des 20. Jahrhunderts verfiel der Kalvarienberg zusehends. Eine Bürgerinitiative machte sich schließlich für seine grundlegende Restaurierung stark. Mit der finanziellen Unterstützung durch das Bayerische Landesamt für Denkmalpflege, die Gemeinde Feldafing und die Feldafinger Bürgerschaft konnte sie 2006 abgeschlossen werden.

Dennoch ist der Feldafinger Kalvarienberg, der einst auf einem baumlosen Hügel angelegt worden war, heute ein stiller und beinahe verwunschener Ort. Erst nach und nach entdeckt man beim Hinaufgehen die Stationen zwischen den hohen Laubbäumen, bis man schließlich vor der beeindruckenden Kreuzigungsgruppe steht.

DER KALVARIENBERG IN FELDAFING

Gemeinde Feldafing: Bahnhofsplatz 1, 82340 Feldafing, Tel. 08157 93110, E-Mail: gemeinde@feldafing.de, www.feldafing.de; gegen einen Spendenbetrag von 3 Euro ist an der Gemeindekasse ein Kurzführer zur Geschichte und Gestaltung des Kalvarienbergs erhältlich.

Einkehrtipp: Café Max II, Bahnhofsplatz 1, 82340 Feldafing, Tel. 08157 9993800, E-Mail: info@cafe-max2.com, www.cafe-max2.com; Öffnungszeiten: Mittwoch und Freitag 8 bis 18 Uhr, Donnerstag 8 bis 23 Uhr, am Wochenende und an Feiertagen 9.30 bis 18 Uhr.

Visionäre und Fantasten

Henriette Adelaide und der Bucentaur auf dem Starnberger See

Am nördlichen Ende des Starnberger Sees, auf dem Gelände des Bayerischen Yachtclubs, steht noch immer der sogenannte Bucentaur-Stadel. Auch wenn dieses Bootshaus erst im Jahr 1803 erbaut wurde, so erinnert es doch allein durch seine enorme Größe, die es von seinem Vorgängerbau übernahm, an die glanzvollen Zeiten der höfischen Schifffahrt auf dem Starnberger See. Schon Ende des 15. Jahrhunderts standen an der Mündung des Georgenbachs die Schiffshütten für die Flotte des Münchner Hofs. Und ab 1663 schließlich lief von hier der berühmte Bucentaur aus – das prächtigste Schiff, das der Starnberger See je gesehen hat.

München hätte keine Theatinerkirche und es wäre auch nicht die nördlichste Stadt Italiens, der Starnberger See hätte niemals ein venezianisches Prunkschiff gesehen und wäre womöglich heute nicht der See der Reichen und Schönen, wenn der bayerische Kurfürst Ferdinand Maria nicht mit einer italienischen Prinzessin verheiratet worden wäre.

Im Alter von nur 15 Jahren war Ferdinand Maria im Jahr 1651 seinem Vater auf den Thron gefolgt. Ein Jahr später hatte man den jungen Kurfürsten in einer Prokura-Hochzeit in Turin mit Henriette Adelaide von Savoyen verheiratet – die Braut war gerade einmal 14 Jahre alt. Nach ihrer Ankunft in München wurde für die nachträgliche Hochzeitsfeier am heutigen Salvatorplatz das erste Opernhaus auf bayerischem Boden gebaut. Die

Der Bucentaur-Stadel auf dem Gelände des Bayerischen Yachtclubs

italienische Prinzessin brachte aus ihrer Heimat die besten Architekten, Künstler und Musiker mit nach Bayern – und darüber hinaus die barocke Lebensart.

Die ersten Jahre der Ehe waren gleichwohl überschattet vom Warten auf den ersehnten Thronfolger. Als nach fast zehn Jahren 1662 endlich der Sohn Max Emanuel geboren wurde, war die Freude umso größer. Die glücklichen Eltern lösten ein Gelübde ein und ließen die Theatinerkirche in München errichten. Ferdinand Maria schenkte überdies seiner Frau ein Sommerschlösschen vor den Toren der Stadt. Es wurde nach italienischem Vorbild gebaut und sie nannte es „Borgo delle Ninfe", Nymphenburg. Außerdem wurde unverzüglich eine neue Flotte für Lustfahrten auf dem Würmsee in Auftrag gegeben.

Für das prunkvolle neue Leibschiff „Bucentaur" stand der venezianische „Bucintoro" aus dem Jahr 1605 Pate. Alljährlich am Himmelfahrtstag fuhr der Doge damit aufs Meer hinaus, um in einer symbolischen Zeremonie die Vermählung der Serenissima mit dem Meer zu feiern. Henriette Adelaide ließ eigens den „welschen ingeniere" Francesco Santurini nach München kommen, um den Schiffsbau zu planen und zu überwachen. Für die prächtige Dekoration und Ausstattung des fast 30 Meter langen, über acht Meter breiten und fünf Meter hohen Schiffs wurden außerdem zahlreiche einheimische Handwerker und Künstler verpflichtet. Am 1. Dezember 1662, ein halbes Jahr nach der Geburt des Thronfolgers, konnte mit dem Bau begonnen werden, im Sommer 1663 lief der Bucentaur zum ersten Mal aus.

Der Bucentaur war ein schwimmendes Schloss. 128 Ruderer waren nötig, um ihn über den See zu bewegen. Zur Besatzung gehörten aber auch noch weitere Männer, die den schweren Anker und die Pumpen zu bedienen hatten. Die Mannschaft setzte sich aus den Fischern und Bauern der umliegenden Dörfer zusammen. Auf dem Oberdeck spielte außerdem ein Orchester, zu dem allein 24 Trompeter gehörten. Doch damit nicht genug: „Wenn der Bucentaur in den See trat, war er immer mit einer Menge anderer Schiffe und Nachen, wie mit einer kleinen Stadt umgeben", überliefert der Chronist Lorenz von Westenrieder, darunter die „rothe Galeere", das „Kammerherrnschiff" und eine Vielzahl von Gondeln. Die oftmals über 200 Gäste einer Jagd- oder Festgesellschaft wurden vom „Sommelierschiff" und vom „Kellerschiff",

Modell des Bucentaur im Museum Starnberger See

vom „Mundkuchlschiff" und vom „Krautküchenschiff" aus versorgt, auch das „Notturfft-Gundele" durfte natürlich nicht fehlen.

Die glorreiche Geschichte des Bucentaur währte jedoch nicht einmal ein Jahrhundert. 1741 war er bereits so marode, dass man ihn an Land holen musste. Und im Jahr 1758 kam man zu dem Entschluss, dass „dies kostbare Schöf samt der Hüthen bereits dergestalten allenthalben verfaullet und ruiniert ist, daß selbes ohnmöglich mehr zu reparieren". Das kurfürstliche Leibschiff wurde abgebrochen, nichts – oder beinahe nichts – ist von seiner goldenen Pracht und Ausstattung übrig geblieben. Im Museum Starnberger See kann man aber heute ein detailgetreues Modell anschauen, das 1909 in den Werkstätten des Deutschen Museums angefertigt wurde.

1862 wurde im sogenannten Bucentaur-Stadel die ölvergoldete Heckfigur Minerva wiedergefunden und von dort an das Bayerische Nationalmuseum überwiesen. Ausgerechnet bei der Darstellung dieser Figur ist das Schiffsmodell ausgesprochen ungenau: Die wohl von Balthasar Ableithner 1663 gefertigte Originalfigur trägt einen federgeschmückten Helm und einen Brustpanzer aus „Drachenhaut", in der rechten Hand hielt sie ursprünglich einen Speer, in der linken den Schild. Die Heckfigur am Schiffsmodell hingegen hält den Speer in der linken Hand und ist anders gekleidet. Im Nationalmuseum führt man diesen Fehler darauf zurück, dass das Bucentaurmodell nach grafischen Vorlagen gefertigt wurde.

Die überlebensgroße römische Kriegsgöttin Minerva, die in der griechischen Mythologie der Athene entspricht, stand am rückwärtigen Schiffsportal, das den Haupteingang bildete. Als Schutzherrin vieler griechischer Städte und natürlich als Hauptgöttin Athens wird ihr oft auch die Rolle einer Torwächterin zugedacht. In der Neuzeit wurde sie vor allem zum Sinnbild der Weisheit. Sie gilt aber auch als jungfräuliche Göttin, als „Heldenjungfrau", die keine Verbindung mit einem Mann einging. Andrea Mantegna stellte sie 1502 für das Studiolo von Isabella d'Este in Mantua als Wächterin des „Gartens der Tugend" dar: In voller Montur mit Helm, Brustpanzer, Speer und Schild verjagt sie die als grausige Monster dargestellten Laster. Begleitet von den drei Kardinaltugenden Temperantia, Justitia und Fortitudo ist sie selbst hier die vierte Kardinaltugend, nämlich Prudentia, die Klugheit. Ihre Gegenspielerin ist die sinnliche Venus, die Luxuria, die Menschen von der Vernunft, den Künsten und den Wissenschaften abhält und zu physischen Freuden, zum Müßiggang verführt. Isabella d'Este, die zu ihrer Zeit als schönste und klügste Frau der Welt galt, identifizierte sich mit der tugendhaften Minerva. Ab dem späten 17. Jahrhundert finden sich dann tatsächlich Herrscherporträts von Frauen als Minerva. Vielleicht ist die römische Kriegsgöttin auf dem bayerischen Schiff ja in einem solchen Kontext zu sehen. Ob sie nun als Kriegsratgeberin oder als Schutzgöttin, als Hüterin der Künste oder gar als Sinnbild für die tugendhafte Kurfürstin auf dem Bucentaur mitreiste – in Bayern war eine Minerva-Darstellung im Jahr 1663 mehr als ungewöhnlich.

Wer heutzutage so etwas wie Bucentaur-Feeling erleben möchte, der sollte mit der MS Starnberg über den See fahren: Der 2004 eigens für die Seenschifffahrt gebaute Katamaran hat immerhin einen bronzenen Neptun als Bugfigur.

Bayerische Seenschifffahrt Starnberger See: Nepomukweg 4, 82319
Starnberg, Tel. 08151 8061, E-Mail: zentrale@seenschifffahrt.de,
www.seenschifffahrt.de.

Franziskus Töpsl und der Bibliotheksaal in Polling

Streng genommen gehört das ehemalige Klosterdorf Polling
nicht mehr zum Fünfseenland, sondern zum Pfaffenwinkel –
es ist jedoch unbedingt einen Abstecher wert. Der dreischiffige
Bibliotheksaal im ehemaligen Augustiner-Chorherrenstift ist ein
bedeutendes Zeugnis des süddeutschen Barock und des reichen
klösterlichen Lebens im 18. Jahrhundert. Sein Bildprogramm zu
den Künsten der Philosophie, der Geschichte und der Theologie
gilt als das Hauptwerk von Johann Baptist Baader. Heute dient
der 1776 vollendete Saal als prächtiger Rahmen für Kammerkon-
zerte von internationalem Rang. Über 150 Jahre lang hatte jedoch
der Bibliotheksaal ein düsteres Schattendasein als Lagerraum für
den Wirt des Klostergasthofs geführt – unterbrochen nur von
den Jahren des Zweiten Weltkriegs, in denen er rund 500 wertvolle Tafeln der Bayerischen Staatsgemäldesammlungen beherbergt hatte, um sie vor den Bombenangriffen auf München zu
schützen.

Nicht viel hat sich von der weitläufigen Klosteranlage in
Polling erhalten, wie sie in Michael Wenings „Historico-topogra-
phica descriptio Bavariae" zu sehen ist. „Diese ausländischen
Lumpen haben die schönen spottwohlfeil aquirierten Klöster rui-
niert", heißt es in einem Bericht der königlich-bayerischen
Spezialklosterkommission über die nun als „Spekulanten" be-
zeichnete Unternehmerfamilie Meyer aus dem schweizerischen
Aarau, die nach der Säkularisation das Kloster Polling „für einen

Der Pollinger Bibliotheksaal ist heute ein stimmungsvoller Konzertsaal.

Groschen" vom bayerischen Staat gekauft hatte. Es ist wohl wahr, dass die Schweizer das aufgelassene Kloster ausgeschlachtet und alle wertvollen Ausstattungsgegenstände in die nähere und weitere Umgebung verkauft hatten. Wahr ist allerdings auch, dass 1803 von staatlicher Seite verfügt worden war, man solle die Klöster, in denen sich keine Fabriken einrichten ließen, zur Gewinnung von Baumaterial nutzen. Sonst, so die Befürchtung, würde sich das „Unkraut" des Mönchtums früher oder später wieder einnisten.

Das ehemalige Augustiner Chorherrenstift Polling, gut zwei Kilometer südlich von Weilheim gelegen, ist ein mehr als eindrückliches Beispiel für das Wüten der Säkularisation. Das Pollinger Kloster soll eines der ältesten in ganz Bayern sein. Nach der Überlieferung wurde es um 750 von Herzog Tassilo III. gegründet, eine vom Herzog verfolgte Hirschkuh habe an dieser Stelle ein Kreuz aus dem Boden gescharrt. Im „Pollinger Kreuz" des Hochaltars soll es noch erhalten sein. Die Geschichtsforschung geht jedoch davon aus, dass die frühen herzoglichen Klostergründungen vor allem auch der Sicherung wichtiger Straßenzüge im Voralpenland dienten, etwa zum Fernpass oder zum Zirler Berg. Bemerkenswert wäre dann die Tatsache, dass Polling zunächst ein Frauenkloster gewesen sein soll. Gesichert ist hingegen die Wiedergründung des Klosters durch König Heinrich II. am 16. April 1010. Die Urkunde, „erlassen zu Regensburg", hat sich erhalten. Aus dieser Schenkungsurkunde geht hervor, dass es sich um ein bestehendes Konvent mit „fratres" handelt, denen der König eine Reihe von Gütern aus der Umgebung zusichert. Nach 1100 nahmen die Mönche die Regel der Augustiner-Chorherren an. Das Stift wurde im Laufe der Jahrhunderte auch ein Ort der Gelehrsamkeit, in der Barockzeit erlebte es seine größte Blüte. Ab 1714 wurden die Klostergebäude nach Plänen von Johann Georg Ettenhofer, der Polier unter dem Münchner Hofbaumeister Giovanni Antonio Viscardi gewesen war, neu errichtet.

Mehr als 50 Jahre lang, von 1744 bis zu seinem Tod 1796, war Franziskus Töpsl Propst in Polling. Er gilt als einer der wichtigsten Vertreter der katholischen Aufklärung in Bayern. Töpsl veranlasste die Umgestaltung der Konventgebäude ab 1747. Den wohl berühmtesten bayerischen Barockbaumeister beauftragte er 1745 allerdings mit einem ganz profanen Gebäude: Johann Michael Fischer plante für das Kloster den sogenannten „Märzenkeller", einen mächtigen gemauerten Stadel mit freitragendem Dachstuhl und acht großen Gewölbekellern, in denen das Bier gekühlt wurde. Unter Töpsl wurde auch die Barockisierung der ehrwürdigen Stiftskirche abgeschlossen, er hatte dafür die Stuckateure aus Wessobrunn nach Polling geholt.

Töpsl war es auch, der Polling zu einem bedeutenden Wissenschaftsstandort machte. Der Bücherbestand des Klosters wuchs bis zum Ende des 18. Jahrhunderts auf mehr als 80.000 Bände an und war damit eine der umfangreichsten Bibliotheken in ganz

Die Balustraden im Treppenhaus konnten rekonstruiert werden.

Bayern. Auf Töpsls Initiative wurden auch eine Sternwarte sowie ein Naturalien- und Mineralienkabinett eingerichtet.

Was man heute „Networking" nennen würde, hieß in der Zeit der katholischen Aufklärung „commercium litteram": Mangels Internet standen die Gelehrten in Klöstern und Akademien früherer Zeiten in regem Briefwechsel miteinander. Der Pollinger Propst Franz Töpsl war in der zweiten Hälfte des 18. Jahrhunderts ein solcher gelehrter Netzwerker, der an einem recht ehrgeizigen Projekt arbeitete, nämlich einem Lexikon aller Schriftsteller aus dem Orden der Augustiner-Chorherren. Dafür schrieb er Briefe an seine Ordensbrüder in ganz Europa und bat sie um möglichst naturgetreue Porträtabbildungen der gelehrten Autoren. Diese meist druckgrafischen Vorlagen ließ er dann in Polling in Öl auf Leinwand umsetzen, einer der dafür beauftragten Maler war Johann Baptist Baader. Zumindest in Auszügen hat sich auch Töpsls Korrespondenz erhalten. So fragte er etwa bei seinem „Kollegen" Johann Ignaz von Felbiger an, ob denn sein in einem seiner Bücher abgebildetes Konterfei der Natur entspräche: „Aut aliam mihi sinceriorem mitte", bat er, sonst solle er ihm doch ein realistischeres schicken. Die ursprünglich rund 200 Ölgemälde von gelehrten Augustiner-Chorherren ließ Töpsl in den Gängen des Pollinger Stifts aufhängen: „Nicht zur Erbauung, sondern zum Ansporn" für seine Mitbrüder.

Nach der Aufhebung des Klosters sollte die als „Pollinger Pinakothek" bezeichnete Gemäldesammlung zusammen mit den konfiszierten Büchern der Münchner Hofbibliothek überantwortet werden. Aus unerfindlichen Gründen wurden die Porträts jedoch vorher auf ein Floß verladen und die Isar hinunter an die Landesuniversität in Landshut gesandt. Dort vermutete man ein Versehen und fragte geflissentlich nach, wann man die für die Universität „ohnehin ganz unbrauchbare Portraits-Sammlung" wieder zurück nach München schicken solle. Aus der Residenzstadt hieß es lapidar, der Rücktransport, der zwangsläufig gegen die Fließrichtung der Isar und somit auf dem Landweg hätte erfolgen müssen, sei zu teuer und deshalb untersagt. Somit blieben die Pollinger Chorherrenporträts bis heute bei der Universität. Allerdings ist es den Gemälden nicht gut ergangen: Jemand hat sie grob mit einem Messer aus ihren Rahmen geschnitten, danach wurden sie aufgerollt oder gar gefaltet und im Laufe der Jahrhunderte beileibe nicht immer sachgemäß gelagert. Ein großer Teil von ihnen ist längst verloren gegangen, einige wenige wurden zu Beginn des 20. Jahrhunderts gerahmt und in der Münchner Universität aufgehängt, bevor sie wieder im Archiv verschwanden. 88 Bilder haben sich bis heute mehr oder weniger restaurierungsbedürftig erhalten.

Beinahe in Vergessenheit geraten wäre auch der Rokoko-Bibliothekssaal im Prälatenstock des Stifts. Töpsl ließ ihn, sozusagen als Höhepunkt einer tausendjährigen Klostertradition, ab 1775 zur Unterbringung der wertvollen Buchbestände errichten. Baumeister war Matthias Bader, nach dessen Tod vollendete sein Sohn Franz Joseph das Bauprojekt. Für die Stuckarbeiten verpflichtete man wieder Tassilo Zöpf aus Wessobrunn, für die Deckenfresken Johann Baptist Baader. Der auch als „Lechhansl" bekannte Kirchenmaler aus dem Pfaffenwinkel erlangte wegen seiner beinahe volkstümlichen Darstellungen und vor allem wegen seiner bäuerlich-lebensnahen Gesichter große Popularität. Das Hauptfresko in Polling zeigt Papst Gregor und Propst Franz Töpsl mit den gestürzten Irrlehrern.

Als am 20. April 1803 die Säkularisationskommissare, angeführt von Johann Christoph Freiherr von Aretin, in Polling anrückten, um die Buchbestände zu sichten, da verschwendeten sie freilich keinen Blick auf die Rokoko-Schönheit des Saals. Sie durchforsteten vielmehr die Bibliothek zehn Tage lang nach den „seltensten und kostbarsten Werken aus allen Fächern", die „dieser Bibliothek einen ausgezeichneten Wert" verliehen hatten. 30.000 Bände ließen sie abtransportieren, rund zwei Drittel davon gingen an die Hofbibliothek und gehören heute zu den Beständen der Bayerischen Staatsbibliothek, ein kleinerer Teil kam an die Universität nach Landshut und von dort später nach München. Die weitaus meisten Bücher aber wurden Makulatur.

Erst zehn Jahre später erwarb der Klosterwirt Johann Anton Streicher die Klostergebäude mit dem ausgeplünderten Saal und dem Prälatenstock. Die Balustrade der Bibliothek hatte mittlerweile in der Kirche in Etting eine neue Verwendung als Emporengitter gefunden. Die Streichers, die auch einen Brauereibetrieb hatten, lagerten nun das Eichenholz im Bibliotheksaal, bevor es in der Schäfflerei in den darunterliegenden Gewölberäumen zu Bierfässern verarbeitet wurde. Als man dazu übergegangen war, das Bier in Flaschen abzufüllen, diente der Saal der Familie Streicher, die mittlerweile im Prälatenstock wohnte, als überdimensionierte Rumpelkammer. Der 1895 geborene Adolf Streicher, der den Raum 1974 dem „Verein der Freunde des Pollinger Bibliotheksaals" schenkte, erinnerte sich, dass er als Bub zwischen den Pfeilern das Radfahren gelernt hatte. Das Intermezzo des Saals als Gemäldemagazin in den Kriegsjahren hatte er dazu genutzt, von den Restauratoren, die nun bei ihm ein und aus gingen und den Zustand der eingelagerten Kunstwerke überprüften, eine schadhafte Stelle im Deckenfresko ausbessern zu lassen.

Bis 1975 ließ der Verein als neuer Eigentümer den Saal in enger Zusammenarbeit mit dem Landesamt für Denkmalpflege und mit Zuschüssen des Freistaats renovieren. Die Deckenfresken waren erstaunlich gut erhalten. Ein neues Treppenhaus wurde eingebaut, die Balustraden konnten anhand der erhaltenen Teile rekonstruiert werden. Seither dient die Pollinger Bibliothek als höchst stimmungsvoller Konzert- und Festsaal.

FRANZISKUS TÖPSL UND DER BIBLIOTHEKSAAL IN POLLING
Weilheimer Straße 1, 82398 Polling, Tel. 0881 61316,
E-Mail: h.wittermann@bibliotheksaal.de, www.bibliotheksaal.de,
Besichtigung nach vorheriger Anmeldung bei Hanne Wittermann (Vorsitzende des Vereins der Freunde des Pollinger Bibliotheksaals e.V.).

Hörtnagel-Konzerte im Bibliotheksaal: Tel. 089 9829280,
E-Mail: konzert@hoertnagel.de, www.hoertnagel.de.

Einkehrtipp: Alte Klosterwirtschaft, Weilheimer Straße 12, 82398 Polling, Tel. 0881 9010808, E-Mail: info@alte-klosterwirtschaft.de, www.alte-klosterwirtschaft.de; Öffnungszeiten: Dienstag bis Sonntag ab 11.30 Uhr; Biergarten bei schönem Wetter ab 11.30 Uhr geöffnet.

Gabriel von Max und seine Affen in Ammerland

Die Tür des hell gestrichenen Bootshauses steht offen, denn der Maler ist auf den See hinaus gerudert, um von dort sein Haus zu malen. Links neben dem Bootshaus trocknet auf einer Leine die Wäsche in der Sonne. Rechts gibt es einen kleinen Steg und ein Badehüttchen. Die Kinder schauen dem Vater in seinem Kahn nach. Auch oben im Haus stehen die Fenster offen, man erahnt einen Kopf im obersten Stockwerk – vielleicht die Ehefrau des Künstlers? Ein Stockwerk tiefer befinden sich offensichtlich die Schlafräume, hier werden an den seeseitigen Fenstern die Betten gelüftet. Hell, freundlich und ländlich sieht das Haus mit den grünen Fensterläden, der hübsch bewachsenen Veranda und dem sich zum See öffnenden Giebelrisalit mit den weißen Balkonen in beiden Stockwerken aus. Dahinter erhebt sich recht steil und dunkel das mit hohen Bäumen bewachsene Ammerlander Ufer. Die Idylle ist perfekt. Im Münchner Lenbachhaus gibt es ein

Bild, das der Künstler Gabriel von Max, damals noch ohne den Adelstitel, um das Jahr 1885 von seinem Sommerhaus am Ostufer des Starnberger Sees malte.

Gabriel von Max war zu seiner Zeit ein höchst erfolgreicher Maler. Die Kutschen sollen sich vor seinem Haus in der Heustraße, der heutigen Paul-Heyse-Straße, in München gestaut haben, wenn er sein Atelier öffnete, um ein neues Bild zu präsentieren. Geboren am 23. August 1840 in Prag, hatte er in Prag, Wien und schließlich in München bei Carl Theodor von Piloty studiert. Noch während seines Studiums wurde er mit dem Bild „Die Märtyrerin am Kreuze", das er 1867 zuerst im Münchner Kunstverein und im selben Jahr auf der Weltausstellung in Paris zeigte, schlagartig berühmt. Die Presse bezeichnete ihn als „Sensationsmaler", das Publikum, vor allem das weibliche Publikum, verehrte ihn als „Seelenmaler". Zunächst waren es vor allem Figurenbilder mit christlichen, literarischen und mythologischen Inhalten, für die er bewundert wurde. Aber auch mit den Themen Medizin, Tod und Jenseits traf er den Zeitgeschmack. Er selbst aber sah sich weniger als Künstler denn als Wissenschaftler: Er war ein passionierter Forscher der Vor- und Frühgeschichte, der Anthropologie, der Zoologie und der Ethnographie. Vor allem in späteren Jahren beschäftigte er sich außerdem intensiv mit Parapsychologie, Spiritismus, Hypnotismus, aber auch mit Darwins Naturwissenschaft und Schopenhauers Philosophie.

Weltberühmt wurde Gabriel von Max aber als „Affenmaler". Im Jahr 1869 hatte er sich für seine naturwissenschaftlichen Stu-

Die Villa Max in Ammerland befindet sich heute in einem bedauernswerten Zustand.

Seeufer bei Ammerland

dien ein Affenpärchen ange-schafft, bald war daraus eine Herde von 14 Tieren geworden, die er in seinem Gartenhaus hielt. Die lebenden, aber auch die toten oder sterbenden Affen dienten ihm als Modelle. Nach dem Tod sezierte er sie und dokumentierte seine Untersuchungen.

Mit dem Geld, das er mit sei-nen Gemälden und darüber hinaus mit den Reproduktionen seiner Bilder verdiente, finanzierte Ga-briel von Max seine mehr als außergewöhnlichen Leidenschaften. Er besaß zum Beispiel die größte Schädelsammlung seiner Zeit. Insgesamt umfasste seine naturwissenschaftliche Sammlung mehr als 60.000 Objekte. Sein zentrales Interesse galt der Ent-wicklungsgeschichte des Menschen, seinem Ursprung, seinem Wesen und seinem Weiterleben: „Alles, was existiert, entsteht im Kleinen wie Großen nach demselben Prinzip auf dieselbe Art. Die Schöpfung ist eine Materialisation Gottes. Das brauchen die Menschen noch nicht zu wissen. Nichts geht verloren. Entstehen und Vergehen existiert nur in unseren Augen. Erde, Wasser, Luft, Feuer der Alten Art treffen sich. 4321 ist Entstehung, 1234 Verge-hung, es gibt noch eine 5, welche wir ahnen. Dieses ist das blei-bende Ewige. Die Sonne unseres Planetensystems wird so lange leuchten, bis der Kreislauf des Geistes vollendet ist, das heißt, bis aller in der Materie latenter Geist zum Bewusstsein gekommen ist – gleichsam ist." Wir müssen uns auch die Villa Max als Schau-platz von Seancen und spiritistischen Sitzungen vorstellen, an denen zuweilen die ganze Familie teilnahm.

Auf dem Höhepunkt seines Erfolgs wurde Gabriel Max im Jahr 1878 zum ordentlichen Professor für Historienmalerei und religiöse Stoffe an die Akademie der Bildenden Künste in Mün-chen berufen. Bereits fünf Jahre später gab er dieses Amt wieder auf, behielt aber den Titel eines „königlichen Professors". Zu seinem 60. Geburtstag im Jahr 1900 wurde er in den Adelsstand erhoben und durfte sich von da an Gabriel Cornelius Ritter von Max nennen.

Von Ostern bis Allerheiligen lebte Gabriel von Max mit seiner Familie in dem hübschen Sommerhaus in Ammerland am Starnberger See, das er bereits 1875 gekauft und im Lauf der Jahre nach seinem Geschmack ausgebaut und erweitert hatte. Der Architekt Gabriel von Seidl oder sein jüngerer Bruder Emanuel sollen am letzten Umbau mitgewirkt haben. 1883 war im Garten ein „Kinderhaus" errichtet worden, damit der Vater ungestört arbeiten konnte. Auch einige Äffchen kamen wohl in den Sommermonaten mit an den Starnberger See. Ein Bild aus dem Jahr 1882 zeigt nicht nur die drei Kinder Corneille, Ludmilla und Colombo, sondern auch den Hund der Familie und die prächtige Renaissancedecke im Speisezimmer, die der Hausherr zusammen mit weiteren Ausstattungsstücken aus einem aufgelösten Kloster in Tirol erworben hatte. Gabriel von Max, der in seinen letzten Lebensjahren sehr zurückgezogen gelebt hatte und wohl recht kauzig geworden war, starb im November 1915 in München.

Wer heute an der südlichen Seestraße in Ammerland spazieren geht, der wird die einstmals bezaubernde „Villa Max" kaum mehr wiedererkennen. Das denkmalgeschützte Gebäude hat es nach jahrelangen gerichtlichen Auseinandersetzungen längst zu mehr Berühmtheit gebracht als sein einstiger Besitzer: Es befindet sich in einem mehr als trostlosen Zustand. Seit sie es Anfang der 1990er-Jahre gekauft hat, lässt die Eigentümerin das Haus unter Missachtung des Denkmalschutzes verfallen, auch die wertvolle Innenausstattung wurde unerlaubterweise entfernt. Mittlerweile hat sich sogar der Internationale Rat für Denkmalpflege eingeschaltet.

GABRIEL VON MAX UND SEINE AFFEN IN AMMERLAND
Villa Max: Südliche Seestraße 29, 82541 Münsing.

Konrad Lorenz und seine Gänse in Seewiesen

Den Gänsevater Konrad Lorenz kennt jeder. Wo sich das von ihm begründete Max-Planck-Institut für Verhaltensphysiologie Seewiesen befindet, das wissen allerdings die wenigsten. „Seewiesen" wurde das Gelände am Eßsee bei Perchting genannt, weil es sich um einen von Wiesen umgebenen See handelt. Konrad Lorenz arbeitete dort ab 1954 zunächst als stellvertretender Direktor und von 1961 bis 1973 als Direktor.

Konrad Lorenz gilt als Begründer der vergleichenden Verhaltensforschung bei Tieren. Mit seinen Untersuchungen konnte er erstmals darlegen, dass Jungvögel auf akustische und optische Reize ihrer Eltern angewiesen sind, um eine Bindung zu ihnen aufbauen zu können. Aber auch jedes andere Lebewesen oder Objekt, das solche Reize aussendet, kann eine Prägung hervorrufen. Anhand des Gänsekindes „Martina" entdeckte er, dass Küken das erste bewegliche Objekt, das sie nach dem Schlüpfen erblicken, für ihre Mutter halten. Lorenz bemerkte weitere angeborene Verhaltensprogramme, die durch Schlüsselreize ausgelöst werden. So holen etwa brütende Graugänse reflexartig ein aus dem Nest gerolltes Ei zurück. Lorenz war auch der erste, der das sogenannte Kindchen-Schema erstmals beschrieb: Die großen Augen und bestimmte Gesichtsproportionen eines kleinen Kindes lösen bei erwachsenen Tieren und Menschen den Beschützerinstinkt aus.

Konrad Lorenz wurde am 7. November 1903 in Altenberg bei Wien geboren. Er soll sich schon in jungen Jahren auf dem väterlichen Landsitz viel mit Tieren beschäftigt und Entenküken aufgezogen haben. Er studierte zunächst Medizin in Wien und New York,

Die Nachfahren von Martina

wechselte dann aber zur Zoologie, um 1933 in diesem Fach zu promovieren. Bereits während seines Studiums erforschte er Instinkthandlungen bei Tieren. Im Jahr 1927 heiratete Lorenz seine Kindheitsfreundin Gretl, die Tochter des Gärtners in Altenberg, die mittlerweile ebenfalls ein Medizinstudium absolviert hatte. Als Assistenzärztin sicherte sie den Lebensunterhalt, während ihr Mann sich in seine Forschungen stürzte, die zunächst in einer Art Privatzoo auf dem elterlichen Gutshof stattfanden. Lorenz hielt dort nicht nur Hunde und Katzen, er beobachtete auch das Verhalten von Eichhörnchen, Barschen, Papageien – und natürlich von Gänsen.

Seinen ersten Auftritt in den hohen Hallen der Wissenschaft hatte das Gänsekind „Martina" im Jahr 1938 auf dem „16. Kongress der Deutschen Gesellschaft für Psychologie", wo Konrad Lorenz als frischgebackenes NSDAP-Mitglied einen Vortrag hielt. In zwei Aufsätzen, die nach diesem Vortrag entstanden, versuchte Lorenz darzulegen, dass seine Forschungen an Gänsen Rückschlüsse auf den Menschen zuließen. Der Verhaltensforscher schnitzte seine Erkenntnisse passgenau auf die nationalsozialistische Ideologie zurecht, hob die negativen Auswirkungen der Domestikation bei Gänsen hervor und zog Parallelen zu degenerierten Großstädtern. Auch das Wort „Ausmerzung" fand in diesen Texten Verwendung.

Aber es haben sich noch deutlichere Bekenntnisse von Konrad Lorenz erhalten. In seinem Antrag zur Aufnahme in die NSDAP schrieb er 1938: „Ich war als Deutschdenkender und Naturwissenschaftler selbstverständlich immer Nationalsozialist und aus weltanschaulichen Gründen erbitterter Feind des schwarzen Regimes (nie gespendet oder geflaggt) und hatte wegen dieser auch aus meinen Arbeiten hervorgehenden Einstellung Schwierigkeiten mit der Erlangung der Dozentur. Ich habe unter Wissenschaftlern und vor allem Studenten eine wirklich erfolgreiche Werbetätigkeit entfaltet, schon lange vor dem Umbruch war es mir gelungen, sozialistischen Studenten die biologische Unmöglichkeit des Marxismus zu beweisen und sie zum Nationalsozialismus zu bekehren. Auf meinen vielen Kongreß- und Vortrags-

Das Max-Planck-Institut für Ornithologie in Seewiesen

reisen habe ich immer und überall mit aller Macht getrachtet, den Lügen der jüdisch-internationalen Presse über die angebliche Beliebtheit Schuschniggs und über die angebliche Vergewaltigung Österreichs durch den Nationalsozialismus mit zwingenden Beweisen entgegenzutreten. Dasselbe habe ich allen ausländischen Arbeitsgästen auf meiner Forschungsstelle in Altenberg gegenüber getan. Schließlich darf ich wohl sagen, daß meine ganze wissenschaftliche Lebensarbeit, in der stammesgeschichtliche, rassenkundliche und sozialpsychologische Fragen im Vordergrund stehen, im Dienste Nationalsozialistischen Denkens steht!"

Die Ergebnisse seiner Forschungen brachten Konrad Lorenz 1973, in seinem letzten Jahre in Seewiesen, gemeinsam mit Nikolaas Tinbergen und Karl von Frisch den Nobelpreis für Medizin ein. Er starb hochgeehrt am 27. Februar 1989 im Alter von 85 Jahren in Altenberg. Seine Verstrickung in die nationalsozialistische Ideologie hat Konrad Lorenz posthum seine 1983 verliehene Ehrendoktorwürde der Universität Salzburg gekostet, die nur eine von insgesamt zehn Ehrendoktorwürden verschiedener Universitäten war. Er habe in seinen Schriften „wesentliche Elemente der rassistischen Ideologie des Nationalsozialismus" verbreitet, hieß es in der Begründung.

Heute befindet sich in Seewiesen das Max-Planck-Institut für Ornithologie. Zu dem kleinen See und zu den Wiesen sind längst hohe Bäume hinzugekommen, die weitläufige Anlage liegt höchst idyllisch und sehr versteckt etwas abseits von der Straße von Starnberg nach Andechs. Man kann das Institut zwar nicht einfach besuchen wie einen Zoo, es gibt aber immer wieder die Möglichkeit, sich im Rahmen von Führungen über die Arbeit der Forscher zu informieren. So erfährt man dort zum Beispiel, ob Vögel im Flug schlafen, wie Fledermäuse nachts ihre Beute erkennen und wie Vogelgesang entsteht. Im Frühjahr und Herbst findet jeweils eine Führung statt, die allen Interessierten nach Anmeldung offen steht, darüber hinaus werden Gruppenführungen angeboten.

KONRAD LORENZ UND SEINE GÄNSE IN SEEWIESEN
Max-Planck-Institut für Ornithologie: Eberhard-Gwinner-Straße, 82319 Seewiesen, Tel. 08157 932421, E-Mail: pr_seewiesen@orn.mpg.de, www.orn.mpg.de.

Matthias Helwig und seine Filme in Seefeld

Ein Stückchen nördlich vom Ammersee erhebt sich über dem türkisblauen Pilsensee das Schloss Seefeld, das seit 1472 im Besitz der Grafen zu Toerring-Jettenbach ist. Trotz aller Um- und Anbauten hat sich das Schloss bis heute den Charakter einer mittelalterlichen Festung bewahrt, sein mächtiger Bergfried stammt im Kern wohl aus dem 13. Jahrhundert. Die berühmte Eichenallee, die Graf Anton Clemens zu Toerring-Seefeld im Jahr 1770 pflanzen ließ, macht die einstige Bedeutung dieses Adelssitzes deutlich.

Über eine Steinbrücke, die eine Schlucht überquert, gelangt man auf den Wirtschaftshof des Schlosses. Der hübsche barocke

Matthias Helwig, strahlend beim FSFF

Torbau ist um 1730 nach Plänen von Johann Michael Fischer entstanden. Auch für das ehemalige Bräuhaus und die zweigeschossigen Wirtschaftsgebäude zeichnet er verantwortlich. Ein künstlicher Graben trennt den vorderen, rechteckigen Wirtschaftshof von der Hauptburg mit dem mächtigen Bergfried, die noch heute von der gräflichen Familie bewohnt wird. Das jüngste Gebäude ist hier der Arkadenbau an der Südseite, den Gabriel von Seidl 1894 plante. Ebenfalls nicht zugänglich ist die Schlosskapelle, in der sich unter anderem ein Bild der Muttergottes befindet, das um 1500 im Umkreis von Hans Holbein d. Ä. nach dem Vorbild von Santa Maria del Popolo in Rom entstanden ist.

In jüngerer Zeit ist in den ehemaligen Wirtschaftsgebäuden des Schlosses ein stimmungsvolles Ambiente aus Kunst und Kommerz entstanden. Neben einer soliden Wirtschaft mit Biergarten im Schlosshof gibt es hier eine ambitionierte Kunstgalerie, außerdem viel Kunsthandwerkliches – und das beste Kino Deutschlands. Im Jahr 2013 hat Matthias Helwig für sein Breitwand-Kino im Schloss Seefeld von der Bundesregierung den Spitzenpreis für das beste Jahresfilmprogramm 2012 erhalten. Der Beauftragte der Bundesregierung für Kultur und Medien würdigt und fördert mit dem Kinoprogrammpreis die Filmtheater, die sich bei der Verbreitung deutscher und europäischer Filmkunst besonders verdient gemacht haben.

In seiner Dankesrede sagte Kinobetreiber Matthias Helwig damals, wie wichtig es sei, dafür zu kämpfen, gerade auch die ganz kleinen Kino-Orte zu erhalten. Die Gemeinde Seefeld gehört mit ihren rund 6.000 Einwohnern mit Sicherheit dazu, aber auch das Kino selbst ist ein ganz besonderer „kleiner Kino-Ort".

In dem ehrwürdigen Gemäuer gibt es nicht nur einen „normalen" Kinosaal, in dem ausschließlich Programmkino und Art-
house-Filme gezeigt werden, sondern auch noch eine mit Sofas
und Sesseln möblierte Lounge, in der in Wohnzimmeratmosphä-

**Das beste Kino Deutschlands befindet sich im barocken Wirtschaftshof von
Schloss Seefeld.**

re Filme zu sehen sind, die es oftmals gar nicht erst in die Kinos schaffen: Dokumentar-, Kurz- und Repertoirefilme, aber auch Spielfilme von jungen Regisseuren. Matthias Helwig hat das Fünfseenland zum „Fünfseen-Filmfestival-Land" gemacht. Während andernorts die Kinos sterben, eröffnet er ein Kino nach dem anderen. Der Inhaber der Breitwand-Kinos, die es nicht nur in Seefeld, sondern auch in Starnberg, Herrsching und demnächst auch in Gauting gibt, heimst seit vielen Jahren alle nur erdenklichen Preise ein, insgesamt mehr als hundert Auszeichnungen für herausragendes Kinder-, Dokumentar- und Jahresfilmprogramm. Er selbst wurde unter anderem mit dem Tassilo-Preis der Süddeutschen Zeitung für herausragende Kulturarbeit in der Region ausgezeichnet. Sein Geheimnis ist es wohl, dass ihn nicht so sehr die wirtschaftliche Relevanz eines Films interessiert, sondern vor allem die künstlerische. Die Filme, die er in seinen Kinos zeigt, sind eine Mischung aus anspruchsvollem Mainstream und dem, was ihm selbst gefällt.

Erfolg hin oder her: Als Matthias Helwig im Jahr 2007 ein Filmfestival für das Fünfseenland ins Leben rief, da wurde er doch eher argwöhnisch bis mitleidig beäugt. Ein Filmfestival auf dem Land, das könne nicht funktionieren, meinten viele. Aber das Fünf Seen Filmfestival, kurz FSFF, hat sich innerhalb weniger Jahre als zweitgrößtes und als unumstritten reizvollstes Filmfestival in Bayern etabliert. Es gilt längst als wichtiger Branchentreffpunkt, zu dem Filmschaffende aus ganz Europa anreisen. Das FSFF ist ein Publikumsfestival und legt seinen Schwerpunkt auf den neuen deutschsprachigen Film aus Deutschland, der Schweiz und Österreich. Es bietet verschiedene Wettbewerbe mit neuen deutschen und internationalen Filmen, mit Kurz- und Dokumentarfilmen, mit Kinder- und Jugendfilmen sowie eine Retrospektive, die jeweils einer Persönlichkeit der Filmgeschichte gewidmet ist. Mit weit mehr als hundert noch nicht im Kino gezeigten Filmen und über 300 Vorstellungen auf zehn Leinwänden an sieben Spielstätten in Starnberg, Seefeld, Herrsching, Wörthsee, Weßling, Dießen und seit 2014 auch in Landsberg am Lech ist es ein Mega-Kultur-Event geworden, das weit über die Region hinaus leuchtet.

Und wenn es dann irgendwann im Juli endlich so weit ist und das Festival mit großem Spektakel und noch größerer Promi-Präsenz eröffnet wird, dann hat man den Eindruck, Matthias Helwig, Erfinder und Leiter des Fünf Seen Filmfestivals, würde am liebsten einfach über Filme sprechen: Er gerät immer noch ins Schwärmen, wenn er von den Fundstücken und Schätzen erzählt, die er von anderen Festivals mitgebracht hat und die er nun seinem Publikum präsentieren will. Helwig, so meint man, kennt wirklich jeden einzelnen der handverlesenen Filme.

Längst hat sich übrigens erwiesen, dass einer der vielen Erfolgsfaktoren des Festivals auch die atemberaubende Landschaft ist, in der es stattfindet. Das Fünf Seen Filmfestival sei die „schönste Jahreszeit im Alpenvorland", schrieb die Presse. Und in der „Zeit" konnte man sogar lesen: „Man fragt sich, warum man eigentlich nach Cannes fährt."

MATTHIAS HELWIG UND SEINE FILME IN SEEFELD

Kino Breitwand im Schloss Seefeld: Schlosshof 7, 82229 Seefeld-Hechendorf, Tel. 08152 981898, E-Mail: seefeld@breitwand.com oder events@fsff.de, www.fsff.de.

Einkehrtipp: Bräustüberl Schloss Seefeld, Schlosshof 4c, 82229 Seefeld, Tel. 08152 99120, E-Mail: info@braeustueberl-seefeld.de, www.braeustueberl-seefeld.de; Öffnungszeiten: Montag, Mittwoch bis Sonntag 10 bis 24 Uhr.

Dichtung
und Wahrheit

Kaiser Heinrich II. in Inning

Der Ort Inning am Ammersee liegt eigentlich genau zwischen dem Ammersee und dem Wörthsee. Das heutige Inning ist eine Gemeinde mit rund 4.500 Einwohnern. „Innings Bedeutung lag von jeher in seiner verkehrsgünstigen Lage", kann man auf der ortseigenen Internetseite nachlesen. Man könnte auch sagen, Inning hatte schon immer ein Verkehrsproblem.

Das größte Verkehrsproblem in seiner langen Geschichte aber hatte Inning an einem Tag in der hektischen Vorweihnachtszeit des Jahres 1021. Zugegebenermaßen ist diese Episode nicht ganz unbekannt – über ihre genaueren Umstände ist allerdings so gut wie nichts überliefert. Aber man stelle sich jetzt einmal vor, alle Durchreisenden, die das heutige Inning zuweilen überschwemmen, würden beschließen über Nacht zu bleiben, alle am selben Abend. Es gäbe ja heute zumindest einen Supermarkt am Ortseingang und noch einen am Ortsausgang, wo man auf die Schnelle was einkaufen könnte. Außerdem gleich mehrere Wirtschaften, Ferienwohnungen und so weiter. Trotzdem müsste wahrscheinlich am nächsten Tag das THW ausrücken, um den verwüsteten Ort wieder instand zu setzen.

„Am 15. November 1021 zog Kaiser Heinrich II., der Heilige, mit 60.000 Mann durch Inning nach Italien, wobei er hier über Nacht blieb." So die lapidare Inschrift auf dem sogenannten Kaiserhaus in Inning. Aus Regensburg, immerhin das „New York des Mittelalters", wissen wir, dass man entlang der Hauptverkehrswege Kettensperren anbrachte, wenn ein Turnier stattfand oder wenn der Kaiser mit seinen Truppen in die Stadt kam. So wollte man Plünderungen und Ausschreitungen seitens der durch Alkoholgenuss enthemmten Ritter vermeiden. Die mittelalterliche Metropole galt wegen ihrer ausgedehnten Ländereien übrigens als einzige Stadt, die in der Lage war, die kaiserliche Hofhaltung über längere Zeit zu versorgen, ohne dass hinterher eine Hungersnot ausbrach. Wie aber mag das im kleinen Inning gewesen sein? Die Inninger waren vermutlich nicht vorbereitet und konnten auf die Schnelle keine Kettensperren schmieden. Und vielleicht ist ja die notorische Fischarmut im Ammersee auf ein riesiges Steckerlfischgelage an jenem 15. November 1021 zurückzuführen?

Das Kaiserhaus in Inning erinnert also an den berühmtesten Reisenden, der jemals durch den Ort kam. Es wäre aber wohl eine krasse Fehldeutung, wenn man das „hier" der Inschrift auf das Haus beziehen würde, denn hätten tatsächlich alle 60.000 versucht, in dieses einzige Gebäude hineinzukommen – dann würde

Das sogenannte Kaiserhaus in Inning

dieses Kaiserhaus mit Sicherheit heute nicht mehr stehen. So oder so: Das als Kaiserhaus bezeichnete, durchaus stattliche Gebäude war ehemals ein Salzstadel und ist mit der Jahreszahl 1640 bezeichnet. Wegen seiner Lage an einer wichtigen Fernhandelsstraße von München über Landsberg bis zum Bodensee war Inning auch für den Salzhandel von Bedeutung. Eine sogenannte Salzfaktorei, in der das Salz zwischengelagert und umgeladen werden konnte, ist für Inning von 1767 bis 1840 nachgewiesen. Selbst wenn also nur der Kaiser in Inning standesgemäß untergebracht wurde und alle anderen auf einem mittelalterlichen Campingplatz, selbst dann hat er mit großer Wahrscheinlichkeit nicht in einem Salzstadel übernachtet, sondern im gegenüberliegenden Gasthof zur Post – sofern es den damals schon gab. Käme Heinrich mit seinem Krönchen auf dem Kopf heute nach Inning, er müsste – oder dürfte – im Gasthof zur Post übrigens indisch essen.

Aber auch das mit dem Krönchen ist wohl eher künstlerische Freiheit. Das Wandbild auf dem Giebel des Kaiserhauses zeigt sowieso nicht alle 60.000 Soldaten, dafür hätten alle vier Wände nicht ausgereicht. Zu sehen ist nur eine überschaubare Gruppe von genau sieben Reitern und etwa 20 Fußsoldaten, die keck ihre Lanzen nach oben strecken. Der Kaiser ist an seiner Krone zu erkennen. Auch wenn er einen Hermelinmantel trägt, wie es sich für einen Kaiser gehört, so dürfte er doch an diesem Novembertag unter der Krone ganz schön kalte Ohren bekommen haben. Vielleicht hat der unbekannte Künstler, der die denkwürdige Episode für die Nachwelt verewigte, ja auch bei der Zahl eine gewisse Großzügigkeit walten lassen – und es waren nur 6.000 oder 600 Soldaten.

Sicher ist jedoch, dass im Jahr zuvor der durch byzantinische Truppen in Bedrängnis geratene Papst Benedikt VIII. den Kaiser um Hilfe gebeten und sich dafür höchstpersönlich auf den Weg über die Alpen gemacht hatte. Im Herbst 1021 brach daraufhin Heinrich II. von Bamberg aus zu einem Italienfeldzug auf. Auf dem Weg kam er dann an jenem denkwürdigen Tag durch Inning. Belegt ist der Aufenthalt übrigens durch eine Urkunde, die der

15. NOV. 1021 ZOG KAISER HEINRICH II. DER HEILIGE MIT 60000 MANN DURCH INNING NACH ITALIEN, WOBEI ER HIER ÜBER NACHT BLIEB

Kaiser Heinrich II. ist an seiner Krone zu erkennen.

Kaiser am 15. November 1021 in Inning ausstellte, in der es aber um die Rückgabe einer Kirche an das Regensburger Niedermünster Kloster ging.

Wir wissen nicht, wie die Inninger damals dieses Mega-Event gestemmt haben und ob sie danach eine Art mittelalterliches THW gebraucht haben. Wir wissen aber, dass sie ein paar hundert Jahre später die umfassende Neugestaltung ihrer Pfarrkirche St. Johann Baptist gemeistert haben. Das Vermächtnis eines Pfarrers ermöglichte eine durchaus opulente Ausstattung ganz nach der Mode der Zeit. Ihre elegante Turmhaube verdankt die Inninger Kirche keinem Geringeren als dem Münchner Hofbaumeister Leonhard Matthäus Gießl. Der im Kern spätgotische Bau wurde außerdem zwischen 1765 und 1767 mit prächtigem Wessobrunner Stuck von Thassilo Zöpf, einem Altar des wohl bedeutendsten Weilheimer Rokokobildhauers Franz Xaver Schmädl und obendrein mit einem Deckengemälde von Christian Wink ausgestattet.

Auch das heutige Inning kann noch mit einer ganzen Reihe großer Namen punkten: Der Motorradrennfahrer Toni Mang ist aus Inning und auch der Fernsehliebling Thomas Gottschalk war einige Jahre lang Inninger. Der Komponist Werner Egk ist in Inning gestorben. Der Schauspieler Heino Ferch hat sich hier niedergelassen. Und sogar Georg Baselitz, dem die Bild-Zeitung den Titel „Deutschlands größter Künstler" verliehen hat, residiert seit einigen Jahren im Inninger Ortsteil Buch.

KAISER HEINRICH II. IN INNING
Kaiserhaus: Marktplatz 10, 82266 Inning am Ammersee.
Einkehrtipp: Gasthof zur Post, Münchner Straße 2, 82266 Inning am Ammersee, Tel. 08143 9979260, E-Mail: anfrage@gasthof-post-inning.de, www.gasthof-post-inning.de; Öffnungszeiten: Oktober bis März Montag bis Samstag 11 bis 14.30 Uhr und 17.30 bis 21 Uhr, Sonntag 11 bis 21 Uhr, April bis September Montag bis Samstag 11 bis 14.30 Uhr und 17.30 bis 22 Uhr, Sonntag 11 bis 21 Uhr.

Orlando di Lasso in Starnberg

Hoch oben auf dem Starnberger Schlossberg steht die hübsche Rokoko-Kirche St. Josef. Sie wurde in den 1760er Jahren als Ersatzbau für die baufällige und zu klein gewordene Pfarrkirche St. Benedikt unten am See errichtet. Kurfürst Max III. Joseph schenkte den Starnbergern den Bauplatz und die Ziegel des baufällig gewordenen kurfürstlichen Sommerhauses dienten als Baumaterial für die Kirche. Erste Planungen wurden vom Münchner Hofbaumeister Johann Michael Fischer vorgelegt, die Bauleitung hatte dann sein Nachfolger Leonhard Matthäus Gießl inne. Die Stuckarbeiten stammen von Franz Xaver Feichtmayr und die Deckengemälde von Christian Wink. Weithin bekannt ist das Josefskircherl aber vor allem wegen seines Hochaltars von Ignaz Günther. Es ist neben dem Schloss das weithin sichtbare Wahrzeichen Starnbergs. Ein beinahe unbekannter und an heißen Sommertagen geradezu verwunschener Ort ist jedoch der Schlossgarten, der sich zwischen Kirche und Schloss befindet.

Der Renaissancegarten ist nach italienischem Vorbild angelegt und entstand zeitgleich mit dem Hofgarten der Münchner Residenz im ausgehenden 16. Jahrhundert als Lustgarten mit symmetrischen Beeten, Laubengängen und Rosenspalieren rund um ein Wasserspiel. Das Wasser für den Brunnen wurde früher

Der Starnberger Schlossgarten wurde nach italienischem Vorbild angelegt.

in hölzernen Röhren heraufgepumpt. Der Wasserturm steht noch heute am Rand des Gartens. An seinem südlichen Ende stand das Sommerhaus mit Tanzboden und Festsaal, es gab ein „Badhaus", einen Platz für Turniere und zum See hin sogar einen Weinberg, der das italienische Ambiente noch unterstreichen sollte. Außerdem hielt man sich eine exotische Menagerie, zu der auch eine Löwin und kleine Äffchen gehörten. Die Herzogin hatte einen „Vogelherd", eine Voliere mit seltenen Vögeln, der wohl die heutige Straße „Am Vogelanger" ihren Namen verdankt. Wer von dem kleinen Aussichtsplatz oben auf der Mauer des Schlossgartens hinunter auf die Dächer Starnbergs und über den ganzen See mit dem Bergpanorama blickt, der hat die Parkplatzsuche und das Gedrängel unten am See schnell vergessen.

Im Starnberger Schloss des 16. Jahrhunderts gab es einen eleganten Herrn mit gestutztem Vollbart in schwarzseidenen Pluderhosen und mit hohem weißen Spitzenkragen, der über alle Feierlichkeiten wachte und immer neue Lustbarkeiten für die Münchner Hofgesellschaft erfand: Orlando di Lasso war Hofmusikus und „Eventmanager" von Herzog Albrecht V. Und in dieser Eigenschaft dürfte er auch an der Ausgestaltung der einst trutzigen Starnberger Burg zu einem prächtigen Sommerschloss

Einer der schönsten Aussichtsplätze in Starnberg

im Stil der italienischen Hochrenaissance beteiligt gewesen sein. „All'italiana" wurde damals in München musiziert und getanzt – und „all'italiana" wurde mit Sicherheit auch in Starnberg, der Sommerresidenz der bayerischen Herzöge, gefeiert.

Schon Herzog Wilhelm IV. hatte in der ersten Hälfte des 16. Jahrhunderts begonnen, umfangreiche Güter rund um den See an verdiente Münchner Patrizier zu vergeben, nicht ohne sie mit dem Bau von kleinen Schlössern zu beauftragen. Wie ein Perlenkranz lagen bald die Hofmarkschlösser Kempfenhausen, Berg, Allmannshausen, Ammerland, Tutzing, Garatshausen und Possenhofen am Ufer und bildeten zusammen mit dem See und der Bergkette eine reizvolle Kulisse für prunkvolle Seefeste, gleichzeitig waren sie Anlaufstellen bei Lustfahrten und Jagdausflügen der höfischen Flotte. Unter seinem Sohn Albrecht V. erlebte dann nicht nur die höfische Schifffahrt auf dem Starnberger See einen ersten Höhepunkt, auch das Starnberger Schloss selbst galt nun als das „schönste in ganz Bayern": Von einem „schön herlich wohlerbauth Fürsten Haus mit villen schönen herrlichen, und allerley tapezirten wolgezierten Zimmern" berichtet das herzögliche Kastenamt 1585.

Unter diesen Arkaden wandelte bereits Orlando di Lasso.

Seit 1557 stand Orlando di Lasso in Diensten des bayerischen Herzogs, zunächst als Tenorist, schon bald aber als Kapellmeister. Wegen seiner „hellen, lieblichen Stimme" war der Chorknabe aus Mons im heutigen Belgien zweimal entführt worden, beide Male konnten ihn seine Eltern zurückholen. Beim dritten Mal war er in die Dienste seines Entführers, des Vizekönigs von Sizilien Ferrante Gonzaga, getreten. Das war im Jahr 1544. Orlando di Lasso war zu diesem Zeitpunkt zwölf oder höchstens 14 Jahre alt. Mit seinem Dienstherrn reiste er nun durch Italien, er verkehrte in Adelskreisen, lernte die italienische Volksmusik kennen, das Straßentheater, die Commedia dell'Arte – und wurde entlassen, als er in den Stimmbruch kam. Als Komponist diente er dann in Neapel, über Antwerpen kam er nach München.

Die Hofkapelle, die unter Orlando schon bald von 19 auf 63 Musiker anwuchs, diente wie die Kunstsammlung und die Residenz mit dem neugebauten Antiquarium auch dem Prestige des Herzogs, der seine Machtansprüche demonstrieren wollte. Orlando sollte die besten Musiker, Chorknaben und italienischen Tanzmeister nach München holen. Bei der Hochzeit des bayerischen Thronfolgers Wilhelm mit Renata von Lothringen trat er mit großem Erfolg bei einer „commedia all'improviso alla italiana" auf, es war wohl eine der ersten Aufführungen des italienischen Stegreiftheaters in Bayern. „Obwohl die meisten Anwesenden (von den ‚erlauchten Damen') nicht verstanden, was die Schauspieler sagten, so stellte doch der wahrhaft virtuose Orlando Lasso den venezianischen Magnifico mit soviel Bravour und Grazie dar, […] daß im Verlauf der Akte alle schallend lachten", hieß es über die Hochzeitsfeierlichkeiten.

Wir dürfen uns außerdem vorstellen, dass Orlando die „erlauchten Damen" auch im Starnberger Schlossgarten mit „Bravour und Grazie" zum Lachen brachte und dass die Hofkapelle zuweilen auch auf einem der Beiboote aufspielte, die das „groß scheff", das große Leibschiff des Herzogs, auf seinen Lustfahrten wie eine kleine schwimmende Stadt begleiteten. Und wir dürfen hoffen, dass die Musiker mit ihren Instrumenten nicht dabei waren, als „1575 das groß Hagelwetter zu Starnberg gewest", wie uns der Chronist Lorenz von Westenrieder überliefert. Zumindest aber „ist der Herzog grad auf dem See gefahren" und „seine liebe Gemahlin nebst anderen Frauenzimmern mehr dabei gewest, haben gebebet und gezaget, daß der Herzog trost zusprechen müssen".

ORLANDO DI LASSO IN STARNBERG
Kirche St. Josef und Schlossgarten: Schlossbergstraße, 82319 Starnberg.

Die unbekannte Heilige im Museum Starnberger See

Die „Starnberger Heilige" ist eines der berühmtesten, wenn nicht gar das berühmteste Kunstwerk der Region. Sie reiste als Botschafterin der süddeutschen Rokoko-Kunst nach London, wo sie im Victoria and Albert Museum zu sehen war. Im Olympiajahr 1972 wurde sie in München der Weltöffentlichkeit vorge-

Die Starnberger Heilige von Ignaz Günther

Das Architekturbüro Guggenbichler & Netzer realisierte 2007 den modernen Erweiterungsbau für das Museum Starnberger See.

führt. Und zuletzt war sie der heimliche Star der Ausstellung „Mit Leib und Seele – Münchner Rokoko von Asam bis Günther" in der Hypo-Kunsthalle. Das ist umso erstaunlicher, als die Schnitzfigur nur fragmentarisch erhalten ist und bis vor Kurzem noch völlig unklar war, welche Heilige sie darstellt. Man darf aber wohl mit Fug und Recht behaupten, dass es sich bei der „Starnberger Heiligen" um ein herausragendes Werk des wohl bedeutendsten Rokoko-Bildhauers Ignaz Günther handelt – und dass eine ganz besondere Anziehungskraft von der unbekannten Schönen ausgeht.

„F.J. Gindter.fecit.1755" – diese Signatur in der rückwärtigen Aushöhlung der Skulptur weist sie als Werk von Ignaz Günther aus. In welchem Zusammenhang sie entstand und wo sie ursprünglich aufgestellt war, darüber ist bislang nichts bekannt. Rund 150 Jahre ihrer Geschichte liegen völlig im Dunkeln, über ihre Aufenthaltsorte bis zu ihrer Auffindung im Jahr 1913 weiß man nichts. Ihr Zustand lässt jedoch vermuten, dass sie über viele Jahre großen Temperaturschwankungen ausgesetzt war und dass sie mehrmals transportiert wurde.

In der Restaurierungswerkstatt des Bayerischen Landesamtes für Denkmalpflege hat die „Starnberger Heilige" aber jetzt unter den kundigen Händen von Rupert Karbacher ihre Identität gelüftet: Der Restaurator, der die Skulptur nach der Ausstellung in der Hypo-Kunsthalle untersuchte, konnte aufzeigen, dass es sich um die Darstellung der heiligen Katharina von Alexandrien handelt.

Aber von Anfang an: Die unbekannte Heilige befindet sich seit der Eröffnung des Starnberger Heimatmuseums – ursprünglich Würmgau-Museum genannt, heute Museum Starnberger See – im Besitz der Stadt Starnberg. Das Museum wurde im Jahr 1914 eröffnet, bereits ein Jahr zuvor gründeten Dr. Martin Penzl, Dr. Richard Paulus und Dr. Anton Obermayer den „Museumsverein für den Würmseegau, Verein für Volkstum und Heimat". Laut Überlieferung war es Dr. Martin Penzl, einer der Gründerväter des Museums und „fahrender Landarzt", der die Skulptur auf dem Blaslhof in Harkirchen fand, und zwar unter einem Treppenabsatz.

Der Blaslhof, ehemals Sedelhof von Harkirchen, stand direkt gegenüber der dortigen Kirche. Bis 1897 war er in Familienbesitz gewesen und von Generation zu Generation übergeben worden. Dann hatte ihn Max von Klenze, Enkel des berühmten Architekten Leo von Klenze, gekauft. Bis 1960 gehörte der Blaslhof nun der Familie Klenze, die ihn wohl auch bewohnte. Von den Klenzes erhielt Dr. Penzl jedenfalls die Heiligenfigur als Schenkung. Wie sie auf den Blaslhof gekommen ist, das wird sich wohl nach mehr als hundert Jahren nicht mehr klären lassen. Die Stadt München kaufte das Gebäude 1960 und ließ es ein Jahr später abreißen.

Als unbekannte Heilige stand die Figur viele Jahre in der sogenannten Kapelle im Starnberger Museum und bezauberte Generationen von Museumsbesuchern. Typisch für Ignaz Günther ist ihr feines, ausdrucksstarkes Gesicht, vor allem aber die virtuose Gewandgestaltung. Ihre anmutige, leicht gedrehte Körperhaltung mit dem geneigten Köpfchen, ihr üppig und weich fallendes, von einem luftigen Himmelblau überhauchtes Gewand, das in der Mitte von einem goldenen Mieder zusammengehalten wird und im Rücken beinahe wie ein Flügelpaar ausschwingt, lassen sie zart, geradezu sphärisch und engelsgleich erscheinen. Nicht zuletzt vermittelt die Fußspitze, die unter dem Kleid hervorlugt, den Eindruck, die Heilige würde tanzen oder gar fliegen. Eine Deutung der Figur war bislang nicht möglich, da ihr beide Hände – und damit offensichtlich auch ihr Heiligenattribut – fehlen.

Die Untersuchungen von Rupert Karbacher aber lassen nun ein ganz anderes Bild von der Heiligen entstehen: Man muss sich die Figur an ihrem ursprünglichen Aufstellungsort, bei dem es sich mit an Sicherheit grenzender Wahrscheinlichkeit um einen Altar handelte, in leicht kniender Haltung vorstellen. Ihr linkes, nicht sichtbares Bein oder Knie war auf einer Volute abgestützt. Eine aus dem Gewandsaum entfernte Flickstelle hat eine Öffnung freigelegt, in der sich als Heiligenattribut ein Rad befand. Damit dürfte nun feststehen, dass es sich um eine Darstellung der heiligen Katharina von Alexandrien handelt. Ein Vergleich mit der ebenfalls von Ignaz Günther stammenden Katharina am Eligius-Altar in der Münchner Peterskirche macht sowohl die Position auf der linken Altarseite über einer Volute als auch die Anbringung des Attributs hinter dem rechten Fuß deutlich. Man darf nun also auch vermuten, dass die Starnberger Katharina wie ihre Münchner Schwester ein Schwert in der rechten Hand hielt – und dass sie in der ursprünglich farbigen Fassung, von der freilich nur noch wenig erhalten ist, einen deutlich anderen, weniger sphärischen Eindruck als heute vermittelt haben dürfte. Die Ausbesserung an der Stelle, an der ursprünglich das Rad eingesetzt war, und die wenig sachgemäße blaue Übermalung erhielt die Figur bei einer Restaurierung Ende der 1930er Jahre, die wohl vom damaligen Kustos des Museums ausgeführt wurde.

„Es wird oft unterschätzt, wie sehr die Fassung eine Skulptur verändert", sagt Rupert Karbacher. Aufgrund seiner Untersuchungen kann er genau nachvollziehen, wie die heilige Katharina ausgesehen hat, als sie im Jahr 1755 die Werkstatt von Ignaz Günther verließ. Sie trug das noch sichtbare goldfarbene Mieder, dazu eine hellblaue Bluse und einen kräftig blauen Überrock, der auf seiner Innenseite hellgelb war. Über dem rechten Bein war der rote Unterrock sichtbar, die Riemchen ihrer Sandalen waren ebenfalls vergoldet. Auf ihre orientalische Herkunft könnte das große ockerfarbene Kopftuch hindeuten, das mit weißen, blauen und grünen Streifen verziert war, ihr über die Schultern bis weit über den Rücken fiel und vor der Brust verknotet war. Nach der Legende war Katharina eine Königstochter, zu ihrer noblen Herkunft passt die prächtige Kleidung ebenso wie der goldene Haarreif und die Perlenschnüre in ihren Haaren.

Die historische Persönlichkeit der Katharina von Alexandrien, die zu Beginn des 4. Jahrhunderts gestorben sein soll, lässt sich nicht fassen. Sie soll eine Tochter des Königs Costus von Zypern gewesen sein. Die junge Christin war eine hochgebildete Frau, der es nicht selten gelang, ihre Gesprächspartner zum Christentum zu bekehren, so auch die 50 Gelehrten, die der römische Kaiser Maxentius – oder Maximinus Daia – gegen sie aufbot. Weil sie sich weigerte, den Götzen zu opfern, sollte sie gerädert werden. Ein Engel zerbrach das Marterinstrument, ein zerbrochenes Rad ist deshalb ihr Heiligenattribut. Dem Märtyrertod entkam sie dennoch nicht, letztlich wurde sie enthauptet. Engel sollen danach ihren Leichnam auf den Berg Sinai gebracht haben, über ihrem Grab wurde das Katharinenkloster errichtet. Dargestellt wird sie auch mit einem Schwert, einem Kreuz oder einer Krone, außerdem mit einem Palmzweig, einer Lilie oder wegen ihrer Gelehrtheit mit einem Buch oder mit einer Scheibe mit den Namen der Wissenschaften.

Katharina war über die Jahrhunderte hinweg eine der beliebtesten Heiligen. Sie ist eine der 14 Nothelfer und in Bayern eines der drei „heiligen Madl", zu denen neben der „Katharina mit dem Radl" auch noch die „Barbara mit dem Turm" und die „Gretl mit dem Wurm" gehören. Wo sie einst als Altarfigur, mit großer Wahrscheinlichkeit mit einer gespiegelten weiteren Figur, verehrt wurde, dazu gibt es bislang nur Vermutungen. Da ein Zusammenhang mit der Kirche in Hanfeld, die in der Vergangenheit immer wieder genannt wurde, aufgrund neuerer Forschungen ausgeschlossen werden darf, könnte das kleine, St. Peter und Paul geweihte Kirchlein in Harkirchen wieder ins Spiel kommen. Immerhin wurde die schöne Heilige in dessen unmittelbarer Nachbarschaft gefunden.

Sicher ist jedenfalls, dass die „Starnberger Heilige" an den Starnberger See zurückkehren wird. Nach Abschluss der Untersuchungen und voraussichtlich nach einer fachkundigen Restaurierung wird sie wieder an ihrem angestammten Platz im Museum Starnberger See zu sehen sein – vermutlich dann aber nicht mehr als „Unbekannte", sondern als heilige Katharina.

DIE UNBEKANNTE HEILIGE IM MUSEUM STARNBERGER SEE
Kirche St. Peter und Paul: Am Kreuth 1, 82335 Berg-Harkirchen.

Der Schmalzer Hans in Berg

Der Park von Schloss Berg ist als Todesort von König Ludwig II. weltberühmt. Bekanntlich brach der König am späten Nachmittag des Pfingstsonntags 1886 mit seinem obersten Bewacher, dem Münchner „Irrenarzt" Bernhard von Gudden, von Schloss Berg aus zu einem Spaziergang am Seeufer auf, von dem beide nicht mehr zurückkehrten. Das Kreuz im See und die neoromanische Votivkapelle, die Prinzregent Luitpold zum zehnten Todestag errichten ließ, sind ein Muss für jeden Ludwig-Fan.

Nicht nur die glücklichsten, auch die unglücklichsten Stunden seines Lebens dürfte Ludwig II. am Starnberger See verbracht haben. Als Gefangenen brachte man ihn am 12. Juni 1886 von Neuschwanstein nach Berg. Die letzten Stunden im Leben des Königs sind genau dokumentiert, man weiß sogar, was er zuletzt gegessen und getrunken und was er gesagt hat. Umso unwahrscheinlicher erscheint es, dass man ihn nur mit dem Arzt, ansonsten aber unbewacht, im Park spazieren gehen ließ. Die genauen Todesumstände sind bis heute ungeklärt – man darf jedoch vermuten, dass Ludwig keinesfalls in selbstmörderischer Absicht oder auf der Flucht im See ertrunken ist, sondern vielmehr erschossen wurde. Ob dies versehentlich durch einen der wachhabenden Gendarmen oder als Auftragsmord mit politischem Hintergrund geschah, darüber wird immer noch heftig diskutiert.

Mit Sicherheit lässt sich bislang lediglich festhalten, dass weder das Kreuz im See, noch die etwas höher gelegene Kapelle die Stelle markieren, an der man die Leiche des Königs fand. Diese befindet sich nämlich einige Hundert Meter weiter nördlich im heute eingezäunten Teil des Schlossparks. Das Schloss selbst, das von der Landseite aus nicht zu sehen ist, dient noch heute dem Oberhaupt des Hauses Wittelsbach, Herzog Franz von Bayern, als gelegentlicher Aufenthaltsort.

Zehn Jahre nach Ludwigs tragischem Tod wurde die sogenannte Votivkapelle als neuromanischer Zentralbau im heute öffentlich zugänglichen Teil des Schlossparks errichtet: Sie steht, auf drei Seiten von mächtigen Bäumen umschlossen, oberhalb eines vom Wasser umspülten Kreuzes auf einem hohen Unterbau, von dem eine doppelte Freitreppe zum See hinunterführt. Das Kreuz wurde von der Vereinigung „Ludwig II. – Deine Treuen" errichtet. Ludwigs Mutter, Königin Marie, ließ die steinerne Totenleuchte am Ufer aufstellen, die später in die Treppenanlage der Kapelle integriert wurde.

Die Votivkapelle im Berger Schlosspark

Architekt der düsteren achteckigen Kapelle war Julius Hofmann, der zuvor schon die Bauleitung für Neuschwanstein und Herrenchiemsee innehatte und der nach Ludwigs II. Tod von Prinzregent Luitpold zum Oberhofbaurat befördert wurde. Hofmann hatte auch den Sarkophag für Ludwig II. und die Totenleuchte entworfen. Die Votivkapelle wurde 1900 nach Hofmanns Tod von seinem Sohn Rudolf fertiggestellt. Die Freskierung des dunkelblauen sternengeschmückten Kirchenhimmels stammt von August Spieß. Am Sonntag nach dem Todestag treffen sich noch heute jedes Jahr die Königstreuen zu einem Gedenkgottes-

Das Geburtshaus von Oskar Maria Graf in Berg

dienst in der Votivkapelle mit anschließender Kranzniederlegung.

Als 1894 nur ein paar Schritte vom königlichen Schloss entfernt der Berger Bäckersbub Oskar Graf geboren wurde, war König Ludwig II. schon ein paar Jahre tot. In den Geschichten aber, die sich die Leute im Dorf erzählten, war der König noch lange lebendig. Die Berger Dorfbewohner waren nicht nur in Ludwigs letzten Lebenstagen Zeugen der mysteriösen Geschehnisse rund um das Schloss, sie waren auch in den Jahren davor durch die nicht immer diskrete Dienerschaft bestens über die merkwürdigen Gepflogenheiten ihres geheimnisvollen Königs informiert. So durfte der Bäcker Graf beispielsweise Brot und Semmeln ins Schloss liefern, erhielt aber die dringliche Anweisung, dass letztere unter allen Umständen weich zu sein hätten. „Majestät haben, unter uns gesagt, miserable Zähne", verriet der joviale Küchenchef dem Bäcker. Der arme König musste deshalb Semmeln vom Vortag essen, die in der Kühlkammer all ihrer Knusprigkeit beraubt wurden, bevor sie ihm aufgetischt wurden.

Den auf allerhöchsten Befehl erteilten Auftrag zur Semmellieferung hatte der Bäcker Graf übrigens seiner Schwester zu verdanken, die wegen ihrer Missbildung in der Familie und im Dorf nur „der Zwerg" genannt wurde. Der Zwerg, so berichtet Oskar Maria Graf in seinem Buch „Das Leben meiner Mutter", sei an sonnigen Tagen öfters alleine im Dorf unterwegs gewesen. Und weiter: „An einem Nachmittag tappte er wieder so dahin. Auf halbem Weg zum See-Ufer begegnete ihm die königliche Karosse, auf die er, stehenbleibend, schaute. Der König beugte sich aus den himmelblauen Sammetpolstern und blickte durch das Wagenfenster. Der Zwerg verzog seinen breiten, lefzigen Mund, lächelte teigig und plapperte irgend etwas. Da hielt die Karosse an, und etwas, das sich noch nie ereignet hatte, geschah. Der blasse, dunkelbärtige, hochgewachsene Monarch und sein ordensbesternter Begleiter stiegen aus und näherten sich dem seltsam verunstalteten Menschenkind, das die beiden Männer ohne Scheu mit trägen, leeren Blicken anglotzte."

Der „Zwerg", so berichtet Graf weiter, habe dem König seinen Namen nicht verraten wollen, habe sich auch von dem Talerstück nicht beeindrucken lassen, das man ihm schenkte, und habe obendrein den König einen „Lausbua" genannt, als er am darauffolgenden Tag zusammen mit der alten Bäckin zum Kaffee in die Schlosswirtschaft eingeladen wurde. „Ja, die hohe Ehr', Frau Graf! Die Ehr'! Da kann man gratulieren!", soll der Wirt gesagt haben. „Tags darauf", so berichtet Graf weiter, „brachte der Kabinettssekretär ein gerahmtes Bild des Königs mit eigenhändiger Unterschrift." Und dazu den Auftrag, „täglich weiches Weißbrot und dünne Wecken an den königlichen Hof zu liefern."

Das Denkmal für Oskar Maria Graf in Aufkirchen schuf der Bildhauer Max Wagner.

Auch der „Schmalzer-Hans", in späteren Jahren Gemeinde-
diener, Nachtwächter und notorischer Säufer, konnte sich mit Fug
und Recht als Kenner der Verhältnisse im Berger Schloss bezeich-
nen. Er trug noch viele Jahre lang seine Hoflivree, mit der er einst
als fescher junger Bursche im königlichen Schloss gedient hatte.
Allerdings hatte man ihn noch zu Lebzeiten des Königs davon-
gejagt, weil er, so erzählte er selbst nicht ohne Stolz, einmal im
königlichen Schlafzimmer genächtigt hatte.

„Eines Tages nämlich", so schreibt Oskar Maria Graf, „als sich
die Dienerschaft im Berger Schloss langweilte, war der Hans auf
den tollkühnen Gedanken gekommen, die Frage zu stellen, wie es
sich wohl im Bett seiner Majestät liegen würde." Und tatsächlich
entdeckte man am darauffolgenden Tag, als in der Frühe die Ankunft des Königs gemeldet wurde, den schnarchenden Diener im
königlichen Bett. „Außer mir hat noch keiner im König seinem
Bett geschlafen", meinte der Hans unverdrossen, „und der Schlaf
hat sich rentiert." Das „weiche Flaumzeug" und die „seidigen
Spitzen" seien aber dennoch „nichts für unsereins", so sein Fazit.

Ein Muss für jeden Besucher von Berg ist natürlich auch das
Geburtshaus von Oskar Maria Graf an der mittlerweile nach ihm
benannten Straße. Ausgesprochen praktisch ist, dass es heute
ein Wirtshaus beherbergt, in dem es garantiert keine lätscherten
Semmeln gibt.

DER SCHMALZER HANS IN BERG
Gedenkkreuz: König-Ludwig-Weg 27, 82335 Berg.
Votivkapelle: Parkweg im Schlosspark, 82335 Berg.
Einkehrtipp: Oskar Maria Graf Stüberl: Grafstraße 9, 82335 Berg,
Tel. 08151 51688; Öffnungszeiten: Montag und Mittwoch bis Sonntag
10 bis 23 Uhr.

Wassily Kandinsky in Starnberg

Wenn man in Starnberg auf der Rückseite des Schlossbergs hinuntergeht, wo ein Weglein am Georgenbach entlangführt, kann man auch heute noch einen schönen Eindruck vom alten Starnberg gewinnen. Während hoch oben auf dem Mühlberg schon herrschaftliche Villen mit großartigem Blick auf See und Berge gebaut wurden, entstanden Anfang des 20. Jahrhunderts weiter unten am Hang auch einige kleinere Landhäuser mit tief herabgezogenen Mansarddächern und einer holzverkleideten Loggia im oberen Stockwerk. Man fühlt sich unwillkürlich an das Haus erinnert, das Gabriele Münter und Wassily Kandinsky 1909 in Murnau bezogen. Und tatsächlich liebte Wassily Kandinsky den Starnberger See und kam in seinen frühen Münchner Jahren immer wieder zum Malen hierher.

Das Münchner Lenbachhaus besitzt von Kandinsky die Ölskizze mit dem Titel „Bei Starnberg", die bei einem Malaufenthalt um die Jahreswende 1901/02 entstanden ist: Sie zeigt einen Bauernhof zwischen Hügeln und verschneiten Feldern und wurde später zu dem Gemälde „Winterdämmerung" weiterentwickelt. Auch die Bootshäuser an der Starnberger Seepromenade hat Kandinsky bei diesem Aufenthalt festgehalten. Das Seeufer, die Wasserfläche und die Boote haben ihn immer wieder faszi-

Ein malerischer Weg führt hinter dem Schlossberg am Georgenbach entlang.

niert. Einmal mietete er sich sogar mehrere Wochen in Starnberg ein. Und als er und Gabriele Münter 1908 beschlossen, ihr unstetes Wanderleben zu beenden und sich im Münchner Umland niederzulassen, setzten sie sich in den Zug – und fuhren nach Starnberg. Warum sie nicht geblieben sind, darüber kann freilich nur noch spekuliert werden.

Kandinsky, der 1896 aus Moskau nach München übergesiedelt war, hatte sich 1902 in seine Malschülerin Gabriele Münter verliebt und sich schließlich wegen ihr von seiner Frau getrennt, die auch seine Cousine war. Weil ihn aber sein Gewissen plagte und er sich seiner Frau Anja weiterhin verpflichtet fühlte, gestaltete sich die Beziehung zwischen Münter und Kandinsky denkbar schwierig: Jahrelang führten sie ein rastloses Wanderleben von Malreise zu Malreise, Kandinsky war wie auf der Flucht.

So fuhr er etwa im April und Mai 1905, gerade von einer langen Reise nach Holland, Tunis und Italien zurückgekehrt, nach Starnberg, von dort über die Ostertage weiter nach Innsbruck. In Innsbruck aber verzehrte er sich nach Münter und wollte zurück nach München. Er schrieb ihr ein Brieflein und

Ein Stück altes Starnberg in der Mathildenstraße

kündigte seine Ankunft an. Dann aber fiel ihm ein, dass ihn wohl auch seine Frau Anja am Münchner Hauptbahnhof erwarten und einem leidenschaftlichen Wiedersehen im Wege stehen würde. Er studierte also die Fahrpläne, setzte sich noch einmal hin und bestellte schließlich sein „Ellchen", wie er Münter zärtlich nannte, zu einem Stelldichein nach Starnberg. Sie sollte mit einem Zug am Nachmittag nach Starnberg fahren und dort auf ihn warten, er würde einen früheren Zug aus Innsbruck nehmen und ebenfalls in Starnberg aussteigen: „Du trinkst dort Thee, zeichnest, die 1 ¾ Stunden vergehen unbemerkt […] und dann haben wir volle 3 Stunden für uns", schrieb er ihr und gab minutiös Abfahrts- und Ankunftszeiten der jeweiligen Züge durch. Und weiter: „Ich hoffe sehr, dass ich beim Aussteigen in Starnberg dich am Perron stehen sehe. Ich nehme mir dann rasch ein Zimmer und wir essen und spazieren zusammen bis 9 Uhr. Machst du das für deinen verrückten zerquälten Was?" Man darf davon ausgehen, dass Münter ihrem verrückten Zerquälten auch diesen Wunsch erfüllt hat, wie sie überhaupt seine zerrütteten Seelenzustände in dieser Zeit mit erstaunlicher Geduld ertragen hat.

Ist er bei Münter, will er schnellstmöglich weg, setzt sich etwa aufs Fahrrad, fährt nach Seeshaupt und am nächsten Tag trotz schlechten Wetters weiter nach Tutzing und Herrsching. Auf dem Rückweg übernachtet er noch einmal in Starnberg, nun schon wieder voller Sehnsucht. Er schickt eine Karte an Münter, freut sich auf das Wiedersehen. Dann fahren sie wieder gemeinsam in die Berge, weiter nach Brüssel und Mailand, es folgen längere Aufenthalte in Paris und Berlin und so fort. Dazwischen ist Kandinsky wieder zum Malen am Starnberger See und gleich darauf brechen sie zu einem Wanderurlaub in die Südtiroler Täler auf. Was für ein rastloses Leben!

„Ich verzichtete auf das, was in meinen Augen Leben, Heim gewesen wäre", schreibt Münter viele Jahre später über diese Zeit. „[…] das Leben war zu provisorisch, um befriedigend zu sein – ich konnte es nicht ändern und beschied mich damit ihm zuliebe, weil er litt." Viel ist darüber spekuliert worden, worin dieses Leiden Kandinskys bestanden haben mag: Er hatte solche Seelenqualen auszustehen, dass er zuweilen allein im Zimmer laut aufschrie, wenn er sich ungehört glaubte, so die Überlieferung. Am 17. Juni 1908 endlich bricht das Malerpaar zu einem mehrtägigen Ausflug auf, um sich einen schönen Platz, eine feste Bleibe, in der Umgebung zu suchen. Und wo zieht es Kandinsky hin? Natürlich als erstes an „seinen" Starnberger See. Aber diesmal findet er wohl in Starnberg nicht mehr das, was er sucht, denn das einst verschlafene Fischerdorf hat sich im ersten Jahrzehnt des neuen Jahrhunderts endgültig in einen mondänen Kurort verwandelt.

Der Schriftsteller Hermann Uhde-Bernays, der im Jahr 1910 von Herrsching nach Starnberg übersiedelte, schrieb: „Der schwere Entschluß wurde lange erwogen, da Starnberg zwar den Vorteil der Nähe Münchens, aber den Nachteil einer schon halb städtischen Überheblichkeit, auch in gesellschaftlicher Hinsicht, besaß."

Man darf davon ausgehen, dass Münter und Kandinsky, nun auf der Suche nach einem einfachen Leben und nach der unverdorbenen Natur, verschreckt das Weite gesucht haben. Schließlich kommen sie gerade aus der Einsamkeit der Südtiroler Berge. Sie steigen also wieder in den Zug und fahren weiter nach Murnau. Und hier schließlich erleben sie die ländliche Idylle, die sie suchen. Begeistert erzählen sie nach ihrer Rückkehr den Münchner Freunden von ihrer Entdeckung. Und schon wenige Wochen später mieten sich Marianne von Werefkin und Alexej Jawlensky, Gabriele Münter und Wassily Kandinsky zu einem Malaufenthalt im Murnauer Griesbräu ein.

In diesen Augustwochen des Jahres 1908 entstehen die ersten der neuen Bilder, die die Entwicklung der Kunst im 20. Jahrhundert mitbestimmen sollen: intensive und subjektive, „gefühlte" Bilder in leuchtenden Farben. Im selben Jahr fährt Kandinsky aber mindestens noch einmal zum Malen nach Starnberg, im Werkverzeichnis ist ein weiteres Starnbergbild belegt. Es ist zu vermuten, dass er bei diesem Aufenthalt doch auch noch einmal nach einem Haus Ausschau gehalten hat. Denn er schreibt an Münter, die wieder einmal bei ihren Geschwistern in Bonn auf

ihn wartet: „Liebes Ellchen, hörst dann auch von Starnberg […]".
Leider haben sich aus dieser Zeit keine Briefe von Gabriele Münter erhalten, sodass wir nicht wissen, was sie über Starnberg gehört hat und wie sie darauf reagiert hat. Und dann sind die Malerfreunde schon im Frühjahr 1909 wieder in Murnau und malen. Das einfache Leben auf dem Land inmitten bodenständiger Menschen entspricht ganz ihren Vorstellungen und als sie dort auch noch ihr Traumhaus finden, entscheiden sie sich endgültig für Murnau und gegen Starnberg.

Zum Glück ist es in unseren Zeiten nur ein Katzensprung aus dem Fünfseenland heraus und ins „Blaue Land" hinein, um das berühmte Münter-Haus in Murnau oder das Franz Marc Museum in Kochel zu besichtigen.

WASSILY KANDINSKY IN STARNBERG

Franz-Marc-Museum: Franz-Marc-Park 8 – 10, 82431 Kochel am See, Tel. 08851 924880, E-Mail: info@franz-marc-museum.de, www.franz-marc-museum.de; Öffnungszeiten: April bis Oktober Dienstag bis Sonntag und Feiertage 10 bis 18 Uhr, November bis März 10 bis 17 Uhr, für besondere Veranstaltungen auch außerhalb der Öffnungszeiten.

Münter-Haus: Kottmülleralle 6, 82418 Murnau am Staffelsee, Tel. 08841 628880, E-Mail: touristinfo@murnau.de, www.muenter-stiftung.de; Öffnungszeiten: Mai bis September Montag bis Freitag 9 bis 17 Uhr, Samstag, Sonntag und Feiertage 10 bis 13 Uhr, Oktober bis April Montag bis Freitag 9.30 bis 12.30 Uhr sowie 13.30 bis 17 Uhr, Samstag 10 bis 12 Uhr..

Heinrich Campendonk in Seeshaupt

Franz Marc gehört zu Kochel, Wassily Kandinsky zu Murnau und Heinrich Campendonk zu Penzberg. Die Stadt hat eine Schule nach ihrem „unbekannten blauen Reiter" benannt und baut ihm gerade ein schönes neues Museum. Doch Heinrich Campendonk lebte nicht in Penzberg, sondern in Seeshaupt an der Südspitze des Starnberger Sees, als seine berühmten „Penzberger Bilder" entstanden.

Heinrich Campendonk wurde 1889 als Sohn eines Textilkaufmanns in Krefeld geboren. Eine Lehre der Textilkunde brach er ab und absolvierte von 1905 bis 1909 eine künstlerische Ausbildung bei Jan Thorn Prikker an der damals sehr fortschrittlichen Kunstgewerbeschule in Krefeld. Von seinen Eltern wurde der junge Campendonk nicht gefördert, im Gegenteil: 1908 musste er auf Wunsch des Vaters die Schule abbrechen. Auf Vermittlung seines Cousins August Macke erhielt er jedoch von Wassily Kandinsky und Franz Marc eine Einladung nach Oberbayern. Als jüngster unter den Künstlern, die sich in München gefunden hatten, nahm er im Jahr 1911 mit drei Arbeiten an der ersten Ausstellung „Der Blaue Reiter" in der Galerie Thannhauser in München teil.

Campendonk war erst 21 Jahre alt, als er im Spätsommer 1911 nach Sindelsdorf zog. In der Gemeinschaft der befreundeten Künstler, vor allem aber unter dem Eindruck überwältigend schöner Landschaft, vollzog sich in seinem Werk eine enorme Entwicklung. „Meine Bilder wirken jetzt weit fertiger und konsequenter als die früheren", schreibt er selbst im Dezember desselben Jahres. „Ich male jetzt auch fast ausschließlich aus dem Gedächtnis nach Eindrücken, die ich in der Natur hatte, und komme dadurch zu einer größeren Abgerundetheit." In dieser Zeit fand Campendonk, beeinflusst zweifelsohne von Kandinsky, Macke und vor allem Marc, zu einer eigenen Bildsprache. Inspiriert wurde er auch von den bäuerlichen Votiv- und Hinterglasbildern, die er hier kennenlernte. Es entstanden Arbeiten in verschiedenen Techniken, Ölbilder und Aquarelle, aber auch Hinterglas- und Holzschnittarbeiten. Seine Bilder zeichnen sich durch ihre starke Farbigkeit, durch die Verwendung von Komplementärkontrasten und durch eine flächige Bildauffassung aus. Anders als sein Freund Marc, der in seinen zunehmend abstrahierenden Darstellungen auf der Suche nach dem Geistigen und Kosmischen war, entwickelte sich Campendonk eher zu einem Erzähler zwischen Traum und Wirklichkeit.

1913 heiratete Campendonk Adda Deichmann aus Krefeld, die er bereits auf der Kunstgewerbeschule kennengelernt hatte und die ihm nach Sindelsdorf nachgereist war. Das Paar bezog eine gemeinsame Wohnung im wenige Kilometer entfernten Urthal. 1915 wurde der Sohn Herbert und 1918 die Tochter Gerda geboren. Aber schon 1914 hatte sich nach dem Ausbruch des Ersten Weltkriegs die bunte Künstlergemeinschaft zerstreut. Kandinsky musste Deutschland verlassen, Marc und auch Campendonk wurden zum Kriegsdienst eingezogen.

Wegen gesundheitlicher Probleme wurde Heinrich Campendonk bereits 1915 nach der Grundausbildung wieder entlassen. Für sich und seine kleine Familie mietete er die Hälfte eines Bauernhauses in Seeshaupt, in der heutigen Schulgasse 1. Bis 1922 sollte die Familie hier bleiben. Auf der gegenüberliegenden Seite der schmalen Gasse hatte der Künstler über der damaligen Bäckerei Hirn sein Atelier, in dem er ungestört arbeiten konnte. Die Seeshaupter Jahre sollten zu einer seiner intensivsten Schaffensperioden werden. In Seeshaupt erinnert heute nichts mehr an Heinrich Campendonk. Es gibt kein bemaltes Treppengeländer wie im Murnauer Münterhaus, keine bemalten Wände wie in Franz Marcs Sindelsdorfer Domizil, auch kein einziges Bild ist hier geblieben. Anscheinend hatte er immer genügend Geld und musste seine Miete nie mit Bildern bezahlen. „Schade eigentlich!", finden die Nachfahren seiner damaligen Vermieter, die das „Campendonk-Haus" immer noch bewohnen.

Im Jahr 1919 malte er die sogenannten Penzberger Bilder, in denen sich Motive aus der kleinen Bergarbeiterstadt finden: spezifische Häuser- und Dreiecksformen, diagonal gesetzte Bildelemente, ein Karren oder die Seilbahn der Berghalde. Das Bild „Der Angler", ebenfalls 1919 entstanden, dürfte aber eher vom Leben in dem kleinen Fischerdorf am Starnberger See inspiriert worden sein. In Seeshaupt erhielt Campendonk im August 1920 Besuch von einer Dame aus New York. Katherine Dreier hatte in Berlin seine Bilder gesehen und war daraufhin an den Starnberger See gereist. Sie sorgte dafür, dass Campendonk im März 1921 erstmals in New York ausstellen konnte. Im Frühjahr 1922 verließ die Familie Campendonk Seeshaupt und ging zurück nach Krefeld. Möglich war das, weil ihm ein Mäzen ein Haus in seiner Heimatstadt bauen ließ.

Von seinem Atelier blickte Heinrich Campendonk auf die Seeshaupter Kirche.

Im Jahr 1926 wurde Campendonk als Nachfolger von Jan Thorn Prikker an die Kunstakademie in Düsseldorf berufen. Nach Hitlers Machtergreifung verlor er seine Professorenstelle. Campendonk erfuhr von seiner Entlassung während einer Reise nach Norwegen und kehrte nicht nach Deutschland zurück. Im Jahr 1937 wurden sechs seiner Bilder in der Ausstellung „Entartete Kunst" gezeigt. Die Diffamierung seiner Werke musste er aus dem Exil in Amsterdam miterleben, wo er ab 1935 eine Professur an der Rijksakademie innehatte. 1937 vertrat er die Niederlande auf der Weltausstellung in Paris, 1955 wurden Werke Heinrich Campendonks auf der documenta 1 in Kassel ausgestellt. Er selbst kehrte nicht nach Deutschland zurück. Seine letzten Lebensjahre waren schaffensreich, er hatte sich aber völlig aus dem Kunstbetrieb zurückgezogen und sich auch der Wiederentdeckung des deutschen Expressionismus in der Nachkriegszeit verweigert. Er starb 1957 in Amsterdam.

Die Stadt Penzberg verdankt ihren reichen Campendonk-Schatz, den sie ab Sommer 2016 in einem Museums-Neubau zeigen wird, einem Likör: Der Stadtrat hatte im Frühjahr 2010 per

Das Bild „Der Angler" malte Heinrich Campendonk im Jahr 1919 in Seeshaupt.

Mehrheitsbeschluss verhindert, das Nachlass-Konvolut aus 89 Werken des Künstlers zu erwerben. Kurz darauf wurde bekannt, dass die Unternehmerfamilie Mast, bekannt für ihren Kräuterlikör, aber auch für ihren Kunstsinn, den Nachlass aufgekauft hatte und der Stadt Penzberg als Dauerleihgabe zur Verfügung stellt.

Wer sich in Seeshaupt auf die Spuren von Heinrich Campendonk begeben will, der kann in dem hübschen italienischen Restaurant „Sarto e Sarto" an der Hauptstraße in Seeshaupt einkehren und sich vorstellen, das der Künstler in eben diesen Räumen zuweilen in der Bäckerei Hirn einkaufte, wenn ihn oben im ersten Stock beim Malen der Hunger ereilte.

HEINRICH CAMPENDONK IN SEESHAUPT
Stadtmuseum Penzberg: Karlstraße 61, 82377 Penzberg, Tel. 08856 813481, E-Mail: gisela.geiger@penzberg.de, www.museum-penzberg.de.

Einkehrtipp: Sarto e Sarto: Hauptstraße 6, 82402 Seeshaupt, Tel. 08801 9156907, E-Mail: info@sarto-sarto.de, www.sarto-sarto.de; Öffnungszeiten: Montag bis Freitag 11 bis 24 Uhr, Samstag und Sonntag von 17 bis 24 Uhr.

Edda Mussolini in Allmannshausen

Der Zieglerweg in Allmannshausen war und ist eine echte Promi-Meile. Wer jedoch jetzt an eine Art Rodeo Drive denkt und vom Cabrio aus die Villen der Reichen und Schönen fotografieren will, der sei gewarnt: Der Zieglerweg ist an seinem Anfang das unscheinbarste Sträßchen, das man sich nur vorstellen kann – und an seinem Ende nur noch ein Trampelpfad. Man sollte nicht versuchen, ihn mit dem Auto zu befahren.

Auch während der NS-Zeit hat das kleine Allmannshausen viele illustre Gäste gesehen, nachdem sich Hanns Johst, der Präsident der Reichsschrifttumskammer, hier niedergelassen hatte. Junge Mädchen kicherten, wenn „der Barde der SS", ohne Uniform eine recht unansehnliche Gestalt, unten am Seeufer von seinem privaten Badehaus aus ins Wasser stieg. Oben auf dem Hügel aber empfing er in seinem Landsitz die braunen Berühmtheiten. Von Heinrich Himmler, den er in Briefen mit „mein Reichsführer, lieber Heini Himmler!" anredete, gibt es sogar ein Foto, das ihn in Allmannshausen zeigt. Kaum zu übertreffen aber dürfte wohl das bizarre Gastspiel gewesen sein, das Gian Galeazzo Ciano, Graf von Cortellazzo, Schwiegersohn des Duce und bis 1943 italienischer Außenminister, und seine Frau Edda Mussolini mit ihren drei Kindern im Herbst 1943 in Allmannshausen gegeben haben.

„Ich brauche einen Nerz, diese deutsche Kälte, ich brauche einen Nerz!", schrie Edda Mussolini gänzlich unberührt von ihrem noblen Domizil, einer Villa in Allmannshausen mit spektakulärem Blick auf die Berge und den See. Überhaupt schien sie in den Wochen am Starnberger See nicht zu realisieren, dass sie und ihr Mann eher Gefangene, denn Gäste der Nazis waren und auch die Gunst des, ohnehin zur Marionette degradierten, Duce verloren hatten.

Von Allmannshausen wurde Ciano zwar noch auf eigenen Wunsch nach Verona geflogen, dort aber war von italienischen und deutschen Polizeieinheiten bereits alles für seine Verhaftung vorbereitet. Sein deutscher Begleiter schrieb später: „Ich kann mich noch erinnern, dass der Quästor den Grafen sofort mit ein paar Ohrfeigen empfangen hat." Ciano kam umgehend ins Gefängnis und wurde am 11. Januar 1944 in Verona erschossen – Allmannshausen war die vorletzte Station einer ebenso ehrgeizigen wie schillernden Karriere gewesen.

Was war geschehen? Gian Galeazzo Ciano, Conte di Cortellazzo, war Mussolinis Günstling, er machte eine steile Karriere, war seit 1930 mit Mussolinis Lieblingstochter Edda verheiratet und stieg 1936 zum Außenminister auf. Er unterzeichnete mit Hitler den „Stahlpakt". Einer seiner Biografen bezeichnet ihn als „Karrierist, ohne feste Prinzipien oder moralische Richtschnur, überzeugt nur von sich selbst". Seine Haltung gegenüber Hitler änderte er mehrmals, die sich abzeichnende Niederlage in einem Krieg an der Seite der Deutschen ließ ihn im Juli 1943 schließlich der Resolution zustimmen, die zur Entmachtung Mussolinis führte. Unmittelbar nach Verkündung des Waffenstillstands am 8. September 1943 wurde auch für ihn der Boden in Rom ziemlich heiß. Nachdem eine Ausreise nach Spanien gescheitert war, hatte sich seine Frau Edda bei den Deutschen um Fluchthilfe bemüht. Der deutsche Geheimdienst entführte Edda und die Kinder sowie den Grafen in zwei verschiedenen Autos unter den Augen der italienischen Bewacher aus Rom und brachte sie zunächst nach München. Von dort ging es direkt nach Allmannshausen. Hier wurden sie auf Vermittlung von Hanns Johst, seines Zeichens „Reichsdramaturg", in der schmucken Villa untergebracht, die einst der Schauspielerin Clara Ziegler gehört hatte und mittlerweile dem Freiherrn von Wittgenstein. In den Kriegsjahren stand sie „unter staatlicher Verwaltung". Die Ziegler-Villa befand sich in unmittelbarer Nachbarschaft zu Johsts eigenem Anwesen und war von einer hohen Hecke umgeben. In ihrem Inneren war sie mit wertvollen Möbeln, Teppichen, Bildern ausgestattet – für die Cianos gerade gut genug.

Nun aber stießen im idyllischen Allmannshauser Herbst Italia und Germania auf ebenso heftige wie groteske Art und Weise aufeinander. Johst und die SS fungierten offiziell als Gastgeber, waren aber in Wirklichkeit Bewacher und Spitzel. Der Graf war eitel und arrogant, ein Lebemann und ein Frauenheld. Wohl aber

Die denkmalgeschützte Gartenlaube erinnert an die Villa von Clara Ziegler.

auch bestrickend charmant, gutaussehend und humorvoll. Er stolzierte in weißen Anzügen mit gefälteltem Einstecktüchlein durchs Dorf, ließ sich zum Einkaufen in die feinen Münchner Geschäfte chauffieren, flirtete mit jeder Verkäuferin und begann nahezu umgehend eine Liebschaft mit der ihm zur Seite gestellten deutschen Dolmetscherin, die gleichzeitig als Spionin im Dienst des Geheimdienstes stand und unter dem Decknamen „Felicitas" bis zu seinem Tod an seiner Seite bleiben sollte.

Der „große deutsche Dichter" und Nachbar Johst, der sich auf dem Lande gerne in fantasievoller Tracht gewandete, lud ihn zu weiten Spaziergängen ein und wollte mit ihm gerne über Literatur fachsimpeln. Der mondäne und weit gereiste Graf indes hielt ihn für eine durch und durch lächerliche Figur und gab ihm unmissverständlich zu verstehen, dass er von dessen Schriftstellerkünsten nicht allzu viel hielt. Heine, ja, den wollte der elegante Italiener gerne gelten lassen, und rezitierte seine Gedichte fehlerfrei – auf Deutsch. Ansonsten aber fand die Unterhaltung auf Englisch statt.

Nach jedem Spaziergang notierte der Ehrgeizling Johst gewissenhaft alles, was er dem Italiener an Geheimnissen entlockt hatte, und bestand mit Nachdruck darauf, dass seine Aufzeichnungen mit höchster Dringlichkeitsstufe per Fernschreiber dem Reichsführer-SS persönlich übermittelt würden. „Er blockierte unsere Leitungen, aber er war ja ein hohes Tier, ich konnte es ihm nicht verbieten", erinnerte sich später der Chefbewacher Wilhelm Höttl. Auch gegenüber Höttl nahm der Graf kein Blatt vor den Mund: Er hätte den Deutschen viel Geld gegeben, wenn sie den Duce nicht befreit hätten, soll er geäußert haben.

Wie Erich Kuby eindrücklich in seinem Buch „Verrat auf Deutsch. Wie das Dritte Reich Italien ruinierte" schildert, spielten sich in der Villa am Zieglerweg Szenen ab, aus denen man gleich mehrere Theaterstücke hätte schreiben können: Das Essen wurde täglich aus dem Münchner Hotel „Vier Jahreszeiten" angeliefert. Den Cianos wurden Speisen aufgetischt, von denen wohl die meisten Deutschen im Kriegsjahr 1943 nur noch träumen konnten. Edda Mussolini fand sie gleichwohl „grauenhaft", ebenso wie das, was später eine eigens engagierte Köchin kochte.

Von Tag zu Tag erschien Edda ihr Aufenthalt in Deutschland unerträglicher, sie bekam Tobsuchtsanfälle und warf mit Porzellan um sich. Überhaupt wurde ihr Charakter als ausgesprochen „rabiat" geschildert. Alle Deutschen seien Schweine, soll sie gebrüllt haben. Ihre Kinder standen ihr in nichts nach: Der jüngste terrorisierte seine älteren Geschwister und die deutsche Dienerschaft, bis schließlich das gesamte Personal durch SS-Männer ersetzt wurde und sogar ein Uniformierter dabei war, wenn die Kinder ins Bett gebracht wurden. Da aber hatte sich der Ton zwischen den Cianos und den Deutschen ohnehin schon deutlich verschärft.

In der Annahme, sie befände sich immer noch in Hitlers Gunst – oder vielleicht auch in maßloser

An seinem Ende ist der Zieglerweg nur noch ein Fußweg.

Überschätzung ihres eigenen Charmes –, hatte sich Edda nämlich bei Hitler zum Tee eingeladen und mit ihm über ihre Freilassung in Richtung Spanien verhandelt. Aus Italien hatte sie nicht nur Unmengen von Schmuck und Pretiosen mitgebracht, sondern in einem Köfferchen auch sechs Millionen Lire. Die wollte sie nun beim Führer am Teetisch in Peseten umtauschen lassen, als Gegenleistung bot sie ihm den Kursunterschied als „Provision" an. Sie spielte ihm die erschöpfte und von Schicksalsschlägen gebeutelte Mutter vor, die dringend Erholung in südlichen Gefilden nötig hätte. Der Starnberger See gefalle ihr gut, aber die Feuchtigkeit dieser Wälder sei für jemanden, der an die Sonne Capris gewöhnt sei, gefährlich, schrieb sie auch an Himmler.

Hitler aber hatte Edda Mussolini längst fallen gelassen, er hatte auch den Duce nach der Befreiung davon überzeugt, dass man nun auf Familienbande keine Rücksicht mehr nehmen könne und der Verräter Ciano geopfert werden müsse. Man hatte Edda wohl bei ihrem Besuch sehr deutlich zu verstehen gegeben, dass mit einer Genehmigung für die Ausreise nach Spanien nicht zu rechnen sei – dass ihr Schicksal zu diesem Zeitpunkt längst besiegelt war, hatte sie aber wohl auch nach der Rückkehr nach Allmannshausen noch nicht begriffen.

Der von den Nazis befreite Duce selbst und seine Frau Rachele waren nun auch nach Oberbayern gebracht worden: Sie sollten für einige Wochen das Schloss Hirschberg bei Weilheim beziehen, bevor mithilfe der Nazis in Norditalien die „Soziale Republik Italien" installiert wurde. Während dieses Aufenthalts fand ein „Versöhnungstreffen" zwischen Mussolini und seinem Schwiegersohn in Hirschberg statt. Sowohl Graf Ciano als auch Edda erlagen dabei wohl der falschen Hoffnung, der Duce habe noch die Macht, sie zu schützen. Nachdem auch am Starnberger See alle verzweifelten Verhandlungen mit den deutschen Bewachern gescheitert waren – Edda hatte zum Schluss die angeblich brisanten Tagebücher ihres Mannes als Tausch gegen Reisepässe angeboten –, reiste sie dem Vater an seinen neuen Regierungssitz am Gardasee nach.

Dort machte sie ihm eine hysterische Szene, bis schließlich ein Nervenzusammenbruch diagnostiziert wurde und sie in ein

Sanatorium eingeliefert werden musste. Die Kinder hatte sie bei der Mutter in Hirschberg zurückgelassen, ihr Mann befand sich weiterhin in Allmannshausen. Ciano telefonierte mehrmals mit dem Botschafter in Berlin und äußerte schließlich den Wunsch, seiner Frau nach Italien nachzureisen, was wiederum den Deutschen sehr entgegenkam: Ciano könnte als Gefangener der neuen Regierung vor ein faschistisches Gericht gestellt werden und propagandawirksam verurteilt werden. Gesagt, getan: Von Allmannshausen ging es mit einem Begleitkommando der Nazis direkt in die italienische Gefangenschaft. Edda Mussolini, die zunächst mit ihren Kindern in die Schweiz ausreiste, kehrte wenige Monate nach Kriegsende wieder zurück nach Italien und lebte teils in Rom, teils in ihrer Villa auf Capri. Sie starb 1995 und wurde in Livorno neben ihrem Mann beerdigt.

An Clara Ziegler erinnert in Allmannshausen heute nur noch der nach ihr benannte Zieglerweg, der von der Kirche zum See hinunterführt. Ihre Villa, die sich am Ende des Weges auf der rechten Seite befand, musste in den 1950er Jahren einem Neubau weichen. Die Villa von Hanns Johst hingegen steht noch.

Marlene Dietrich in Traubing

Über das kleine Dorf Traubing gibt es tolle Dinge zu berichten. Es beherbergt zum Beispiel in seiner Kirche eine Wendeltreppe, über die einst Sisi hinauf- und hinuntergestiegen ist. Es soll sich um jene legendäre, eigens für die österreichische Kaiserin eingebaute Treppe aus dem später nach ihr benannten Hotel in Feldafing handeln. Unzählige Male hatte Elisabeth während ihrer Aufenthalte die geheime Treppe benutzt, um beim Verlassen und Betreten des Hotels kein Aufsehen zu erregen. Später wurde sie ausrangiert und dann in der Traubinger Kirche wiederverwendet. Man könnte also beinahe sagen, Sisi war in Traubing.

Eine andere war aber wirklich da. Eine, die ebenfalls zu ihrer Zeit als unvergleichlich schön galt. Im Mai 1945 wohnte Marlene

Dietrich für einige Tage oder Wochen auf einem Bauernhof in Traubing – eine Episode, die sich tief ins Dorfgedächtnis eingebrannt hat. Andernorts waren es die amerikanischen Panzer oder der erste schwarze Soldat, der sogenannte „Todesmarsch" der Häftlinge aus den Konzentrationslagern und vor allem das Klappern ihrer Holzschuhe, die den Zeitzeugen am eindrücklichsten vom Kriegsende in Erinnerung geblieben sind. In Traubing war es die blonde Schauspielerin mit dem roten Lippenstift, die wenige Tage nach dem Ende des Zweiten Weltkriegs aus einem Panzer stieg und ihren Geliebten, den französischen Schauspieler Jean Gabin, besuchte.

Das Tête-à-Tête fand zwar auch Eingang in den Dokumentarfilm „Eine unvollendete Liebe – Marlene Dietrich und Jean Gabin", der SZ-Redakteur Manfred Hummel aber traf noch 70 Jahre nach Kriegsende in Traubing Menschen, die sich an viele Einzelheiten der höchst merkwürdigen Begebenheit erinnerten.

Traubing wurde nicht von den Amerikanern, sondern von den Franzosen befreit. Die Panzer standen auf dem Sportplatz, die Soldaten wurden bei den Bauern einquartiert. Jean Gabin war einer von sieben Soldaten, die im Gerbl-Hof wohnten. Er war schon vor dem Krieg ein Star des französischen Kinos gewesen, 1941 war er seiner großen Liebe Marlene Dietrich nach Hollywood gefolgt, drehte in den Staaten aber nur zwei Filme. 1943 kehrte er nach Europa zurück und trat 1943 in die „Forces navales françaises libres" der französischen Marine ein. Als Panzerkommandant der legendären „Panzerdivision 2" nahm er an der Befreiung Frankreichs teil und erhielt hohe Auszeichnungen. Eine Abteilung der Division erreichte am 4. Mai 1945 Berchtesgaden und nahm an der Durchsuchung des Berghofs auf dem Obersalzberg teil.

Jean Gabin war in Traubing der Liebling der Kinder, die von ihm die erste Schokolade ihres Lebens bekamen. Auch die Erwachsenen begegneten sich im Großen und Ganzen freundlich. Von Jean Gabin hat sich sogar ein Foto erhalten, das ihn lachend beim Rasieren im Garten des Gerbl-Hofs zeigt. Mit der Dietrich allerdings war es anders: Noch 70 Jahre später ist die Tatsache präsent, dass man sie auch in Traubing als eine Art „Verräterin" betrachtete.

Nach ihrem Durchbruch mit dem Film „Der blaue Engel", der am 1. April 1930 in Berlin Premiere hatte, war sie dem österreichisch-amerikanischen Regisseur Josef von Sternberg nach Hollywood gefolgt. Innerhalb weniger Jahre avancierte sie zum international gefeierten Filmstar. Das von ihr als Lola Lola gesungene Lied „Ich bin von Kopf bis Fuß auf Liebe eingestellt" wurde ein Welthit. Ein von Joseph Goebbels persönlich ausgesprochenes Angebot zur Rückkehr nach Deutschland lehnte sie ab. Sie wollte auf keinen Fall Teil der NS-Propaganda werden. Im Gegenteil, 1938 verlegte sie ihren europäischen Hauptwohnsitz nach Paris und legte ein Jahr später die deutsche Staatsbürgerschaft ab.

Von Paris aus unterstützte sie zunächst Künstler, die emigrieren mussten. Hier hatte sie auch Jean Gabin kennengelernt und ihn mit nach Hollywood genommen. Nachdem er sich von den Staaten aus bei der französischen Armee verpflichtet hatte, begann sie, sich in der Truppenbetreuung zu engagieren, um ebenfalls einen Beitrag im Kampf gegen den Nationalsozialismus zu leisten. Sie trat als Sängerin für die US-amerikanischen Soldaten auf und besuchte Verwundete. Da sie stets möglichst nah an der Front sein wollte, geriet sie in der Ardennenoffensive auch mit dem Feind in Berührung und entkam nur knapp einer Gefangennahme. Wegen ihrer bedingungslosen Solidarität mit den Soldaten wurde sie eine der beliebtesten und begehrtesten Akteurinnen der US-amerikanischen Truppenbetreuung. In Deutschland machte man ihr dieses Engagement aber auch noch lange nach dem Krieg zum Vorwurf.

Die Geschichte zwischen Marlene Dietrich und Jean Gabin ist bekanntlich nicht gut ausgegan-

Die Kirche Mariae Geburt in Traubing

gen. Erst trieb sie ihn mit ihren ständigen Affären zur Verzweiflung, dann, als er längst eine andere geheiratet hatte, soll sie ihm noch lange nachgetrauert haben. In Traubing aber, so viel steht fest, waren sie glücklich. So glücklich, dass sie ihn mit ihren Kochkünsten beglücken wollte. Das von der Dietrich persönlich zubereitete, aber leider misslungene Omelette ist ebenso in die Traubinger Annalen eingegangen wie der Schnupfen, den sie im Mai 1945 hatte, und der rote Lippenstift, der sich so schlecht aus ihren Damasttaschentüchern herauswaschen ließ.

Überliefert ist außerdem eine Fahrt im Jeep ins nahe Garatshausen, wo sie dem „blonden Hans" aus der Patsche half: Der

Die Villa von Hans Albers in Garatshausen

Filmkollege Hans Albers aus dem „Blauen Engel" musste sich nämlich seine Villa am See in den Nachkriegstagen mit amerikanischen Soldaten teilen und hatte nur noch eine kleine Kammer für sich. Marlene Dietrich ließ ihre Beziehungen spielen und tatsächlich verbesserte sich seine Situation schlagartig.

In Garatshausen kann man heute auf den Spuren von Hans Albers spazieren gehen und einen Blick auf seine Villa erhaschen, die allerdings nach einigem Hin und Her noch ihrer endgültigen Bestimmung harrt. In Possenhofen gibt es ein ganzes Museum für Sisi und in Traubing lohnt der Besuch der hübsch ausgestatteten Kirche, ob mit Sisi-Treppe oder ohne. Und ein schönes Dorfwirtshaus gibt es obendrein. Vielleicht sitzt ja jemand drin, der noch etwas über die Dietrich erzählen kann.

MARLENE DIETRICH IN TRAUBING
Mariae Geburt Kirche: Weilheimer Straße 5, 82327 Traubing.
Golf-Hotel Kaiserin Elisabeth: Tutzinger Straße 2, 82340 Feldafing, Tel. 08157 93090, E-Mail: info@kaiserin-elisabeth.de, www.kaiserin-elisabeth.de.

Kaiserin Elisabeth Museum: Schlossberg 2, 82343 Pöcking, Tel. 08157 925932, E-Mail: sisi-museum@web.de, www.kaiserin-elisabeth-museum-ev.de; Öffnungszeiten: Mai bis Mitte Oktober Freitag bis Sonntag und Feiertage 12 bis 18 Uhr; Eintritt 4 Euro, ermäßigt 3 Euro, Kinder bis 14 Jahre 1 Euro, Gruppenpreise für Führungen möglich; Gruppenführungen nur nach telefonischer Absprache.

Bischof Mixa in Weßling

Der Weßlinger See im Herzen des Fünfseenlands ist nicht nur der kleinste der fünf namensgebenden Seen, er ist auch der unbestritten charmanteste. Das liegt nun vor allem daran, dass man ihn in nicht einmal einer Stunde gemütlich umwandern kann und dass man auf dieser „Wanderung" auch noch an einem schönen Café vorbeikommt, in dem man im Sommer direkt am Ufer sitzen kann. Der kleine See liegt mitten im Dorf oder vielmehr, das Dorf ist in den letzten hundert Jahren um den See herumgewachsen. 1815 bestand Weßling noch aus einigen wenigen Häusern entlang der Dorfstraße auf der westlichen Seeseite und noch lange danach blieb es beinahe unbeleckt vom Fremdenverkehr.

Heute würden die Weßlinger ihren kleinen See am liebsten für sich behalten. Und auch das ist mehr als verständlich. Der kleine Wiesenstreifen mit dem Kiosk an seinem nordöstlichen Ufer reicht an einem Sommersonnentag gerade einmal für die Weßlinger zum Baden. Wenn dann noch die Münchner kommen und das ganze Dorf zuparken, wird es sehr schnell sehr eng im kleinen Weßling. Nicht nur der Ansturm der Badegäste ist enorm, auch der Siedlungsdruck ist groß.

Nach dem Bau der Bahnlinie 1903 entstanden an den schönsten Uferplätzen zunächst ein paar herrschaftliche Villen. Einer der bekanntesten Weßlinger war der Arzt Alois Alzheimer. Aber auch Auguste Renoir und Carl Schuch gehörten zu den Künstlern, die zur Sommerfrische an den malerischen See kamen. Wilhelm Trübner hingegen malte in Weßling einen Kartoffelacker. In Weßling steht sogar die alte Pfarrkirche in Ufernähe und auch der 1877

Kirche und Pfarrstadel am Weßlinger Seeufer

erbaute stattliche Pfarrhof, zu dem auch ein durchaus beachtliches Ökonomiegebäude gehört, schaut auf den See hinaus.

Eine Zeit lang aber bot der Weßlinger See gar keinen schönen Anblick. Am Ende der letzten Eiszeit als sogenanntes Toteisloch entstanden, hat er als isolierter See keine natürlichen Zu- oder Abflüsse, sondern wird nur durch unterirdische Quellen gespeist. Aus diesem Grund gibt es auch keinen natürlichen Fischbestand. Waren schon in früheren Jahren eingesetzte Fische immer wieder an Sauerstoffmangel eingegangen, so hatten in der Nachkriegszeit der stark gestiegene Badeverkehr und die intensive landwirtschaftliche Nutzung der umliegenden Felder den See beinahe erstickt. Aufgrund des extremen Sauerstoffmangels und der damit einhergehenden vermehrten Algenbildung drohte der See Ende der 1970er Jahre umzukippen. Durch den Einbau einer Sauerstoffpumpe, die seither das Tiefenwasser belüftet, konnte er gerettet werden. Deshalb hat der See jetzt nicht nur eine lustige Fontäne in seiner Mitte, sondern auch wieder Badequalität.

Weßling hat aber nicht nur den hübschen See, sondern auch noch einen Verein, der sich darum kümmert, dass das Dorf ein lebenswertes Dorf bleibt. Rund zehn Prozent der Bevölkerung sind Mitglied in dem Verein „UNSER DORF", der sich für die Kultur, das Ortsbild, die Ortsgeschichte und den Erhalt der Baudenkmäler in Weßling ebenso zuständig fühlt, wie er eine Diskussionsplattform zur Verkehrsproblematik und zur Energiewende bieten will. Herzstück dieses Vereins ist der Weßlinger Pfarrstadel, dem er seine Gründung verdankt.

Im Pfarrarchiv der Gemeinde wird bereits um 1700 erstmals ein Pfarrhof erwähnt. Nach dem „Dominikal Steuerkataster" gehörten 1812 zum „Pfarrwiddum" auch rund 190 Tagwerk Grund. Nach einem Brand im Jahr 1843 wurde nicht nur das Pfarrhaus, sondern auch das dazugehörige Ökonomiegebäude wieder aufgebaut. 1865 erhielten sie ihre jetzige Form, die an einen sehr stattlichen Bauernhof mit einem noch stattlicheren angebauten Stadel erinnert. Im Jahr 1931 wurde ein Leichenaufbewahrungsraum nebst Wärterzimmer eingebaut, nach dem Bau der neuen Kirche wurden ab 1940 das Wohngebäude und die anschließende Remise vermietet. Ende der 1970er Jahre stellte die Diözese Augsburg als Eigentümerin der Gebäude einen Abbruch-

Den Weßlinger See kann man in einer knappen Stunde zu Fuß umrunden.

antrag. Nach den Protesten der Weßlinger wurde der alte Pfarrhof unter Denkmalschutz gestellt, aber erst im Jahr 1984 waren nach einem Urteil des Bayerischen Verwaltungsgerichts die Abbruchpläne endgültig vom Tisch. Der Pfarrstadel war also gerettet, er befand sich jedoch in einem mehr als maroden Zustand. Im Jahr 1990 gründeten deshalb einige Weßlinger den Verein „UNSER DORF e.V.", um die Erhaltung des Pfarrstadels zu fördern und ihn als Kulturzentrum der Gemeinde mitzugestalten. Aber nicht nur das, sie legten bei der Entrümpelung und anschließenden umfassenden Renovierung auch selbst mit Hand an. Seit 2002 bespielt der Verein den neu entstandenen Saal im Obergeschoss mit einem ambitionierten Kulturprogramm, zu dem neben Konzerten und Ausstellungen auch Filmvorführungen gehören. Als im Anschluss an das ehemalige Ökonomiegebäude vonseiten der Erzdiözese auch das Pfarrhaus saniert wurde, leisteten die Mitglieder des Vereins noch einmal über tausend ehrenamtliche Arbeitsstunden.

Umso erstaunter war man in Weßling, dass die so entstandenen Wohnungen nicht für soziale Zwecke zur Verfügung gestellt wurden, sondern fortan dem Augsburger Bischof als Wochenenddomizil dienten. Augenzeugen berichten, dass ein „Lakai" mit dem Handtuch über dem Arm wartend am Ufer stand, wenn der „hochwürdigste Herr" zu baden geruhte. Als sich aber im Jahr 2010 der nach Missbrauchs- und Veruntreuungsvorwürfen schwer angeschlagene Walter Mixa ganz in Weßling niederlassen wollte, da kochten die Gerüchte für kurze Zeit hoch und das kleine Weßling war für ein paar Tage bayernweit in den Schlagzeilen. Nur fünf Wochen nachdem der Vatikan sein Rücktrittsangebot angenommen hatte, war der Bischof in seine Wohnung im Augsburger Bischofspalais zurückgekehrt, fast so, als wäre nichts geschehen. Über seinen Anwalt ließ er mitteilen, wie lange er im Bischofspalais bleiben werde, sei seine eigene Entscheidung. Es müsse zunächst eine neue Bleibe gefunden werden, so die Erklärung weiter. Außerdem habe Mixa einen weiteren Wohnsitz im oberbayerischen Weßling, zitierte die Augsburger Allgemeine den Anwalt.

„Mixa auf Wohnungssuche" konnte man bald darauf in den Medien lesen. Während sich der Bischof „beim besten Willen" nicht an die Prügelstrafen, wie sie ihm konkret vorgeworfen wurden, erinnern konnte, war ihm offensichtlich der Blick auf den Weßlinger See und das Baden in bester Erinnerung geblieben. Und tatsächlich: Nach seiner Rückkehr von einer Privataudienz beim Papst meldete sich Mixa beim Weßlinger Pfarrer Anton Brandstetter. Er trage sich mit dem Gedanken, in den alten Pfarrhof zu ziehen, wo er während seiner Zeit als Diözesanbischof von Augsburg etliche Wochenenden und Urlaube verbracht habe, berichteten die Zeitungen. Der Pfarrer aber, so konnte man weiter lesen, habe ihm davon abgeraten. Und so ist den Weßlingern zumindest dieser „Zuagroaste" erspart geblieben.

BISCHOF MIXA IN WESSLING
Pfarrstadel: Am Kreuzberg 3, 82234 Weßling, www.unserdorf-wessling.de.
Einkehrtipp: Aenishänslin Café am See: Hauptstraße 59, 82234 Weßling, Tel. 08153 1663, E-Mail: mail@cafe-aenishaenslin.de, www.cafe-wessling.de; Öffnungszeiten: Montag, Mittwoch bis Sonntag 9.30 bis 18 Uhr.

Kulturlandschaft mit braunen Flecken

Roderich Fick in Herrsching

Ein dunkles Kapitel der jüngeren Geschichte ist mit dem Namen Roderich Fick verbunden: Die Herrschinger Archivarin Friederike Hellerer hat die Karriere des 1886 geborenen Architekten erforscht, der in der „Alten Mühle" in Herrsching lebte und von dort aus zu einem der Lieblingsarchitekten Hitlers aufstieg. Viele Gebäude in Herrsching erinnern noch heute an den Architekten Roderich Fick. Einer seiner ersten Bauaufträge überhaupt war 1920 die Villa für den Bildhauer Ernesto de Fiori im Herrschinger Ortsteil Lochschwab, einer seiner letzten die Erlöserkirche, ebenfalls in Herrsching – und fast zehn Jahre nach Kriegsende. Auch das nach dem Vorbild von Goethes Weimarer Gartenhaus entstandene Kaffeemühlenhäuschen mitten im Herrschinger Kurpark entstand in den 1930er nach Plänen von Roderich Fick.

Nicht beteiligt war Fick allerdings am Bau eines kasernenartigen Gebäudekomplexes, der bis heute mächtig und düster über dem freundlichen Herrsching thront: Bereits 1928 hatte es in Herrsching eine NS-Rednerschule gegeben. 1937 war dann die Reichsfinanzschule im Herrschinger Ortsteil Rausch fertiggestellt, in der angehende Steuerbeamte ausgebildet wurden. Die Lehrer trugen SA-Uniformen und allen Schülern wurde zum Abschluss des Lehrgangs das SA-Sportabzeichen verliehen. Es gab aber nicht nur eine Turnhalle, sondern auch Platz für Geländeübungen und zum Exerzieren. Die Baupläne für den Erweiterungsbau mit dem gigantischen Portal über einer Freitreppe soll Albert Speer höchstpersönlich abgesegnet haben. 1943 wurde die Ausbildung eingestellt und die Schule wurde zum Reservelazarett, nach dem Krieg und der Besetzung durch die Amerikaner diente sie als Tbc-Krankenhaus. Heute ist in den Gebäuden die Fachhochschule für öffentliche Verwaltung und Rechtspflege untergebracht.

Die Historikerin Friederike Hellerer hat sich seit ihrem Studium intensiv mit Roderich Fick beschäftigt. Für das von Marita Krauss herausgegebene Buch „Rechte Karrieren" schrieb sie ein Kapitel über den Architekten, im Jahr 2007 widmete sie ihm in Zusammenarbeit mit dem Herrschinger Kulturverein eine Ausstellung.

Roderich Fick wurde 1886 als Sohn eines Augenarztes in Würzburg geboren. Er studierte in München, Zürich und Dresden Architektur. Im Ersten Weltkrieg war er in Kamerun stationiert und zuletzt in Pamplona in Nordspanien interniert. 1920 kaufte er in Herrsching die direkt am Seeufer gelegene „Alte Mühle", wo er mit seiner Frau, seinen Eltern und seinen Geschwistern lebte – anfangs wohl unter schwierigen wirtschaftlichen Bedingungen. Der Entwurf für ein Wohnhaus für den Bildhauer Ernesto de Fiori stellte seinen ersten größeren Bauauftrag dar. Bereits hier stellte er seinen ausgeprägten Sinn für handwerkliche Detailausführungen unter Beweis. Es folgte 1926 die Planung für einen neuen Friedhof

Portal der ehemaligen Reichs-finanzschule in Herrsching

mit Leichenhaus in Herrsching. War bis dahin die Auftragslage immer noch mäßig gewesen, so verschafften nun die qualitätsvollen, detaillierten und auffallend reich illustrierten Entwurfsdarstellungen dem jungen Architekten einen zunehmenden Bekanntheitsgrad. 1928 nahm er an einer Ausschreibung für ein

Das Gartenhaus im Herrschinger Kurpark und die Erlöserkirche tragen die Handschrift von Roderich Fick.

Gebäude des Völkerbundes in Genf teil, im selben Jahr erschien in der Zeitschrift „Der Baumeister" eine Würdigung seiner Arbeiten.

Das in den Jahren 1931 bis 1933 fertiggestellte „Ernst-Sachs-Bad" in Schweinfurt trägt ebenfalls die Handschrift von Roderich Fick: Auch hier erstreckten sich seine Planungen bis ins kleinste Detail. Er entwarf nicht nur das Gebäude, sondern auch Türen und Fenster, Möbel und alle anderen Ausstattungsgegenstände wie Lampen und Beschläge. Es folgten zu Beginn der 1930er Jahre mit Siedlungsbauten in Berg am Laim und Friedenheim die ersten Aufträge in München. Den Durchbruch und damit den Beginn einer steilen Karriere stellte jedoch das 1935 fertiggestellte „Haus der Deutschen Ärzte" in der Brienner Straße in München dar: Der eher konservative, schlichte Walmdachbau, der in unmittelbarer Nähe zum „Braunen Haus" und zu den noch im Bau befindlichen pompösen Parteigebäuden entstand, erregte die Aufmerksamkeit Adolf Hitlers. Er ließ sich den Bau zeigen und bestellte den Architekten nach der Eröffnungsfeier am 3. November 1935 zu sich ins „Braune Haus".

Hitler berief Fick 1936 als Professor an die Technische Hochschule auf den Lehrstuhl von Robert Vorhoelzer, der bereits 1933 unter dem Vorwurf des „Baubolschewismus" entlassen worden war. Außerdem übertrug er ihm wichtige Bauaufträge, so etwa für die Siedlung des Führerstabs in München-Pullach und für zentrale Bauten auf dem Obersalzberg. Auch an dem wichtigen Prestigeobjekt der Nazis, der „Stadt des Führers", war Fick, der zum „Reichsbaurat für die Stadt Linz" ernannt worden war, zunächst maßgeblich beteiligt. Trotz parteiinterner Eifersüchteleien und böser Intrigen protegierte Hitler den von ihm besonders geschätzten Architekten. Fick arbeitete bis zum Einmarsch der Amerikaner sowohl als Professor an der Technischen Hochschule in München als auch weiter in seinem Planungsbüro in Linz.

Nach dem Krieg stilisierte Fick seine Parteimitgliedschaft als „Gefälligkeit" gegenüber seinem Dienstherrn und fand Gutachter, die ihm bescheinigten, dass er zu den „Fachleuten und von ihrem Beruf leidenschaftlich durchdrungenen Künstlern" gehört habe, denen „Politik ein Buch mit sieben Siegeln und eine für sie völlig wesensfremde Betätigung bedeutet." Verurteilt wurde er zwar zunächst als Minderbelasteter, der als „Sühnemaßnahme" während einer Bewährungszeit von drei Jahren „Sonderarbeiten im Dienste des Wiederaufbaus der Stadt München im Rahmen seines fachlichen Könnens" zu leisten hatte. Im Revisionsverfahren wurde er aber letztlich als „Mitläufer" eingestuft, am 19. Februar 1949 wurde er wieder als ordentlicher Professor der Technischen Hochschule ins Beamtenverhältnis aufgenommen und gleichzeitig – mangels eines freien Lehrstuhls – in den Ruhestand versetzt. Friederike Hellerer kommt in ihrer Untersuchung zu dem Schluss, dass Roderich Fick wohl kein glühender Nationalsozialist gewesen ist, dass er aber doch mit den finanziellen Meriten, der Professur und dem Titel eines Reichsbaurats zu den großen Profiteuren des Regimes gehört hatte – und sich nach dem Krieg nicht der Aufarbeitung seiner eigenen Geschichte stellte.

Bereits 1947 hatte Roderich Fick Pläne für den Wiederaufbau des Augsburger Rathauses gezeichnet, ab 1948 entstand das von ihm entworfene Gebäude für den Verlag C. H. Beck in München, auch das Städtische Wohnungsamt in München wurde nach seinen Plänen gebaut. Sein bedeutendstes Bauwerk in der unmittelbaren Nachkriegszeit – das gleichzeitig für seine beinahe vollständige Rehabilitierung steht – aber ist das Donaukraftwerk Jochenstein bei Passau. Seine endgültige Fertigstellung im Jahr 1956 erlebte er allerdings nicht mehr: Roderich Fick starb am 13. Juli 1955 in München. Sein Grab befindet sich in unmittelbarer Nähe zu der von ihm erbauten Friedhofskapelle auf dem Herrschinger Friedhof.

RODERICH FICK IN HERRSCHING

Erlöserkirche: Madeleine-Ruoff-Straße 2, 82211 Herrsching am Ammersee, Tel. 08152 1384, E-Mail: pfarramt.herrsching@elkb.de, www.evangelisch-in-herrsching.de.

Friedhof mit neubarockem Leichenhaus von Roderich Fick: Mitterweg 12, 82211 Herrsching am Ammersee.

Kurparkschlösschen Herrsching: Scheuermannstraße 3, 82211 Herrsching, www.kurparkschloesschen.org.

Die Reichsschule der NSDAP in Feldafing

Die Villenkolonie am Feldafinger Höhenberg gehört mit zu den bedeutendsten Zeugnissen der Architektur wie auch des gesellschaftlichen Lebens im Fin de Siècle. Im Jahr 1853 hatte König Maximilian II. den Auftrag erteilt, das Gelände südlich des alten Ortskerns vom Seeufer bis hinauf zum Höhenberg aufzukaufen. Nach dem Tod des Königs war der Bau für das hier geplante Schloss eingestellt und der bereits angelegte Englische Landschaftsgarten sich selbst überlassen worden. Die Heilmann'sche Immobiliengesellschaft konnte im Jahr 1898 das Gelände westlich der Straße von Feldafing nach Tutzing erwerben. Wer es sich leisten konnte, der baute nun in Feldafing.

An dem zum See hin abfallenden Hang entstanden in den Jahren vor und nach der Jahrhundertwende ebenso repräsentative wie bezaubernde Villen mit Türmchen und Balkonen, über Terrassenanlagen und Treppen erschlossen sich die zwar verhältnismäßig kleinen, aber im steilen Gelände umso raffinierter angelegten Gärten. Auch wenn viele der Grundstücke mittlerweile geteilt wurden, so hat doch die Höhenberg-Kolonie aufgrund der gestaffelten Anordnung der historischen Villen immer noch eine großartige Fernwirkung und ein Spaziergang über die sich den Hang hinauf schlängelnden Straßen ist wie eine Zeitreise in die Prinzregentenzeit. Es scheint eine glückliche Fügung, dass man in diese damals wie heute höchst privilegierte Wohngegend auch über ein schmales Treppchen gelangt, das den hübschen Namen „Himmelsleiter" trägt.

Die Parkvilla in Feldafing

Reichsrat Hugo von Maffei hatte sich 1901 von Emanuel Seidl eine Villa in Feldafing bauen lassen, auch die Bierbrauer-Dynastie Pschorr residierte hier in den Sommermonaten. Der Münchner Kunsthändler Kommerzienrat Otto Bernheimer besaß ebenfalls eine neubarocke Villa auf dem Höhenberg, die nach Plänen des Architekturbüros der Firma Heilmann & Littmann gebaut worden war. „Wir waren immer Deutsche, erst Hitler hat uns zu Juden gemacht", soll Otto Bernheimer einmal gesagt haben. Kein Geringerer als Prinzregent Luitpold hatte im Jahr 1900 den riesigen Geschäftspalast des Königlich Bayerischen Hoflieferanten Lehmann Bernheimer am heutigen Lenbachplatz eröffnet. Jüdische Familien genossen in Deutschland höchstes Ansehen, auch ihre Villen an den Ufern des Starnberger Sees waren in den Sommermonaten Zentren des gesellschaftlichen Lebens. Die Bernheimers belieferten nicht nur den europäischen

Hochadel und mächtige Industrielle mit Orientteppichen, Kunst und Antiquitäten, sondern statteten in den Anfangsjahren sogar die pompösen Veranstaltungen der Nazis aus.

Das beeindruckendste Gebäude am Höhenberg war und ist die sogenannte Parkvilla, die im Jahr 1903 für Kommerzienrat Sigmund Bergmann, Generaldirektor der Bergmann-Elektrizitätswerke in Berlin, errichtet wurde. Der beinahe schlossartige Bau erhebt sich über mehrere Etagen hoch an der Hangkante aufragend und ist von einem eleganten Zeltdach mit Belvedere-Türmchen bekrönt.

Die Villen am Feldafinger Höhenberg haben die Zeiten überdauert. Und es waren auch mehr als düstere Zeiten dabei. Wer heute vor der Parkvilla mit ihrer strahlenden Fassade und der gepflegten Gartenanlage steht, der möchte kaum glauben, dass sie einmal „Ernst-Röhm-Haus" hieß und Hitlers Eliteschüler beherbergte. Im Januar 1934 wurde die „Nationalsozialistische Deutsche Oberschule Starnberger See" als Privatschule der obersten SA-Führung ins Leben gerufen. Ernst Röhm hatte sich durch einen Besuch der Nationalpolitischen Erziehungsanstalt, kurz Napola, in Plön zur Einrichtung einer SA-Kadettenanstalt anregen lassen. Hier sollte der neue Menschentyp geformt und die vom Führer verkündeten Ideale an die Jugend weitergegeben werden. Anders als in den Napolas übernahmen in Feldafing nicht einfach nationalsozialistisch eingestellte Lehrer, sondern Offiziere der Reichswehr die Ausbildung. Leiter der Schule

Himmelsleiter mit Verkehrsregelung

war Oberstleutnant Julius Görlitz, ein Kriegskamerad von Röhm aus dem Ersten Weltkrieg.

Bereits wenige Monate nach ihrer Eröffnung geriet die Schule durch die Ermordung ihres Gründers in eine Krise. Es wurden jedoch im Reichsschatzmeister Franz Xaver Schwarz und später auch im Leiter der Parteikanzlei Martin Bormann neue Schutzherren für die Schule gefunden. 1936 wurde die Schule der Dienststelle von Rudolf Hess, dem Stellvertreter des Führers, unterstellt. Auf seine Anordnung wurde sie 1939 in „Reichsschule der NSDAP Feldafing" umbenannt. Die Schule war finanziell mehr als üppig ausgestattet: Sie verfügte über 25 Autos, zehn Olympiajollen, Anlagen für Tennis, Golf und Hockey, außerdem die üblichen Sportanlagen und Reitmöglichkeiten.

„Wir waren Hitlers Eliteschüler" heißt ein 1998 erschienenes Buch über die „Reichsschule der NSDAP", das die Erinnerungen von prominenten und auch weniger prominenten „alten Feldafingern" versammelt. Auch als weißhaarige Herren im fortgeschrittenen Alter trafen sie sich noch einmal jährlich zu Kameradentreffs. Für viele von ihnen waren die Schuljahre in Feldafing „eine einmalig schöne Zeit". Einer von ihnen schrieb: „Eine Nazi-Schule, in der Golf gelehrt wurde – wo gab es das denn sonst? Feldafing war das Glück meiner Jugend. Die Wirklichkeit ist anders verlaufen, als man das in Feldafing gesehen hat. Die Fehler aber lagen nicht bei der Schule."

Bei ihrer Eröffnung 1934 bestand die Schule aus vier Häusern, eines davon war die Parkvilla. Im Lauf der Jahre kamen noch acht weitere Feldafinger Villen hinzu, alle erhielten Namen von Parteigrößen. Nach der ersten Ausreisewelle von Juden hatten die neuen Machthaber ihre herrschaftlichen Wohnhäuser am Höhenberg „übernommen" oder weit unter ihrem Marktwert „gekauft". Auch das kleine Landhaus, in dem Thomas Mann an seinem „Zauberberg" geschrieben hatte und das später als „Villino" in die Literaturgeschichte eingehen sollte, war Teil der Schule und wurde vom Hausmeister bewohnt. Einer der ehemaligen Schüler erinnerte sich: „Wir lebten in ‚Horden' von jeweils 12 oder 16 Jungen in einem Haus. Auch die Söhne von Parteigrößen wie Bormann, Esser und Schwarz fügten sich bei uns völlig ein. Kinder reicher Eltern, wie etwa der Sohn des Flugzeugbauers Heinkel mussten 1000 Reichsmark Schuldgeld zahlen. Wir waren stolz, Reichsschüler zu sein – mit den Hitlerjungen und sogar mit den

Jungmannen von den Napolas wollten wir nichts zu tun haben. Unsere Uniformen waren von Lodenfrey entworfen worden."

Ab 1938 wurde südlich der Villenkolonie mit dem Bau von neuen Gebäuden für die Reichsschule begonnen. Eine weitläufige Anlage sollte bis zum Seeufer hinunter reichen: Geplant waren Sportplätze, eine Turn- und eine Schwimmhalle sowie eine „Kampfbahn" und eine Freilichtbühne. Realisiert wurden bis 1944 allerdings nur die von Alois Degano geplanten acht „Sturmblockhäuser", lang gestreckte zweigeschossige Unterkunftsgebäude mit flachem Satteldach im sogenannten „Heimatschutzstil". Einer der prominentesten Schüler in Feldafing dürfte wohl Martin Bormann gewesen sein, der älteste Sohn von Hitlers Sekretär Martin Bormann und Patenkind des „Führers". Er war ab 1940 in Feldafing und schrieb später: „Durch die Neubauten kamen wir im Lauf der Zeit auch in Kontakt mit der Baukompanie, das waren Häftlinge aus dem Konzentrationslager Dachau, die in einem KZ-Außenlager, einem eingezäunten Bereich unterhalb der Park-Villa, untergebracht waren. Wie sie dort lebten und wie hart sie arbeiten mussten, bekamen wir allerdings nur indirekt mit. […] Mit den Häftlingen sprechen durften wir nicht."

Die Schule wurde am 23. April 1945 aufgelöst, ihre Schüler wurden nach dem Zweiten Weltkrieg auf Anordnung der Besatzungsmächte bis zum Jahr 1949 vom höheren Bildungsweg ausgeschlossen. Auf dem Gelände der Reichsschule wurde von der US-Militärverwaltung ein DP-Lager zur Unterbringung jüdischer Displaced Persons eingerichtet. Nach der Auflösung des Lagers Anfang der 1950er Jahre übernahm die Bundeswehr das Gelände und nutzte es bis 2006 als „Fernmeldeschule und Fachschule des Heeres für Elektrotechnik". Als das Landesamt für Denkmalpflege 2008 die ehemaligen „Sturmblockhäuser" unter Denkmalschutz stellte, erhitzten sich in Feldafing die Gemüter, denn nach dem endgültigen Abzug der Bundeswehr im Jahr 2019 soll das Gelände überplant werden.

Simon Schochet, der in den Nachkriegsjahren in der Villa Waldberta lebte, schrieb zum Abschied beinahe prophetisch: „Ich betrachte das Lager Feldafing genau, die Baracken und die Villen, die Wälder und den See. Eines Tages wird es wieder ein friedlicher Ort sein, voller glücklicher Leute, die hier ihre Ferien verbringen, spielen, baden, ausruhen und Golf spielen. Die jetzigen Einwohner werden vergessen und in der ganzen Welt zerstreut sein. Werden das hier erlebte Glück und das Leid ohne eine Spur zu hinterlassen verschwinden? Wahrscheinlich ja."

DIE REICHSSCHULE DER NSDAP IN FELDAFING
Villa Bernheimer: Höhenbergstraße 11/13, 82340 Feldafing.
Parkvilla: Höhenbergstraße 15, 82340 Feldafing.
Villino Dauerausstellung „Der Zauberberg in Feldafing" sowie „Einst bei uns auf dem Lande. Thomas Mann in Oberbayern": Siemensstraße 18, 82340 Feldafing, www.lit-spaz.de; Öffnungszeiten: nur an festgelegten Tagen im Rahmen einer Führung, Termine auf der Website; Gruppenbesuche und Schulklassen nach Vereinbarung möglich.

Hanns Johst in Allmannshausen

Von Soldaten, die sich nach dem letzten Fronturlaub bei Verwandten versteckten und nicht mehr einrückten, oder sich zu Fuß Hunderte von Kilometern Richtung Heimat durchschlugen, von Parteibüchern, die verbrannt wurden, von Uniformen, die gegen Zivilkleidung getauscht wurden, und Waffen, die im Wald vergraben oder im See versenkt wurden, erzählen die, die sich an das Ende des Zweiten Weltkriegs erinnern können. Auch hochdekorierte Nazi-Größen, von denen sich nicht wenige am Starnberger See niedergelassen hatten, versuchten nun, ihre eigene Rolle im untergehenden Regime zu vertuschen. Der Präsident der Reichsschrifttumskammer Hanns Johst, der am Zieglerweg in Allmannshausen eine Villa besaß, gehörte zu denen, die nach Kriegsende per Haftbefehl gesucht wurden. Das Erstaunliche an seiner Biografie ist, dass nicht nur seine Villa, sondern auch der „Barde der SS" selbst nahezu unbeschadet den Untergang des Dritten Reichs überstand.

In enger und inniger Freundschaft war der Schriftsteller Hanns Johst mit Heinrich Himmler verbunden, seit er ihm im

September 1933 eifrig einen „kulturpolitischen Vorschlag" unterbreitet hatte. Da man Klaus Mann als Herausgeber des „unflätigsten Emigrantenblattes" nicht zu fassen bekäme, empfehle er ein „Geiselverfahren": „Könnte man nicht vielleicht Herrn Thomas Mann, München, für seinen Sohn ein wenig inhaftieren?", schrieb er an den Reichsführer-SS, „seine geistige Produktion würde ja durch eine Herbstfrische in Dachau nicht leiden."

Villa Johst am Zieglerweg in Allmannshausen

Himmler bedankte sich für den „netten Brief" und die „ausgezeichnete Anregung". Thomas Mann freilich war zu diesem Zeitpunkt bereits wie sein Sohn emigriert.

Aber der Grundstein für Johsts steile Karriere war ohnehin längst gelegt: Sein Schauspiel „Schlageter", ein aggressiv antifranzösisches Stück über die Ruhrgebietsbesetzung, hatte er keinem Geringeren als Adolf Hitler gewidmet, es wurde 1933 am Geburtstag des Führers in Berlin uraufgeführt und geriet zu einem gigantischen Erfolg.

Johsts unbedingte Loyalität und geradezu kriecherische Verehrung für Himmler – seine im Bundesarchiv in Berlin verwahrten Briefe an ihn begannen meist mit der Anrede „Mein Reichsführer, lieber Heini Himmler!" – zahlte sich schon bald aus: Johst wurde mit Ämtern überhäuft, war zunächst Preußischer Staatsrat, Vorsitzender der nach Auflösung des deutschen PEN-Zentrums neugegründeten Union nationaler Schriftsteller und Präsident der Deutschen Akademie der Dichtung. 1935 schließlich wurde er von Propagandaminister Joseph Goebbels zum Präsident der Reichsschrifttumskammer ernannt und von Himmler mit dem Rang eines Oberführers in die SS aufgenommen.

Seeufer in Allmannshausen

Johst war 1890 im sächsischen Seershausen als Sohn eines Volksschullehrers geboren worden und seit 1915 mit der aus reichem Hause stammenden Johanna Feder verheiratet. Er lebte mit ihr in einem großzügigen Anwesen im damals noch recht verschlafenen Allmannshausen und gehörte schon bald zum engsten Kreis um Hitler. Schon 1922 hatte er in einem offenen Brief an Thomas Mann die politischen Positionen der völkischen Nationalisten vertreten. Johsts Machtposition im NS-Staat kam der von Goebbels im Pressewesen gleich: Er war als oberster Literaturfunktionär zuständig für die „Verbreitung und Vermittlung des Kulturguts Buch". Himmler war von Johsts schwülstigem Schreibstil, mit dem er die SS-Ideologie in hochtrabende Worte zu kleiden wusste, derart begeistert, dass er bei ihm eine „Saga" über die geplante Ostkolonisation in Auftrag gab. Johst identifizierte sich voll und ganz mit der Idee eines „großgermanischen Reiches" und sah darin seinen persönlichen Rassismus und Antisemitismus bestätigt. Über die Vernichtung der Juden war er voll im Bilde.

Auch private Besuche von Himmler in Allmannshausen, zum Federballspiel oder zum Angeln, sollen nicht selten stattgefunden haben. Dass Johst sogar den Namen seines Nachbarn für den Romantitel „Johann Schuster" verwendet hatte, gehörte ebenso wie seine Pläne, Allmannshausen in „Johsthausen" umzubenennen, zu den Nebenwirkungen seiner Präsenz – nicht zur uneingeschränkten Freude der Dorfbewohner. Im echten Leben hätte sich die Ehefrau des besagten Johann Schuster beinahe selbst in allergrößte Schwierigkeiten gebracht. Die Mutter von sechs Kindern hätte auf ihre Rolle als eine Art „Vorzeigemutter", zu der Johst und Himmler sie höchstpersönlich und öffentlich auserkoren hatten, gerne verzichtet und tat dies auch mehr oder weniger lautstark kund.

Johst gehörte offensichtlich auch nach dem Zusammenbruch des „tausendjährigen" Reichs, an dessen Erschaffung er maßgeblich beteiligt war, zu den Unbelehrbaren und keineswegs Reumütigen. Allenfalls versuchte er sich als mehr oder weniger unbeteiligten „Künstler" zu stilisieren. Liest man allerdings seine Aufzeichnungen aus den Jahren 1958 und 1959, dann möchte man selbst das anzweifeln: „Da sitzt also eines Tages einem eine bewährte Freundin gegenüber und fragt mit runden Augen, wie man zu den Morden von SS-Männern stehe. Ohne Konvention sänke einem der Unterkiefer auf das Chemisette. Die einzige Gegenfrage könnte lauten: Wie denken Sie über Kinder, die Stubenfliegen Beine ausreißen?"

Johst wurde im Mai 1945 von den Amerikanern verhaftet und zunächst interniert. Bereits 1948 war er wieder auf freiem Fuß. Ab 1947 lief das Entnazifizierungsverfahren, das zu einer Farce der bundesdeutschen Nachkriegszeit wurde: Johst wurde zunächst lediglich als „Mitläufer" eingestuft und zu einer Geldbuße von 500 Mark verurteilt. Man möchte es kaum glauben, aber Johst legte Berufung ein, allerdings mit dem Ergebnis, dass er in einem weiteren Verfahren als „Hauptschuldiger" verurteilt wurde. Schließlich endete Johst als „Belasteter", im Jahr 1955 wurde das Verfahren endgültig eingestellt. Die Kosten fielen der Staatskasse zur Last, auch ein zunächst verhängtes Publikationsverbot wurde im Zuge eines „Gnadenerweises" wieder aufgehoben: Johst, der längst wieder in Allmannshausen residierte, wenngleich unter etwas bescheideneren Verhältnissen, war faktisch rehabilitiert und bemühte sich nun auch wieder mit großem Nachdruck, künstlerisch Fuß zu fassen. 1955 erschien sein letztes Buch „Gesegnete Vergänglichkeit" – es war die gekürzte und um einige exzessiv antisemitische Passagen bereinigte Fassung eines ursprünglich den Aufstieg der Nazis verherrlichenden Romans, der bereits 1944 in der ersten Fassung vorgelegen hatte, und nun, gerade einmal zehn Jahre nach Kriegsende, als „unpolitisches Alterswerk" vorgestellt wurde. Dass dieses Buch kaum Beachtung fand und nur ganz wenige, dafür aber vernichtende Kritiken erhielt, mag ein schwacher Trost sein.

In Allmannshausen lebte Hanns Johst noch viele Jahre lang zwar zurückgezogen, aber doch weitgehend ungestört. Ab 1952 schrieb er unter dem Pseudonym „Odemar Oderich" Gedichte für die Edeka-Kundenzeitschrift „Die kluge Hausfrau". Er starb 1978 in einem Altersheim in Ruhpolding. Im Archiv der Gemeinde Berg findet sich ein von ihm noch in späten Jahren selbstbewusst signierter und zu Weihnachten verschenkter Roman.

Die vergessene Villa Goya in Tutzing

Von Johannes Brahms, der sich im Sommer 1873 in Tutzing einquartierte, ist beinahe jeder Atemzug dokumentiert, den er hier tat: „Der Komponist lebte einen Sommer lang in Tutzing, wo ihn die ‚behagliche Stimmung' zu einigen seiner wichtigsten Werke inspirierte. Am Starnberger See vollendete der Spätromantiker die Streichquartette in c- und a-moll. Sogar eine Uraufführung fand in Tutzing statt: Die acht Lieder und Gesänge op.59 erklangen erstmals im Musikpavillon des Ehepaars Therese und Heinrich Vogl, die zu den berühmtesten Sängern jener Zeit gehörten", teilt die Veranstalterin der „Tutzinger Brahmstage" mit, die seit 1997 zur Erinnerung an jenen denkwürdigen Sommer stattfinden.

„Meine Adresse ist Tutzing am Starnberger See, und das ist eine sehr schöne Adresse", schrieb Brahms im Mai 1873 an seinen

Verleger Fritz Simrock. Und seinem Freund Hermann Levi in München gestand er: „Tutzing ist weit schöner, als wir uns neulich vorstellen konnten." Er lobte die „sehr feine Adresse" und die wunderbare Aussicht über den See und auf die Berge: „Für gewöhnlich ist der See blau, doch schöner, tiefblauer als der Himmel, dazu die Kette schneebedeckter Berge – man sieht sich nicht satt." Er hatte ein Balkonzimmer im obersten Stockwerk gemietet, dazu ein „Kabinett", das wohl als Schlafraum diente, und ein Klavier, das allerdings unbrauchbar war. Das Zimmer kostete 25 bayerische Gulden, das Klavier nochmal sechs. Er wollte darauf nicht spielen und schon gar nicht komponieren, er mietete es nur zur Vorsicht, damit ihn kein anderer mit den darauf erzeugten Missklängen stören konnte. Seine Nachbarn in der Sommerfrische waren Therese und Heinrich Vogl, die beiden berühmten Wagner-Interpreten. Sie stellten ihm auch prompt ihr „Voglhäuschen", einen Pavillon direkt am See, der heute wie die Promenade und das ehemalige Gasthaus nach Brahms benannt ist, zur Verfügung. Und hier stand endlich auch ein Klavier, das den Ansprüchen des Komponisten genügte, sodass seinem Schaffensdrang nichts mehr entgegenstand.

An den jüdischen Kunsthistoriker August Liebmann Mayer und sein Haus an der Brahms-Promenade, dem Aushängeschild der Seegemeinde, erinnert in Tutzing nichts mehr. August Liebmann Mayer wurde zum tragischen Opfer einer antisemitischen Hetzkampagne, die bereits mehrere Jahre vor der „Machtergreifung" 1933 begonnen hatte und von den neuen Machthabern nur mehr vollendet wurde. Sein Schicksal dürfte gleichwohl beispielhaft für das zahlreicher jüdischer Villenbesitzer am Starnberger See sein.

„[…] wie das sein wird, Verzicht auf die angenehmen Gewohnheiten seines Alltags, Verzicht auf vernünftige Tätigkeit, Kunst, Gespräch mit musischen Menschen, Verzicht auf Frauen, geschmackvoll zusammengestellte Mahlzeiten, morgendlich willkommenes Bad […]", lässt Lion Feuchtwanger in seinem Roman „Erfolg" den verhafteten Kunsthistoriker Martin Krüger in der Gefängniszelle sinnieren. Draußen sei es schon Juni, „man flirtete in Booten, jagte

Denkmal für Johannes Brahms in Tutzing

auf weißen Landstraßen". Es gilt mittlerweile als erwiesen, dass der Goya-Fachmann August Liebmann Mayer, Kustos an der Alten Pinakothek, Feuchtwangers Vorbild für die Figur des Martin Krüger war, der in dem in vieler Hinsicht visionären 1930 erschienenen Roman Opfer einer politischen Intrige wird.

Die Hetzkampagne gegen Mayer eskalierte allerdings erst 1931, als man ihm unterstellte, er habe mit gesondert honorierten

Expertisen ein Vermögen gemacht und dieses nicht versteuert. Alle gegen Mayer erhobenen Vorwürfe haben sich später als falsch herausgestellt. Eine der Schlüsselfiguren dieser Intrige, die von Neid und Missgunst, aber auch vom antisemitischen Geist der Zeit befeuert wurde, war Luitpold Dussler, der selbst an der Technischen Hochschule Kunstgeschichte lehrte und ganz offensichtlich auf die Honorarprofessur von August Liebmann Mayer am höchst renommierten Institut für Kunstgeschichte der Universität schielte. Die Kunsthistorikerin Daniela Stöppel legte in dem Aufsatzband „Die Universität München im Dritten Reich" offen, dass Dussler sich später bei den neuen Machthabern mit seiner Rolle bei der Verdrängung von Mayer aus dem Amt rühmte, dass er allerdings wenig Erfolg mit seiner recht plumpen Karrierestrategie hatte.

Nicht so Wilhelm Pinder, der eigentliche Drahtzieher bei der Hatz auf den erfolgreichen jüdischen Kollegen: Er nämlich bastelte in seiner Zeit als Ordinarius am Institut für Kunstgeschichte in München von 1927 bis 1935 höchst erfolgreich an seiner Positionierung als führender Kunsthistoriker Deutschlands. Sein antisemitisches Gedankengut und seine Vision von der „deutschen Kunst und ihrem neuen Stil" hatte er schon mitgebracht, sein kometenhafter Aufstieg ging nun mit dem der neuen Machthaber Hand in Hand. 1930 behauptete Pinder bei einer Ausstellungseröffnung in der Alten Pinakothek, sein Kollege Mayer habe über hundert der gezeigten Werke falsch zugeschrieben. Etwa zeitgleich erschienen in der Fachpresse Artikel von Dussler und Pinder, die sich aufs Schärfste gegen die „Verquickung von deutscher Kunst mit jüdischem Kunsthandel" richteten.

Über den Spanien-Fachmann Mayer hieß es zu dieser Zeit, man könne ohne sein Gutachten in Amerika kein Bild verkaufen. Bis heute gilt er mit weit mehr als 300 Veröffentlichungen, ein Großteil davon zur spanischen Kunst, als einer der bedeutendsten Kunstexperten des 20. Jahrhunderts. Am Fall des „Kunstjuden" Mayer wollte Pinder ein Exempel statuieren. Aufgrund der gegen ihn erhobenen Vorwürfe, er habe seinem Dienstherrn die zusätzlichen Einkünfte als Gutacher nicht in vollem Umfang mitgeteilt und diese nicht versteuert, schied Mayer 1931 freiwillig aus allen Ämtern aus. Er fühle sich den „Aufregungen eines Prozesses nicht gewachsen, zumal schon jetzt meine Nerven infolge der seit Monaten dauernden Hetzereien schwer gelitten haben", schrieb er.

August Liebmann Mayer war 1885 in Griesheim bei Darmstadt geboren worden, hatte beim großen Heinrich Wölfflin in München promoviert und verkörperte geradezu idealtypisch das Feindbild der Nationalsozialisten: Er war Jude, er war gebildet, erfolgreich und vermögend. Er hatte internationale Beziehungen und vertrat moderne Kunstideale. Nicht zuletzt sein herrschaftlich elegantes Landhaus am Starnberger See stand für seine Zugehörigkeit zur höheren Gesellschaft.

Die Hetzkampagne gegen ihn hatte in der Öffentlichkeit viel Aufsehen erregt, auch der „Völkische Beobachter" hatte in übler Weise berichtet. So ist es kein Wunder, dass ihn die Nationalsozialisten schon wenige Wochen nach der „Machtergreifung" im März 1933 in „Schutzhaft" nahmen. Unter dem Vorwand, er habe zwischen 1925 und 1932 zu wenig Einkommenssteuer bezahlt,

Nichts erinnert an der Brahmspromenade in Tutzing an August Liebmann Mayer.

wurden nun horrende Summen von ihm gefordert. Nach einem gescheiterten Selbstmordversuch – er hatte sich Puls- und Halsschlagadern aufgeschnitten – wurde Mayer aus dem Gefängnis entlassen. Bald danach emigrierte er mit Unterstützung einflussreicher Kunsthändler nach Paris, seine Frau und seine kleine Tochter folgten 1936. Im selben Jahr wurden zur Begleichung seiner angeblichen Steuerschuld seine Kunstsammlung und Wertpapiere gepfändet, das Haus in Tutzing musste zwangsverkauft werden. Als 1940 deutsche Truppen in Paris einmarschierten, musste Mayer nach Nizza fliehen. Die Nazis hatten ihn nicht vergessen: Auch die wertvolle Bibliothek sowie die verbliebenen Kunstgegenstände in seiner Pariser Wohnung wurden nun beschlagnahmt und nach Deutschland überführt. Im Februar 1944 wurde Mayer in Monte Carlo verhaftet und nach Auschwitz deportiert, wo er am 13. März 1944 ermordet wurde. Seine Frau war bereits 1941 in Paris gestorben. Die 1930 geborene Tochter Angelika war in einem Internat in Nizza untergebracht, nach dem Krieg wanderte sie nach Amerika aus. Sie studierte Kunstgeschichte und arbeitete zeitweise als Galeristin. Heute lebt sie in Los Angeles.

Hinter einem bereits 1954 an Angelika Mayer restituierten „Grundstück in Tutzing mit Boots- und Badehütte" verbirgt sich in Wirklichkeit ein herrschaftliches Anwesen in der eleganten Häuserzeile direkt am Tutzinger Seeufer, die mit der berühmten Villa Amtmann, in der Johannes Brahms den Sommer des Jahres 1873 verbrachte, beginnt und die mit dem nicht minder berühmten Midgard-Haus endet. In dieser vornehmen Wohnlage hatte sich August Liebmann Mayer 1925 standesgemäß eingekauft. 38.000 Reichsmark zahlte er der Freifrau Luise von Hövel für ihr hübsches Sommerhaus und nannte es nach dem von ihm verehrten spanischen Maler Francisco de Goya „Villa Goya".

Es ist wohl dem Tutzinger Ortschronisten Josefranz Drummer zu verdanken, dass die ehemalige Villa Lerchenfeld, die 1872 von dem gleichnamigen Adelsgeschlecht „im italienisch anmutenden Stil" erbaut worden war und 1979 der Abbruchbirne zum Opfer fiel, nicht völlig in Vergessenheit geraten ist: Im Tutzinger

Gemeindearchiv werden seine Aufzeichnungen zur wechselvollen Geschichte des Hauses aufbewahrt. Von ihm erfahren wir, dass das lange schmale Grundstück mehr als 2.000 Quadratmeter groß war und von der Hauptstraße bis zum See hinunterreichte, „von dem es allerdings durch einen Spazierweg getrennt war und noch ist". Bei einem Besuch beim damaligen Tutzinger Schlossherrn, dem „weltbekannten Sammler Marcell von Nemes, Edler von Janoshalma, den er von Ungarn her kannte", sei Mayer „entzückt" von Tutzing gewesen und habe beschlossen, sich hier niederzulassen. Der Maler und Architekt Ludwig Behr, seinerzeit Besitzer der Villa Buchensee, der heutigen Akademie für politische Bildung, habe auch schon Nemes nach Tutzing geholt und nun auch den Hauskauf für Mayer vermittelt.

Behr plante 1925 nicht nur den Umbau des Hauses, sondern auch die terrassenartige Gartengestaltung mit kunstvoll geschnittenen Hecken und plastischem Schmuck. „6.000 Reichsmark wurden zu diesem Zwecke verbaut, worunter allerdings auch die Kosten für die vielen wertvollen Möbel der kunstvollen antiken Ausstattung eingerechnet waren", schreibt Drummer. Mayer, so fährt er fort, „hing sehr an seinem Haus, das er mit seiner Frau Aloisia Däuschinger, einer Glasschmelzerstochter, die er 1920 in München geehelicht hatte, und mit seiner Tochter Angelika bewohnte".

Drummer berichtet, wenn auch fehlerhaft, von der Verfolgung durch die Nationalsozialisten ebenso wie von dem Verkauf des Hauses an einen holländischen Privatier im Jahr 1936, der allerdings von einem Freund Mayers vermittelt worden sei. Mayer habe sich „weiterer Zugriffe" entzogen, „indem er sich nach Paris begab", schreibt der Chronist und endet merkwürdig fatalistisch: „Professor Mayer entging aber dennoch nicht dem ihm aufgesetzten Schicksal."

In der unmittelbaren Nachkriegszeit wurde das Haus von den Amerikanern als Offizierswohnheim und anschließend wohl als Unterkunft für Flüchtlinge, die Drummer als „Uckrainerfamilien" bezeichnet, genutzt. Nach einem Wiedergutmachungsprozess erfolgte 1954 die Restituierung an Angelika Mayer, die es noch in den 1950er Jahren an ein Arztehepaar verkaufte. 1979 musste es dann einem Neubau weichen. Nur einige der spätklassizistischen Gartenskulpturen und ein Brunnen haben sich erhalten, sie stehen heute unter Denkmalschutz. Fast ein halbes Jahrhundert lang musste Angelika Mayer um ihr Recht streiten, bis die Bayerische Staatsgemäldesammlung ihr endlich auch vier Gemälde aus der umfänglichen Kunstsammlung ihres Vaters restituierte.

DIE VERGESSENE VILLA GOYA IN TUTZING

Freundeskreis Tutzinger Brahmstage e.V.: Kreuzeckstraße 7, 82327 Tutzing, Tel. 08158 6208, E-Mail: info@tutzinger-brahmstage.de, www.tutzinger-brahmstage.de.

Brahms-Denkmal: Brahmspromenade, 82327 Tutzing.

Einkehrtipp: Wirtschaft zum Häring/Midgard-Haus, Midgardstraße 3–5, 82327 Tutzing, Tel. 08158 1216, www.haering-wirtschaft.de.

Wahrzeichen und Denkzeichen

Der Bismarckturm in Assenhausen

Mit der Eisenbahn nach Starnberg, mit dem Dampfer nach Leoni, mit der Drahtseilbahn auf die Rottmannshöhe und dann zu Fuß hinüber zum Bismarckturm – so sah um die Jahrhundertwende ein Sonntagsausflug an den Starnberger See aus. Das kleine Dorf Assenhausen erlebte einen Tourismusboom ohnegleichen, oben auf der Rottmannshöhe stand ein luxuriöses Hotel mit Aussichtsterrasse, außerdem gab es drei Kaffeehäuser. Ein Leser des Land- und Seeboten forderte in einem Brief an die Redaktion gar den Bau einer Straßenbahn von München bis an den Bismarckturm, um „den Nationalgedanken im Volke zu stärken".

„Es soll ein Denkmal an den Ufern des Starnberger Sees errichtet werden mit mannigfachen Beziehungen auf das Leben des grossen Kanzlers, würdig der Kunststadt München, gestiftet von dem bayerischen Volke als Zeichen ewiger Gemeinschaft zwischen Süd und Nord", so formulierte man hochtrabend in einem Aufruf der „Vereinigung zur Ehrung seiner Durchlaucht des Fürsten Bismarck", gegründet unter dem Vorsitz des Münchner Bürgermeisters Johannes von Widenmayer und unter dem Protektorat des Prinzregenten Luitpold im Jahr 1890. Aus „vaterländischer Begeisterung" planten die Münchner Bürger, allen voran der Malerfürst Franz von Lenbach, in den folgenden Jahren den Bau des Bismarckdenkmals. Es wurden Spenden gesammelt und 1894 schließlich der über neun Hektar große Bauplatz gekauft – in „Gottes freier Natur, mit der sich der Alte doch sein Lebtag

Der 1899 errichtete Bismarckturm in Assenhausen

enger verwachsen fühlte", so Lenbach. Aus dem Architekten- und Bildhauerwettbewerb gingen im April 1896 Theodor Fischer und Joseph Floßmann als Sieger hervor, noch im selben Jahr begann man zu bauen. Als Bismarck im Sommer 1898 starb, fanden auf der Baustelle feierliche Trauerkundgebungen statt.

1898 hatte die Bonner Studentenschaft zur Erbauung von 150 Bismarcksäulen im ganzen Reich aufgerufen, bis 1902 waren bereits 91 solcher Türme weithin sichtbar auf „Anhöhen von landschaftlichem Reiz" errichtet worden, um die sich eine „nationale Touristik" zu entwickeln begann. 1899 war als einer der ersten der fast 30 Meter hohe Turm auf einer damals noch völlig baumlosen Wiese hoch über dem Starnberger See in Assenhausen fertiggestellt. Auf seiner Spitze thronte ein mächtiger kupferner Adler. 190.000 Mark hatte der „Bismarck-Verein" gesammelt und für das Grundstück, den Bau und die pompöse Eröffnung ausgegeben. Bei der Einweihungsfeier am 1. Juli 1899 beschrieb Wilhelm von Pechmann den Bau als „ragenden Thurm" und „weithin leuchtendes Wahrzeichen", ein „Wahrzeichen der unzertrennlichen Verbindung der deutschen Stämme, ein Wahrzeichen der deutschen Einigkeit, die Bismarck uns gegeben." Wahrzeichen ja, Turm aber eigentlich nein: Die „Süddeutsche Bauzeitung" schrieb nach der Eröffnung, der Architekt habe das Denkmal „turmartig, jedoch nicht zum Besteigen zugänglich gedacht". Entgegen der ersten Entwürfe wurde das Denkmal nicht als Aussichtsturm zum Hinaufsteigen errichtet, weiter als bis zu einer umlaufenden Loggia im Sockelgeschoss kommt man nicht.

An allen vier Seiten des Sockels, im Inneren der Wandelhalle und am Turm selbst sind Arbeiten aus der Werkstatt des Bildhauers Joseph Floßmann zu sehen. Floßmann war auf dekorative Bauplastik spezialisiert und arbeitete mit den berühmten Münchner Architekten seiner Zeit wie Gabriel von Seidl, Theodor Fischer und Richard Riemerschmid zusammen. Ganz dem Zeitgeist entsprechend orientierte er sich an den Postulaten von Adolf von Hildebrand. Dessen theoretisches Werk „Das Problem der Form in der bildenden Kunst", in dem er Reduktion und Verzicht auf Details zugunsten einer besseren Wahrnehmung forderte, sollte die Plastik bis weit ins 20. Jahrhundert hinein beeinflussen. Der Reliefschmuck am Bismarckturm war für Floßmann einer seiner ersten Großaufträge. Das Bildprogramm veranschaulicht die Grundidee des Nationaldenkmals: Es geht um „deutsches Volksthum, Märchen und Sagen, Sitten und Volksvorstellungen, Arbeit und Lieblingsbeschäftigungen der Deutschen", heißt es in einem zur Eröffnung erschienenen Bildband.

„Germania, die vier Bruderstämme unter ihrem schützenden Mantel friedlich vereinigend", ist etwa auf der Nordseite zu sehen und „darüber halten zwei Flügelfiguren die Kaiserkrone empor". Nicht nur die vom deutschen Nationalgedanken beseelten Themen, auch Floßmanns Art der Darstellung erregte die Begeisterung seiner Zeitgenossen: „Frisch und derb, wie unsere Altvorderen, die alten Kirchen- und Burgenerbauer, es liebten, sind die Figuren in die Mauerflächen hineingemeißelt".

Aber auch für Zeitgenossen dürfte das Bildprogramm des Bismarckturms nicht auf Anhieb verständlich gewesen sein. Es verzichtet auf eine bildliche Darstellung des Geehrten, lediglich auf der Südseite ist ein Reliefadler zu sehen, der das Wappen Bismarcks trägt.

Der Kunsthistoriker Beat Wyss hebt die besondere Bedeutung der um 1900 entstandenen Bismarckdenkmäler hervor: „In der Bismarckverehrung kam ein völkischer Ausdruckswille ins Spiel, der sich gegen die offizielle Ästhetik des Kaiserhauses, sein Festhalten am konventionellen, historistischen Akademiestil, abhob." Bismarcktürme nehmen in der Entwicklung des Denkmals insofern eine besondere Stellung ein, als mit ihnen „das politisch erhabene dreizehn Jahre vor Kandinsky auf das Prinzip des ‚großen Abstrakten' gestoßen ist". Sie avancierten zu Schauplätzen neugermanischer Riten mit Feuerzeremonien an nationalen Gedenktagen – erst mit solchen theatralischen Mitteln wurden die gegenstandslosen Denkmale „lesbar". Für Wyss markieren sie aber auch die „Wendung vom bedeutenden Standbild, das den passiven Betrachter belehrt, zum abstrakten Mal, das der aktive Betrachter mitspielend mit Bedeutung auflädt". Damit werde eine Entwicklung vorweggenommen, die von der Kunst erst seit 1960 mit Happening und Event nachgeholt worden sei. Wyss geht aber

Umlaufende Wandelhalle mit Gedenktafel und Reliefschmuck

noch weiter: „In depolitisierter Form haben selbst gewisse Rituale völkischen Denkmalkultes überlebt. Im Popkonzert hält das Publikum zwar keine Fackeln, aber Feuerzeuge hoch; auf der Plattform steht kein verkleideter Siegfried, aber Pink Floyd, umnebelt von der Götterdämmerung verdampfenden Trockeneises."

So ist es kein Wunder, dass in der NS-Zeit auch der Bismarckturm im beschaulichen Assenhausen zum Schauplatz von nächtlichen Aufmärschen der Hitler-Jugend avancierte und er auch in jüngerer Zeit immer wieder mit entsprechenden Schmierereien verunziert wird. Bei Tageslicht und Sonnenschein bietet er sich jedoch heute als schöner Picknickplatz und als Ziel für Spaziergänge ganz ohne vaterländische Hintergedanken an.

DER BISMARCKTURM IN ASSENHAUSEN
Bismarckturm: Am Bismarckweg, 82335 Berg.

Die Mahnmale für die Opfer des Todesmarsches

Hier führte in den letzten Kriegstagen im April 1945 der Leidensweg der Häftlinge aus dem Konzentrationslager Dachau vorbei ins Ungewisse." So lautet die Inschrift auf den Mahnmalen, die in 22 verschiedenen Orten, unter anderem in Krailling, Gauting, Starnberg und Aufkirchen, an die Opfer des sogenannten Todesmarsches erinnern.

Am Abend des 26. April 1945 hatte sich für rund 7.000 Gefangene das Tor des Konzentrationslagers Dachau, das ebenso wie das Tor in Auschwitz die Aufschrift „Arbeit macht frei" trug, geöffnet. Der Weg führte für die Häftlinge zunächst nicht in die Freiheit, sondern „ins Ungewisse" – und das bedeutete für eine große, nicht mehr genau feststellbare Zahl unter ihnen den Tod. Die marschierenden Häftlinge waren ihren Peinigern nach wie vor schutzlos ausgeliefert, obwohl die Truppen der Alliierten täglich näher kamen. Das Wetter hatte sich verschlechtert, aus Regen war Schnee geworden. Wegen der häufigen Tieffliegerangriffe mussten die Häftlinge nachts marschieren. Die Zahl derjenigen, die vor Er-

Mahnmal für die Opfer des sogenannten Todesmarsches

schöpfung zusammenbrachen, wuchs von Stunde zu Stunde. Die Bewacher gingen fast ausnahmslos mit äußerster Brutalität vor. Sie schlugen mit Knüppeln und Gewehren auf die Entkräfteten ein, hetzten ihre scharfen Hunde auf die am Boden Liegenden und erschossen diejenigen, die weder Schläge noch Hundebisse wieder auf die Beine bringen konnten. Dies geschah nun vor den Augen der Bevölkerung, die entweder angstvoll oder hoffnungsvoll das Eintreffen der amerikanischen Truppen erwartete. Das Verhalten der SS-Bewacher erfüllte die Menschen vielerorts mit Abscheu und Entsetzen. Nahezu überall wurden Versuche, die Häftlinge mit Nahrung und Kleidung zu versorgen, brutal unterbunden.

Der Komponist Karl Amadeus Hartmann wurde in Kempfenhausen, wo er damals lebte, Augenzeuge des Todesmarsches. Er begann unter dem Schock des Erlebten noch am selben Tag mit der Niederschrift seiner Komposition „27. April 1945", einer Sonate für Klavier. Die letzten Überlebenden des Todesmarsches, der von Dachau auf verschiedenen Strecken in Richtung Berge geführt hatte, wurden erst am 2. Mai am Tegernsee befreit.

1985 hatte ein Schüler des Otto-von-Taube-Gymnasiums in Gauting mit seiner Facharbeit über den jüdischen Friedhof den Stein ins Rollen gebracht. Matthias Hornstein hatte herausgefunden, dass es sich bei den meisten dort bestatteten Toten um ehemalige KZ-Häftlinge des Todesmarsches gehandelt hatte, die kurz nach ihrer Befreiung im Gautinger Lungenkrankenhaus gestorben waren. Er appellierte an die Vertreter der Politik, den Opfern des Todesmarsches zu gedenken. Der Gautinger Bürgermeister Ekkehard Knobloch machte daraufhin im Gemeinderat den Vorschlag, alle betroffenen Städte und Gemeinden anzuschreiben, um Gedenksteine „in allen am Weg liegenden Gemeinden" oder „ein gemeinsames Denkmal" zu errichten. Die zwischen 1989 und 2009 an verschiedenen Stationen errichteten Todesmarsch-Mahnmale, die der Pullacher Bildhauer Hubertus von Pilgrim gestaltete, wurden für engagierte Bürger und Schüler zu

Das von Hubertus von Pilgrim geschaffene Mahnmal

Ausgangs- und Zielorten für Gedenkzüge, die seither alljährlich stattfinden. Ein weiteres Exemplar des Denkmals befindet sich in der Gedenkstätte Yad Vashem in Jerusalem.

Hubertus von Pilgrim wollte mit dem wiederkehrenden Motiv daran erinnern, dass nicht nur weit weg, „in Auschwitz", sondern auch entlang der Würm, im Isartal und im Alpenvorland, also „vielerorts" und in unmittelbarer Nähe, Untaten unfasslicher Art geschehen waren. Mit der stark abstrahierten, gleichzeitig ausdrucksstarken Darstellung der sich drängenden, kahlköpfigen und ausgemergelten Gefangenen ist es ihm gelungen, das Unsagbare zu zeigen.

DIE MAHNMALE FÜR DIE OPFER DES TODESMARSCHES
Mahnmal auf dem Jüdischen Friedhof Gauting: Planegger Straße 26, 82131 Gauting. Die Standorte der Mahnmale sind auf www.gz-tm-dachau.de aufgelistet.

Das Mahnmal in Seeshaupt

Ob der Zug schon am Abend zuvor im Seeshaupter Bahnhof stand oder ob er irgendwann in der Nacht ankam, ob die verzweifelten Rufe der Menschen zu hören waren oder nicht – das alles wird sich wohl nicht mehr endgültig klären lassen. Die offizielle Version lautet jedenfalls so: Am 30. April 1945 blieb morgens um acht Uhr ein Güterzug am Bahnhof in Seeshaupt stehen. Der Zugführer koppelte die Lokomotive ab und fuhr weiter in Richtung München. Kurze Zeit später fuhren die ersten amerikanischen Panzer durch Seeshaupt. Ein Trupp der Panzerarmee General Pattons unter der Führung von Captain Cline erreichte den Bahnhof. Die Soldaten öffneten die Türen des Zugs. Der Anblick, der sich ihnen bot, war entsetzlich – das Schlimmste, was sie je gesehen hatten.

Fest steht, dass es die Amerikaner waren, die den Zug öffneten, nicht die Seeshaupter. Es gab Zeitzeugen, die aussagten, der Zug sei stehengeblieben, weil die Amerikaner den Strom abgestellt hatten. Der Lokführer sei offensichtlich informiert gewesen und vor den Alliierten geflüchtet, sagten andere.

2.000 KZ-Häftlinge aus dem Lager Mühldorf waren wie Vieh in die Waggons gepfercht worden, der Zug war mehrere Tage lang ziellos durch Oberbayern geirrt. Bei ihrer Befreiung waren alle extrem unterernährt und schwach, viele nahe am Verhungern oder Verdursten, krank oder verwundet. Und viele hatten den Transport nicht überlebt. Tote und Verletzte lagen in Blutlachen oder in ihren Exkrementen.

Nachdem sie die Häftlinge befreit und notdürftig versorgt hatten, zwangen die Amerikaner die Bevölkerung, aus jedem Haushalt ein Familienmitglied an den Bahnhof zu schicken. Die Seeshaupter sollten es mit eigenen Augen sehen. Danach mussten sie für die 63 Toten ein Massengrab schaufeln. Im Archiv der Gemeinde hat sich ein Ordner mit der Aufschrift „Kriegsfolgen" erhalten. Darin ist genau verzeichnet, welche 13 Parteigenossen aus Seeshaupt die Häftlingsnummern registrieren mussten. Auf schriftliche Anweisung der Amerikaner hatten sie die Kleidung der Toten zu öffnen, „um die Tätowierung festzustellen". Die Güterwaggons am Bahnhof, in denen die Toten gelegen hatten, wurden verbrannt. Von den Überlebenden wurden die Verletzten und Schwerkranken in das Lazarett im Hotel Lido gebracht. Dort starben bis Ende Juni noch einmal 21 Menschen. Den Übrigen gewährte die US-Armee eine vier Tage lange Plünderungsfreiheit im Dorf, die Gegend um den Bahnhof war davon besonders betroffen. Die Plünderungen der KZ-Häftlinge waren es, die sich tief ins Gedächtnis der Seeshaupter eingebrannt haben. Das laute Geklapper der Holzschuhe auf der Straße und das Wüten der Befreiten machten ihnen Angst. Sicher ist auch, dass die ganze Sache danach für 50 Jahre dem kollektiven Vergessen anheimfiel.

Louis Sneh hat den Bahnhof in Seeshaupt nie vergessen. Ebenso wenig wie den 30. April 1945, den Tag seiner zweiten Geburt, wie er sagt. Jedes Jahr reiste Louis Sneh von Beverly Hills, wo er längst als erfolgreicher Geschäftsmann lebte, nach „Germany". Wenn er dann vor dem Bahnhofsgebäude mit der altmodischen Aufschrift „Seeshaupt" stand, fotografierte er immer dasselbe, Jahr für Jahr. Einmal den Bahnhof, einmal die Gleise, einmal den Lebensbaum neben der Telefonzelle. Irgendwann sprach er einen

Das Mahnmal in der Bahnhofstraße in Seeshaupt schuf der Bildhauer Jörg Kicherer.

der Bahnbeamten an und fragte ihn, ob denn auch Güterwagen vorbeikämen, er wolle so gerne einen fotografieren. Nein, sagte der Bahnwärter, es gebe nur noch Pendelverkehr, aber vor 50 Jahren, da sei ein Güterzug mit KZ-Häftlingen nach Seeshaupt gekommen. Louis Sneh war einer dieser Häftlinge. Bei seiner Befreiung war er 17 Jahre alt, er wog 39 Kilo, aber er hatte überlebt.

Von diesem Bahnbeamten erfuhr Louis Sneh, dass man auf Initiative des damaligen Gemeinderatsmitglieds und Seeshaupter

Arztes Dr. Uwe Hausmann ein Mahnmal zum Gedenken an die Toten und Überlebenden des Schreckenstransports bauen wollte. Allerdings standen bei Weitem nicht alle Seeshaupter hinter dieser Idee. Das Mahnmal spaltete den Ort. Nicht direkt am Bahnhof solle es stehen, da könne es ja jeder Reisende und Besucher direkt sehen, so das Bürgerbegehren der Mahnmal-Gegner. Manche wollten lieber einen „würdig gestalteten Brunnen am Friedhof", andere waren ganz gegen ein Denkmal. Da müsste ja jede deutsche Gemeinde ein Denkmal aufstellen, es gebe ohnehin schon so viele. Und einer sagte sogar: „Wir haben doch schon ein Mahnmal am Ort – das Kriegerdenkmal." Die Wogen schlugen hoch, nicht nur die regionale Presse berichtete, auch die Los Angeles Times veröffentlichte ein ganzseitiges Interview mit Louis Sneh.

Man fand schließlich einen Kompromiss und einen Aufstellungsort. Am 30. April 1995 wurde das Mahnmal an der Bahnhofstraße eingeweiht, ein Stück entfernt vom Bahnhof. Es ist eine über zwei Meter hohe Eisenstele, die der Bildhauer Jörg Kicherer schuf. Als Material für das sperrige Kunstwerk dienten alte Eisenbahnteile aus der Zeit und Schrott von den Bauernhöfen rund um Seeshaupt. Zur Eröffnung kamen auch zahlreiche Überlebende des Todeszugs, für manche von ihnen war es das erste Mal, dass sie den Ort ihrer Befreiung wiedersahen. Louis Sneh schrieb an den Seeshaupter Gemeinderat: „Nun ist fast ein Jahr vorbeigegangen, seit ich einen freundlichen Bahnbeamten in Seeshaupt angesprochen habe. Vieles ist geschehen in meinem und Ihrer Gemeinde Leben in diesem vergangenen Jahr. Menschen mit guten Vorsätzen konnten andere überzeugen zu einer guten und humanitären Tat. Und jetzt mit Eurer Erlaubnis möchte ich umschreiben das berühmte Wort ‚Ich bin ein Seeshaupter'."

Inzwischen ist das Mahnmal fester Bestandteil im Ortsleben, nicht zuletzt wegen der Gedenkfeiern am Jahrestag, zu denen schon so prominente Redner wie Hildegard Hamm-Brücher, Hans-Jochen Vogel, Max Mannheimer, Heiner Geißler, Johano Strasser oder Renate Schmidt kamen. Der Seeshaupter Filmemacher Walter Steffen setzte Louis Sneh 2010 mit der Dokumentation „Endstation Seeshaupt" ein filmisches Denkmal.

Tote und ihre traurigen Geschichten

Der archäologische Park in Herrsching

Es müssen wohl sehr umsichtige Baggerfahrer gewesen sein, die 1982 auf dem Herrschinger Friedhof baggerten. Das Friedhofsgelände sollte damals erweitert werden. Bei den Erdarbeiten stieß man auf Reste von Tuffsteinmauern, die sich als Fundamente einer frühmittelalterlichen Steinkirche erweisen sollten. Die Archäologen legten auch ein dazugehöriges Gräberfeld frei.

Wahrscheinlich haben bereits seit Urzeiten Bauern und Fischer in der Herrschinger Bucht gelebt. Grabungen in jüngerer Zeit brachten auch die Reste eines römischen Gutshofs zutage. Im 6. Jahrhundert siedelten sich am Ufer des Ammersees christliche Missionare aus Burgund an. Erstmals urkundlich erwähnt wird Herrsching als „horcaningun" im Jahr 776, ab dem 15. Jahrhundert war es Ritterlehen.

Die kleine strohgedeckte Kirche, die um 700 über einem hölzernen Vorgängerbau errichtet wurde, dürfte als eine der ersten im süddeutschen Raum aus Stein gemauert worden sein. Durch die archäologischen Grabungen konnte man 20 Bestattungen in 14 Gräbern nachweisen. Man geht davon aus, dass die Kirche zu einem Gutshof gehörte. Die Grabbeigaben der Erwachsenen, Reste eines golddurchwirkten Gewandes, Schmuck und aufwendig verzierte Waffen, lassen darauf schließen, dass es sich um die Mitglieder einer Adelsfamilie von besonderem Rang handelte.

Um das Jahr 620 ist wohl der erste Tote bestattet worden. Dann folgten mehrere junge Männer aus der Adelsfamilie und ihre Gefolgsleute. Bei den letzten Bestattungen, die um 700

Rekonstruktion der frühmittelalterlichen Kirche

erfolgten, handelte es sich wohl um das Gesinde des Gutshofs. Deren Gräber enthielten meist einfache Gegenstände aus Eisen wie Messer und Gürtelschnallen oder gar keine Beigaben. Die Gräber von vier Kleinkindern, die in ihren ersten Lebensmonaten gestorben waren, befanden sich entlang der Kirchenmauer. Einem kleinen Mädchen wurde eine Glasperlenkette mit ins Grab gegeben.

Allerdings wurden die meisten Adelsgräber bereits im 7. Jahrhundert geplündert. Nur ein einziges, das älteste Grab, blieb ungestört. Hier fand man das Skelett eines Mannes, der im Alter von 30 bis 40 Jahren gestorben war und mit besonders kostbaren Beigaben bestattet wurde. Das Erstaunlichste an diesem Mann ist aber nicht der komplett erhaltene Waffensatz mit Schild und Lanze oder die feuervergoldete Gürtelgarnitur, sondern seine schiere Körpergröße: Er war 1,90 Meter groß und muss seine Zeitgenossen wie ein Riese überragt haben.

Die rekonstruierte Adelskirche ist heute Mittelpunkt eines Archäologischen Parks und beherbergt ein kleines Museum, in dem Nachbildungen der Grabbeigaben ausgestellt werden. Während der Park mit den Rekonstruktionen von insgesamt elf Gräbern ganzjährig über den Friedhof zu erreichen ist, ist das Museum nur sonntags und in den Sommermonaten geöffnet.

DER ARCHÄOLOGISCHE PARK IN HERRSCHING
Adelskirche im Archäologischen Park: Mitterweg 22, 82211 Herrsching; Öffnungszeiten: Mai bis September Sonntag 11 bis 12.30 Uhr; für Führungen durch den Archäologischen Park und die Adelskirche: Verein für Archäologie und Geschichte Herrsching e.V., Tel. 08152 6975.

Der Wittelsbacher Friedhof in Andechs

Das Benediktinerkloster Andechs wurde 1455 gegründet und ist somit der älteste Wallfahrtsort in Bayern. Die Beziehungen zwischen dem Heiligen Berg und dem Haus Wittelsbach waren durchaus wechselvoll – und sie beginnen bereits um die Mitte des 13. Jahrhunderts.

Eine Burg Andehsa wird im Jahr 1080 erstmals urkundlich erwähnt. Bis 1248 war sie Stammsitz der Grafen von Andechs. Die Burg befand sich vermutlich im Bereich des sogenannten Fronhofs, südlich von der heutigen Kirche. Die Bezeichnung „Heiliger Berg" verweist auf den Reliquienschatz, der schon damals hier verwahrt wurde und dessen Anfänge bis ins 10. Jahrhundert zurückreichen. Nach dem Aussterben der Andechs-Meranier und der Zerstörung ihrer Burg galt der „Andechser Heiltumsschatz" mehr als hundert Jahre lang als verschollen. Ob die Wittelsbacher beteiligt waren, als die Burg geschleift wurde, ist nicht gesichert. Jedenfalls übernahmen sie die Besitzungen der Andechser. Im Jahr 1388 soll dann während einer Messe in der ehemaligen Burgkapelle eine Maus einen Reliquienzettel unter dem Altar hervorgezerrt haben. Bei der anschließenden Grabung kam eine

Der Familienfriedhof der Wittelsbacher in Andechs

Kiste zum Vorschein, in der sich der verloren geglaubte Schatz befand.

Ab 1416 wurde in Andechs unter der Aufsicht der Augustiner-Chorherren aus Dießen eine Kirche gebaut, 1455 zogen sieben Benediktinermönche aus Tegernsee in das von Herzog Albrecht III. gestiftete Kloster ein. Ein Zusammenhang zwischen der Klostergründung und dem Mord an Agnes Bernauer wird immer wieder vermutet: Albrechts Vater, Herzog Ernst, hatte die bürgerliche Baderstochter und deshalb nicht standesgemäße erste Frau seines Sohns 1435 als Hexe in der Donau ertränken lassen. Womöglich sollte mit der Klosterstiftung der Mord gesühnt werden. Wenn alljährlich Musikfreunde aus aller Welt zu den Carl Orff Festpielen nach Andechs kommen, steht jedenfalls regelmäßig auch Orffs Oper „Die Bernauerin" auf dem Programm. Albrecht III. war dann auch der erste Wittelsbacher, der im Inneren der Klosterkirche seine letzte Ruhestätte fand – allerdings mit seiner zweiten Frau.

Bei einem Brand wurden 1669 Kloster und Kirche zerstört, nur die Heilige Kapelle blieb unversehrt. Die anschließend wieder errichtete gotische Hallenkirche wurde zum 300-jährigen Bestehen des Klosters 1755 neu gestaltet und gilt heute als einer der Höhepunkte barocker Kirchenkunst in Bayern. Und auch daran war ein Wittelsbacher maßgeblich beteiligt: Kurfürst Ferdinand Maria hatte nämlich für den Wiederaufbau nach dem Klosterbrand seinen Hofbaumeister Max Schinagl und seinen Hofmaurermeister Caspar Zuccalli nach Andechs geschickt.

Nach der Säkularisation war es dann König Ludwig I. von Bayern, der 1846 die Gebäude und Güter des ehemaligen Klosters Andechs erwarb und sie der von ihm gegründeten Benediktiner-Abtei St. Bonifaz in München stiftete.

Ein besonders eindrückliches Zeugnis der Verbundenheit zwischen dem Kloster Andechs und dem Haus Wittelsbach ist allerdings wesentlich jüngeren Datums: Seit 1977 haben die Wittelsbacher einen Familienfriedhof südlich der Klostermauer. Besichtigen kann man die von hohen weißen Mauern umgebene private Begräbnisstätte nur einmal im Jahr am Tag des offenen Denkmals. Sehen kann man sie aber von oben, wenn man vor der Kirche stehend über die niedrige Mauer in Richtung Kiental hinunterschaut. Der kleine Friedhof ist kaum einen Steinwurf von der Klosterkirche entfernt und liegt doch weit abseits vom Trubel, der meistens auf dem Heiligen Berg herrscht.

Mit der Errichtung des Familienfriedhofs 1977 wollte das frühere bayerische Königshaus unter Herzog Albrecht an die Tradition von Kloster Andechs als Grablege anknüpfen. Der Friedhof wurde mit der Überführung von mehreren Särgen bereits verstorbener Familienmitglieder eingeweiht. Prinz Konrad, Prinz Konstantin, Prinz Adalbert und Prinzessin Bona waren zunächst in der Michaelskirche in München bestattet worden. Insgesamt haben seither zwölf Angehörige des Hauses Wittelsbach an diesem Ort ihre letzte Ruhestätte gefunden, zuletzt im Jahr 2010 Prinzessin Irmingard.

DER WITTELSBACHER FRIEDHOF IN ANDECHS
Informationen zum Tag des offenen Denkmals auf www.andechs.de (Besichtigung der Wallfahrtskirche und des Friedhofs, der Klosterbrauerei sowie der Klosterbrennerei).

Der Prominenten-Friedhof in Aufkirchen

Es muss wohl irgendwann im letzten Drittel des vergangenen Jahrhunderts gewesen sein, als eine Urlauberin aus dem Rheinland, die sich in dem kleinen Aufkirchner Supermarkt mit Reiseproviant versorgen wollte, buchstäblich aus allen Wolken fiel: Sie sah beinahe alle Größen des deutschen Nachkriegsfilms vor sich, die seelenruhig ihre Wägelchen mit den samstäglichen Einkäufen befüllten und in der Schlange an der Wursttheke gemütlich miteinander plauschten. „Sind die alle escht?", fragte die urlaubende Dame völlig entgeistert die Verkäuferin, als sie endlich die Kasse erreicht hatte.

Natürlich waren die alle echt. Es gehörte und gehört zu den Selbstverständlichkeiten des Lebens am Starnberger See, dass man beim Einkaufen, Tanken und Spazierengehen berühmte Schauspieler und königliche Hoheiten trifft. Exaltiertheiten wie die der Fußballerfrauen von heute, die gerne mal ein ganzes Café

Das Grabmal, das der Bildhauer Helmut Ammann für Heinz Rühmann schuf, symbolisiert eine Filmrolle.

Viele Prominente haben in Aufkirchen ihre letzte Ruhestätte gefunden.

für ein paar Stunden schließen lassen, um dort mit ihren Freundinnen ungestört zu frühstücken, hätten sich die Promis früherer Zeiten jedoch nicht erlaubt.

Viele der Promis von früher sind allerdings mittlerweile umgezogen: Bei einem Spaziergang über den Aufkirchner Friedhof liest man ihre Namen auf den Grabsteinen. So hat zum Beispiel der Schauspieler Heinz Rühmann dort seine letzte Ruhestätte gefunden. Wenn man vor seinem Grab im westlichen Teil des Friedhofs hinter der Klostermauer steht, dann blickt man auf die Wiesen, über die er früher täglich mit seinem Hund spazieren ging, und auf den Klosterweg, an dem Heinz Rühmann wohnte. Man kann sich vorstellen, dass er von seinem Haus an klaren Tagen einen ganz ähnlichen Blick auf die Berge hatte.

Ganz in der Nähe befindet sich die Grabstätte der Familie Schürmann-Freund. Wann immer man über den Aufkirchner Friedhof geht, man wird dort Menschen treffen, die nach diesem Grab suchen. Im Januar 2010 hatten Angehörige, Freunde und Kollegen, darunter viele bekannte Fernsehgesichter, unter den Augen der Öffentlichkeit Abschied von der BR-Moderatorin Petra Schürmann genommen. Im ganzen Ort herrschte an diesem Tag Ausnahmezustand, erst recht aber in der Pfarrkirche Mariä Himmelfahrt: Die Plätze auf der Empore mit Sicht auf die vorderen Kirchenbänke waren hart umkämpft, unten drängten sich Trauergäste und Schaulustige bis auf den Kirchhof. Der legendäre ehemalige Starnberger Stadtpfarrer Konrad Schreiegg aber war resolut wie immer und ließ sich auch von den laufenden Kameras des Bayerischen Rundfunks nicht einschüchtern: „Das hier ist kein Event", sagte er bestimmt, „ich mag nämlich keine Events". Er kenne die Gesichter vieler Trauergäste aus dem Fernsehen, fuhr er fort, „aber ich weiß nicht, wie Sie als Christenmenschen gestimmt sind". Das aber sei es, was ihn bei diesem Gottesdienst interessiere. Er werde es halten wie bei allen anderen Beerdigungen auch und auf den Lebenslauf der Verstorbenen verzichten. Auch werde er entgegen anders lautender Meldungen nicht lateinisch sprechen: „Und so denke ich, werden wir es schon recht machen." Und dabei blieb es dann auch: Schreiegg nahm wie immer kein Blatt vor den Mund, er rügte die Sensationsgier der Medien ebenso wie seine eigene Kirche, die in den 1950er Jahren Petra Schürmanns Teilnahme an den Misswahlen verurteilt hatte. Er rühmte, wie auch Anselm Bilgri, der im Namen der Freunde der Verstorbenen sprach, ihre Schönheit, die ein Geschenk des Himmels gewesen sei, und er lobte ihre Menschlichkeit, in Starnberg habe sie sich niemals Extravaganzen erlaubt. Schreiegg ließ durchblicken, dass er die Verstorbene in der Trauer um ihre neun Jahre zuvor verunglückte Tochter begleitet habe, mahnte aber den Respekt vor ihrem „Innenleben" an.

Weit weniger spektakulär waren die Beerdigungen des Schauspielers und Sängers Fred Bertelmann und seiner Frau, der Fernsehansagerin und Schauspielerin Ruth Kappelsberger, deren gemeinsames Grab ein bemaltes schmiedeeisernes Kreuz schmückt. Und noch viele andere bekannte Namen wird man entdecken. Auch das Grab der Familie von Oskar Maria Graf befindet sich auf dem Aufkirchner Friedhof, allerdings im alten Teil östlich von der Kirche. Er selbst ist auch im Tod nicht in seine Heimat am Starnberger See zurückgekehrt, sondern ist auf dem Bogenhausener Friedhof in München beerdigt.

Aufkirchen galt seit dem 15. Jahrhundert als einer der wichtigsten Wallfahrtsorte im bayerischen Oberland. Nicht nur wohlhabende Ministeriale vom Münchner Hof, auch ärmliche Bauern und Handwerker vom Land gingen einmal im Jahr auf Wallfahrt zur wundertätigen Lieben Frau von Aufkirchen. Die Pilger vom Westufer des Sees kamen mit Booten herüber, für sie stiftete der Baurat Johann Ulrich Himbsel 1856 einen Kreuzweg von Leoni nach Aufkirchen. Auch bei Unfällen und Krankheiten wurde das Gnadenbild angerufen oder gar eine „Verlobung" dorthin versprochen. Wenn Maria half, wurde das Gelobte mit Hingabe eingehalten. Eine ganze Reihe von Votivbildern, das älteste stammt aus dem Jahr 1582, sowie vollständig erhaltene Mirakelbücher aus drei Jahrhunderten bestätigen die starke und dauerhafte Verehrung des Gnadenbilds.

In den Aufzeichnungen des Bistums Freising erscheint bereits 994 ein Gotteshaus in „Ufchiricha". Vermutlich entstand das kleine Kirchlein in der zweiten Hälfte des 8. Jahrhunderts. Das jetzige Gebäude wurde im Jahr 1500 als gotische Saalkirche fertiggestellt. Durch die exponierte Lage auf dem höchsten Punkt der Anhöhe war die Kirche Stürmen und Unwettern besonders ausgesetzt. Dreimal wurde sie vom Feuer heimgesucht und viermal verlor sie ihren Turm. Das Gnadenbild, eine thronende Muttergottes aus dem späten 15. Jahrhundert, blieb jedoch immer unversehrt. Nach dem Brand von 1626 wurde die Kirche neu ausgestaltet, 1795 wurde der heutige Turm errichtet, nachdem der alte eingestürzt war. Die Wallfahrt hatte schon vor dem Bau der neuen Kirche bestanden, aber erst 1688 erteilte Kurfürst Max Emanuel, der Schloss Berg gekauft hatte, dem Eremiten-Orden der Augustiner die Erlaubnis, ein Kloster anzugliedern. Die Ordensbrüder richteten ein Hospiz zur Unterbringung der Wallfahrer ein und kümmerten sich um das Schulwesen. Für ihren Lebensunterhalt sorgte eine ausgedehnte Landwirtschaft. Nach der Säkularisation dienten die Klostergebäude über 90 Jahre lang als Pfarrhof, 1896 zogen die in Klausur lebenden Unbeschuhten Karmelitinnen ein.

DER PROMINENTEN-FRIEDHOF IN AUFKIRCHEN

Pfarrgemeinde Mariä Himmelfahrt Aufkirchen: Lindenallee 2, 82335 Berg – Aufkirchen, Tel. 08151 9987980.

Der jüdische Friedhof in Feldafing

Ich wurde in Bayern befreit, zwischen Tutzing und Feldafing.
Wir befanden uns gerade auf einem Transport, der irgendwo
ins Tirolische gehen sollte, glaube ich, jedenfalls in die Berge, in
eine sogenannte Werwolfstellung. Aber so weit kam es nicht. Es
war der 1. Mai, der Abend des 1. Mai 1945, wir befanden uns zwischen Tutzing und Seeshaupt, auf der Bahnstrecke, in einem Zug,
der aus lauter Güterwaggons bestand. Ungefähr hundert Menschen waren in jedem dieser Waggons eingepfercht. " So die
Erinnerungen von Ernest Landau. Der 1916 in Wien geborene
Journalist hatte mehrere Konzentrationslager überlebt.

Mindestens 250.000 KZ-Häftlinge waren in den letzten
Kriegstagen entweder ohne Nahrung und Wasser auf engstem
Raum zusammengepfercht in Eisenbahnwaggons oder aber zu
Fuß auf den sogenannten Todesmärschen unterwegs. So wollten
die NS-Schergen verhindern, dass sie von den herannahenden

Der jüdische Friedhof in Feldafing befindet sich direkt neben dem christlichen Friedhof.

Alliierten befreit würden. Viele der Gefangenen starben auf diesen Transporten. Auch wenige Tage oder gar Stunden vor dem endgültigen Untergang des NS-Staats ermordeten SS-Bewacher erschöpfte Häftlinge oder flüchteten und überließen die Eingesperrten ihrem Schicksal. Auch als US-Truppen auf den Transport stießen, in dem sich Ernest Landau befand, hatten die SS-Einheiten längst das Weite gesucht.

Die Amerikaner brachten die völlig entkräfteten Überlebenden auf dem Gelände der „Reichsschule der NSDAP" in Feldafing unter. In der ehemaligen NS-Kaderschule entstand in den folgenden Wochen ein Lager für jüdische „Displaced Persons", das zur Anlaufstelle für befreite Häftlinge aus den Konzentrationslagern im Münchner Raum wurde. Auch jüdische Flüchtlinge aus Osteuropa kamen nach Feldafing. Ernest Landau, der später unter anderem Chefredakteur der deutsch-jüdischen Zeitung „Neue Welt" wurde, heiratete im Mai 1945 im jüdischen DP-Camp Feldafing. Familien fanden hier wieder zusammen, Kinder wurden geboren. Im Sommer 1945 lebten weit über 6.000 Menschen, viele von ihnen krank und die meisten schwer traumatisiert, in den völlig überfüllten Gebäuden der früheren Reichsschule. Ab Herbst wurde ein Teil von ihnen in von den Amerikanern beschlagnahm-

Zahlreiche Bewohner des Feldafinger DP-Lagers sind auf dem jüdischen Friedhof begraben.

Ein jüdischer Friedhof gilt als „Haus der Ewigkeit".

ten Feldafinger Villen untergebracht, auf dem Schulgelände entstanden eine Synagoge, eine Jeschiwa, ein jüdisches Krankenhaus, ein Kindergarten und mehrere Schulen.

Die meisten Bewohner des DP-Lagers warteten in Feldafing auf die Rückkehr in ihre Heimatländer oder den Aufbruch in ein neues Leben. Manche blieben mehrere Jahre in Feldafing und manche starben hier an den Folgen ihrer schrecklichen Erlebnisse. Sie wurden auf einem jüdischen Friedhof bestattet, der neben dem christlichen Friedhof angelegt wurde.

Bei einem jüdischen Begräbnis wird auf Blumenschmuck und prunkvolle Grabmäler verzichtet, denn es soll deutlich werden, dass im Tod alle gleich sind. Ein jüdischer Friedhof gilt als „Haus der Ewigkeit" und kann nicht aufgelöst werden. Auf den Gräbern sieht man häufig Steinchen liegen, die bei jedem Besuch des Grabes abgelegt werden, um die Erinnerung an den Verstorbenen zu bewahren.

In Feldafing gibt es viele Grabsteine, wie sie in osteuropäischen Ländern üblich sind. Es gibt lange Reihen schlichter, in den

Boden eingelassener Steine, aber auch einige auffallend große und schöne Grabdenkmäler. Ein Ehrenmal trägt die Inschrift: „Hier ruhen unzählige Opfer jüdischen Glaubens. Sie wurden in den Jahren 1933 – 1945 durch Nazischergen ermordet."

DER JÜDISCHE FRIEDHOF IN FELDAFING
Friedensweg 13, 82340 Feldafing (unmittelbar neben dem allgemeinen Friedhof, am Ende der Friedenstraße links hinter dem Verwaltergebäude).

Die Gedenkstätte für jüdische Zwangsarbeiter in Utting

Hier ruhen unsere 27 Brüder, die vom Naziregime durch Hunger und Pein zu Tode gequält wurden. Die restgeretteten Schaulener Landsleute" steht auf dem Mahnmal. Daneben befinden sich zwei große Massengräber. Der kleine jüdische Friedhof in einem Waldstück hinter der Schönbach-Siedlung gemahnt an ein dunkles Kapitel in der Geschichte Uttings. Vom Juni 1944 bis zum April 1945 befand sich hier ein Arbeitslager, das zum KZ-Komplex Kaufering, einem Außenlager von Dachau, gehörte.

Zeitweise waren bis zu 500 jüdische Häftlinge im Uttinger „Lager X" interniert, wo sie in einem Betonwerk der Firma Dyckerhoff Fertigteile für eine geplante unterirdische Flugzeugfabrik herstellen mussten. Das Lager war Teil der militärischen Bauvorhaben der 1938 gegründeten „Organisation Todt".

Fritz Todt, der sich bereits beim Autobahnbau bewährt hatte, war von Hitler mit dem Bau des Westwalls beauftragt worden und stand als Reichsminister für Bewaffnung und Munition an der Spitze dieser militärisch gegliederten und höchst effektiven Vereinigung, die die Aufgabe hatte, militärische Bauprojekte in Deutschland durchzusetzen. Sie koordinierte zunächst das Zusammenwirken von Bauverwaltungen, privaten Firmen und dem Reichsarbeitsdienst, spätestens seit Kriegsbeginn aber auch die rücksichtslose Ausbeutung der Arbeitskraft von jüdischen KZ-

Der jüdische Friedhof in Utting

Häftlingen und Kriegsgefangenen. Im Landkreis Landsberg gab es einen bis nach Utting reichenden Verbund von insgesamt elf Lagern. Dorthin wurden hauptsächlich jüdische KZ-Häftlinge aus Litauen, Ungarn und Polen deportiert, die unter menschenverachtenden Bedingungen arbeiten mussten. Unter der Tarnbezeichnung „Ringeltaube" sollten in der Nähe von Landsberg drei gigantische unterirdische Flugzeugfabriken entstehen, in denen man die Abfangjäger Me 262 bauen wollte. Dazu kam es jedoch nicht mehr.

Auf dem Gelände des Uttinger Lagers wurden Fertigteile für den Innenausbau dieser geheim gehaltenen Montagehallen hergestellt. Die Firma Dyckerhoff war von der „Organisation Todt" beauftragt worden, das Uttinger Betonwerk zu betreiben. Die KZ-Häftlinge mussten von der Kiesgrube, die östlich der Straße nach Dießen lag, Schienen bis auf das Fabrikgelände verlegen. Die fertigen Betonteile wurden auf der Strecke der Ammerseebahn nach Kaufering oder nach Landsberg transportiert.

Im Uttinger Arbeitslager herrschten katastrophale hygienische Bedingungen. Es gab Ungeziefer und Krankheiten grassierten. Die Häftlinge waren unterernährt und nur mangelhaft gekleidet. Wer nicht mehr arbeiten konnte, starb vor Ort oder wurde ins Vernichtungslager Auschwitz gebracht. „Vernichtung durch

Mahnmal für die jüdischen Zwangsarbeiter

Arbeit" hieß dieses Vorgehen bei den Nationalsozialisten. In den letzten Apriltagen 1945 wurden die Häftlinge bei Kälte und Schnee gezwungen, von Utting zurück nach Dachau und von dort im sogenannten Todesmarsch in Richtung Alpen zu marschieren. Viele starben unterwegs, nur wenige wurden befreit und überlebten.

Auf dem ehemaligen Lagergelände entstand nach dem Krieg die Schönbachsiedlung. Dort, wo sich heute die Uttinger Wertstoffsammelstelle befindet, war damals die Lagerküche. Die Firma Dyckerhoff & Widmann betrieb das Betonwerk noch bis 1997, danach entstanden dort Einfamilienhäuser. In unmittelbarer Nähe zu dem kleinen jüdischen Friedhof, den man von der Schönbachstraße erreicht, steht seit 2005 eine Station des von Hubertus von Pilgrim geschaffenen Mahnmals für die Opfer des Todesmarsches.

DIE GEDENKSTÄTTE FÜR JÜDISCHE ZWANGSARBEITER IN UTTING

Friedhof und Mahnmal: An der Straße zwischen Utting und Holzhausen; am Ende des Waldes nach rechts (Hinweisschild „KZ-Friedhof"); Zugang über die Schönbachstraße (zwischen zwei Häusern führt ein kleiner öffentlicher Weg zum Friedhof).

Zwischen Himmel und Erde

Der Andechser Himmel

Seit über 500 Jahren ist Andechs das Ziel frommer Wallfahrer. Das Benediktinerkloster Andechs wurde 1455 gegründet und ist somit der älteste Wallfahrtsort in Bayern. Die Wallfahrts- und Klosterkirche St. Nikolaus, Elisabeth und Maria in Andechs gilt als einer der Höhepunkte barocker Kirchenkunst in Bayern. Ihr weithin sichtbarer Zwiebelturm ist ein Wahrzeichen des Starnberger Fünfseenlands.

Heute allerdings pilgern auch Menschen mit ganz weltlichen Anliegen auf den Heiligen Berg: Kunstgenuss suchen die einen, Biergenuss die anderen. „Hoch von gnadenreicher Stelle, winkt die Schenke und Kapelle […]" – die Verse von Wilhelm Busch, unter dem Eindruck eines Besuchs im Kloster Andechs geschrieben und im zwölften Kapitel der „Frommen Helene" verewigt, offenbaren das altbekannte Dilemma auf dem Heiligen Berg: Eigentlichen erklimmt man ihn ja zur frommen Einkehr in der Klosterkirche, manch einer erliegt aber dann schon auf halber Höhe den eher weltlichen Verlockungen des Bräustüberls. So auch Wilhelm Busch: „Freudig eilt man nun zur Schenke, freudig greift man zum Getränke, welches schon seit langer Zeit, in des Klosters Einsamkeit, ernstbesonnen, stillvertraut, Bruder Jakob öfters braut […]".

Die Pilger früherer Jahrhunderte, die aus ärmlichen Fischerhütten oder rußgeschwärzten Bauernhäusern kamen, müssen angesichts der üppigen und goldglänzenden Pracht der Andechser Klosterkirche gedacht haben, sie seien schon mitten im Him-

Auf dem Heiligen Berg ist man dem Himmel ein Stück näher.

mel angelangt. Mit Blick auf das Klosterjubiläum im Jahr 1755 hatte man die Kirche, ursprünglich eine gotische Hallenkirche aus dem 15. Jahrhundert, neu gestaltet. Man verpflichtete den großen Johann Baptist Zimmermann, der unter Mitwirkung von Franz Xaver Feichtmayr, Johann Georg Üblher, Johann Philipp Helterhof und seines Sohns Franz Michael Zimmermann die Kirche in einen beschwingten Rokokoraum verwandelte. Oder, wie es Norbert Lieb in schönster Kunsthistorikerprosa formulierte: „Aus dem Schutzmantelraum der spätgotischen Halle ist das glückliche Gezelt der Zielerfüllung des Wallfahrtsgangs geworden hoch über dem schwingenden Land und dem leuchtenden See."

Tatsächlich präsentiert sich dem Besucher das Innere der Kirche nach dem Betreten durch eine niedrige Vorhalle an der Südseite überraschend großartig. Auffallend ist zunächst die Zweiteilung der Kirche: Durch eine umlaufende Empore wurde der öffentlich zugänglichen Wallfahrtskirche ein nur den Mönchen vorbehaltener, oberer Bereich als Klosterkirche hinzugefügt. Diese ungewöhnliche Zweigeschossigkeit setzt sich auch im Hochaltar fort: Im unteren Wallfahrtsaltar ist das spätgotische Gnadenbild der Muttergottes zu sehen, das von versilberten und teilweise vergoldeten Figuren der Nebenpatrone der Kirche flankiert wird. Es sind Arbeiten des Münchner Hofbildhauers Johann Baptist Straub, der auch das Tabernakel entworfen hat. Im oberen Choraltar der Mönche ist eine weitere Marienfigur zu sehen, die 1609 von dem Weilheimer Schnitzer Hans Degler geschaffen wurde. Die Figuren des von einem Baldachin bekrönten oberen Altars stammen von Franz Xaver Schmädl.

Der „Andechser Himmel" in der Klosterkirche

Und über all diesem strotzenden Prunk wölbt sich nun der von Gold und Stuck umrankte berühmte Andechser Himmel, ein Meisterwerk des Münchner Hofstuckateurs und Malers Johann Baptist Zimmermann. Diesem Höhepunkt nähert sich der Kirchenbesucher in zwei Schritten, ja, man möchte beinahe sagen, in zwei Akten: Im Gewölbefresko des zweiten Jochs ist die Verehrung des Andechser Gnadenbilds der Muttergottes im Hochaltar in sinnfälliger Beziehung zur Gnadenwirkung am Teich von Bethesda dargestellt, der Heilige Berg als Ort der Heilung. Im folgenden Fresko ist die Himmelfahrt Christi dargestellt, verbunden mit dem Versprechen an den heilsuchenden Christen, ihm dereinst nachfolgen zu dürfen. Und schließlich öffnet sich als Konsequenz der Auferstehung Christi über dem Gnadenaltar der Himmel in einem strahlenden Leuchten. In diesem goldenen und heilversprechenden „Coelum Andecense" hat sich in einem großen Kreis, auf Wolken sitzend und stehend, das Andechser Personal um die von Engeln getragene Monstranz mit den Heiligen Drei Hostien versammelt, dem Kernstück des Andechser Reliquienschatzes. Im Kreis der Heiligen und Seligen sind viele Angehörige des Andechser Grafengeschlechts und seiner Verwandtschaft zu sehen.

Im Übrigen kommt man beim Abstieg vom Heiligen Berg noch einmal am Eingang zum Bräustüberl vorbei.

DER ANDECHSER HIMMEL
Wallfahrtskirche Andechs: Bergstraße 2, 82346 Andechs, Öffnungszeiten: täglich 8 bis 18 Uhr.

Einkehrtipp: Klostergasthof Andechs, Bergstraße 9, 82346 Andechs, Tel. 08152 93090, E-Mail: info@klostergasthof.de, www.klostergasthof.de; Öffnungszeiten: täglich 10 bis 22.30 Uhr.

Einkehrtipp: Andechser Bräustüberl, Bergstraße 2, 82346 Andechs, Tel. 08152 376261; Öffnungszeiten: täglich 10 bis 20 Uhr.

Der Dießener Taubenturm

Nach den Heimsuchungen des Dreißigjährigen Kriegs und der Pest gelang es dem Stiftsprobst Herkulan Karg, das Dießener Kloster zu einem weithin bedeutenden Zentrum von Wissenschaft und Kunst zu machen. Für den Neubau der Stiftskirche konnte er Johann Michael Fischer, den „Star-Architekten" seiner Zeit verpflichten. Nach fast 20 Jahren Bauzeit mit mehreren Unterbrechungen wurde sie 1739 geweiht und gehört unbestritten mit zu den großartigsten süddeutschen Barockkirchen.

Der heute „Taubenturm" genannte Torturm stand schon hundert Jahre, als man mit dem Bau der Kirche begann. Er war sozusagen „schuld" daran, dass der berühmte Baumeister in die Trickkiste greifen musste: Weil man sich nämlich der Kirche nicht frontal, sondern stets von der Seite, durch den einstmals befestigten Torbogen des Taubenturms, näherte, stattete der berühmte Baumeister den Kirchenbau wegen der besseren Wirkung mit einer sich sanft auswölbenden Fassade aus.

Über dem Eingangsportal ist in einer Nische eine Marienbüste aus weißem Marmor angebracht und im üppig gestalteten Giebel steht über dem Klosterwappen eine Figur des heiligen Augustinus. Der Hochaltar, einer der größten Deutschlands, geht auf einen Entwurf von Francois de Cuvilliés zurück und verfügt über einen komplizierten Mechanis-

Unter dem Taubenturm war einstmals die Hauptzufahrt zum Kloster.

mus, der es erlaubt, das eigentliche Altarbild mit der Himmelfahrt Mariens zu versenken und wie auf einer Bühne ein zu den jeweiligen hohen Feiertagen passendes Heiligen-Personal zu zeigen: barockes „Theatrum sacrum" at its best.

Die Deckenfresken des Augsburgers Johann Georg Bergmüller sind ein gemaltes Geschichtsbuch: Im „Dießener Himmel" über dem Altarraum sind die Andechser Heiligen dargestellt, andere Szenen zeigen unter anderem die Klostergründung. An der Ausstattung waren namhafte Künstler der Zeit beteiligt, für den Stuck zeichnen Johann Michael und Franz Xaver Feichtmayr verantwortlich, zwei Altarblätter stammen von den Venezianern Pittoni und Tiepolo. Die Kanzel ist ein Werk von Johann Baptist Straub, ebenso der elegante Gloria-Engel. Eine Petrusfigur, die um 1490 von Erasmus Grasser geschaffen wurde, stammt noch aus dem Vorgängerbau der Kirche.

Der Taubenturm wurde im Jahr 1628 errichtet. Die längste Zeit seiner Geschichte hieß er allerdings „Romenthaler Tor", weil von ihm aus der Weg zur Klosterschwaige Romenthal führte. In den Archivalien des Klosters wird er als „einfart oder haubt tor ins closter, auf welchen ein drey gädiger thurn und darauf ein schlag uhr sambt einer gloggen zum spörleüdten sich befünden thuet," beschrieben, er war also die Einfahrt oder das Haupttor ins Kloster, über welchem sich ein dreistöckiger Turm erhebt, der oben eine Schlaguhr mit einer Glocke zum Sperrläuten hat. Ein solides Tor, das am Abend verschlossen werden konnte, war wohl in den unruhigen Zeiten des Dreißigjährigen Kriegs notwendig geworden.

Erst seit etwa 1800 ist der Name „Taubenturm" überliefert. Seinen Namen verdankt er wohl den Tauben, die sich gerne auf seinem Dach niederließen. Als nach der Säkularisation die Ökonomiegebäude verkauft wurden, hatte sich diese Bezeichnung bereits eingebürgert: Der aus einer Dießener Kaufmannsfamilie stammende Benedikt von Baas erwarb das „Thorwart-Häusl, einschlüssig des Taubenturms" im Jahr 1803. In seinen letzten Lebensjahren soll er völlig verarmt in den oberen Turmgeschossen gewohnt haben. Ins Reich der Legenden dürfte die

Geschichte von den Tauben gehören, die er dort gezüchtet haben soll.

Die jüngere Geschichte des Taubenturms beginnt im Jahr 1925, als der im selben Jahr gegründete „Heimatverein Dießen und Umgebung e.V." ihn für 2.000 Mark kaufte, um in den drei übereinander liegenden Turmstübchen ein Heimatmuseum einzurichten. Damals war der Turm – als Wohnung zwar ausgesprochen malerisch, aber mit Sicherheit alles andere als komfortabel – noch von einer vielköpfigen Familie bewohnt, für die man erst eine neue Bleibe finden musste. So vergingen noch ein paar Jahre, in denen man bereits fleißig Exponate für das geplante Museum zusammentrug.

Aus dem Jahr 1935 hat sich ein Museumskonzept erhalten: „Von den drei zur Verfügung stehenden Räumen enthält der erste Dokumente der einheimischen Handwerkskunst, der zweite zeigt die Auswirkungen und Vorbedingungen der alten Haus- und Familiengemeinschaft (Herd und Stube), der dritte ist Besprechungs- und Arbeitsraum und enthält vor allem einen gewaltigen Wandschrank zur Aufbewahrung der Bücherei. Ebenso sollen in diesem dritten Raum die naturwissenschaftlichen Sammlungen

Die gewölbte Fassade der Klosterkirche

untergebracht werden." Obwohl man nun fleißig Besprechungen abhielt, den Turm nach und nach füllte, weiterhin sammelte und weiterhin füllte, bis man sich in den Räumen kaum mehr bewegen konnte, wurde aus den ehrgeizigen Museumsplänen am Ende nichts. Der Zweite Weltkrieg dürfte wohl schuld daran gewesen sein und danach die veränderten Zeiten. Jedenfalls versank der Turm in einen neuen Dornröschenschlaf, aus dem er erst im Jahr 1974 wieder erweckt wurde.

Im Rahmen der Vorbereitungen auf die 650-Jahr-Feier der Markterhebung im Jahr 1976 beschloss man, den mittlerweile ziemlich heruntergekommenen Turm zu sanieren. Die Museumspläne wurden endgültig begraben, der Turm geräumt und anschließend renoviert. Und bald darauf konnte man sich auch auf ein neues und bis heute erfolgreiches Nutzungskonzept einigen: Seit 1977 finden jedes Jahr im Sommer sechs bis acht Ausstellungen jüngerer Künstler, aber auch heimat- und naturkundliche Ausstellungen statt, die der Dießener Heimatverein organisiert.

Der Dießener Taubenturm ist bei Künstlern aus der näheren und weiterer Umgebung als ausgesprochen charmante Ausstellungs-Location heiß begehrt. Auch Ali Mitgutsch, Schwabinger Original, Künstler, Illustrator und berühmter Erfinder der „Wimmelbücher", hat in Dießen einen zweiten Wohnsitz und stellte bereits im Taubenturm aus. Seine merkwürdig-schönen Objekte sind dreidimensionale Wimmelbilder für Erwachsene: „Traumkästchen", in denen er hinter Glas kleine Kostbarkeiten vom Trödelmarkt zu Assemblagen und Geschichten arrangiert, um sie dann mit hintersinnig wortspielerischen Titeln zu versehen. In den verwinkelten und übereinander geschachtelten Stübchen des Taubenturms fanden diese liebevoll gebastelten Reliquienschreine der Poesie ein geradezu ideales Zuhause. Fast hätte man meinen können, die zerbrochenen Püppchen, Engelchen, Plüschtiere und Spielzeuge würden abends, wenn der letzte Besucher die Ausstellung verlassen hat, die Türchen und Fensterchen ihrer Behausungen öffnen, ihre Spitzenhäubchen und Papiermäntelchen ablegen und über die Wendeltreppen huschen, um im nächtlich stillen Taubenturm ein ganz und gar märchenhaftes Eigenleben zu führen.

Der Taubenturm ist in den Sommermonaten an jedem Wochenende im Rahmen der Ausstellungen geöffnet, außerdem erwacht er in der Adventszeit zum Dießener Weihnachtsmarkt aus seinem Winterschlaf. Ein Aufstieg bis ins oberste Geschoss lohnt sich auf jeden Fall, von oben hat man den schönsten Blick über Dießen und den Ammersee bis nach Andechs. Fast könnte man meinen, man ist hier dem Himmel noch ein Stückchen näher als im üppig schwelgenden „Theatrum sacrum" des Marienmünsters. Aber das muss man natürlich auch anschauen.

DER DIESSENER TAUBENTURM

Heimatverein Dießen e.V.: Mauerkircherstraße 38, 81679 München, Tel. 089 987831, E-Mail: thomasraff@thaja.de, www.heimatverein-diessen.de (hier weitere Informationen zum Taubenturm und dem Weihnachtsmarkt).

Kloster St. Vinzenz: Klosterhof 20, 86911 Dießen, Tel. 08807 924090; das Kloster beherbergt auch einen Klosterladen (Tel. 0170 4884715) sowie die Gaststätte „Chorherrnstüberl" (Tel. 08807 8393).

Einkehrtipp: Schützengarten Dießen, Am Augustinerberg 7, 86911 Dießen am Ammersee, Tel. 08807 2141687, E-Mail: info@schuega-diessen.de, www.schuega-diessen.de; Öffnungszeiten: Mittwoch bis Freitag ab 17 Uhr, Samstag und Sonntag 13 bis 15 Uhr und ab 17 Uhr.

Die Erdfunkstelle Raisting

In Raisting am südlichen Ende des Ammersees ist man schon mit einem Fuß im Pfaffenwinkel mit seinen prächtigen Kirchenbauten. Die schönen Kirchtürme von Dießen auf der einen Seeseite und Andechs auf der anderen sind in Sichtweite. Und auch das kleine Raisting hat eine ausgesprochen hübsche barocke Kirche und dann noch das kleine Wallfahrtskirchlein St. Johannes, das südlich des Dorfs mitten auf einer Wiese steht. Berühmt, man könnte beinahe sagen weltberühmt, ist Raisting für die Bilder von diesem Kircherl neben den Antennen der Erdfunkstelle. Das Radom, eine riesenhafte weiße kugelförmige Tragluft-

halle, unter der sich die Satellitenantenne der sogenannten Erdfunkstelle befindet, ist das weithin sichtbare Wahrzeichen von
Raisting.

Man könnte sich nun fragen, wie jemand so unbedacht sein
konnte, mitten in diese Bilderbuchlandschaft mit der majestä-
tischen Alpenkulisse im Hintergrund einen solchen Fremd-
körper zu platzieren. Tatsächlich hatte sich aber gerade Raisting
als idealer Standort erwiesen, als man Anfang der 1960er Jahre
die Errichtung einer großen Antennenanlage für den internationalen Fernsprechverkehr plante. Das als „Raistinger Wanne"
bezeichnete weite Tal der Ammer nördlich von Weilheim wird
im Osten und Westen von Hügelketten und im Süden durch die
Alpen begrenzt. Damit ergibt sich hier eine besonders gute Ab-
schirmung gegen Funkstörungen. Gleichzeitig erreicht man bei
Satelliten über dem Äquator gute Elevationswerte.

Man könnte auch sagen: In Raisting ist man dem Himmel besonders nah. Oder zumindest war das so, nachdem im Jahr 1964
die Erdfunkstelle Raisting von der Deutschen Bundespost in Betrieb genommen wurde. Nach einigen Versuchssendungen fand
die erste reguläre Fernsehübertragung am 20. Januar 1965 anlässlich der Vereidigung des wiedergewählten amerikanischen Präsi-
denten Lyndon B. Johnson statt. Über Raisting flimmerten 1969
die Bilder der ersten Mondlandung in die deutschen Wohnzim-
mer und die Ereignisse der Olympischen Spiele 1972 wurden von
hier in die Welt hinausgesendet. Auch die Leitung des berühmten
„roten Telefons" zwischen Washington und Moskau lief über die
Erdfunkstelle.

Im Sommer 1963 hatte man mit der Errichtung von Raisting
I, dem sogenannten Radom, nach Plänen des Münchner Architekten Hans Maurer begonnen. Bereits im Herbst konnte über
einem Mauerkranz die Traglufthülle aufgeblasen werden. Damals
war es technisch noch nicht möglich, die Antennenanlagen unter
freiem Himmel aufzustellen, deshalb sollte eine Gewebekuppel
mit einem Durchmesser von fast 50 Metern die eigentliche
Antennenanlage vor Witterungseinflüssen schützen. Die Folie ist
nur knapp zwei Millimeter dick und stellt für die Funkwellen

kein Hindernis dar. Da sie keinerlei Verstrebungen besitzt und nur durch einen leichten Überdruck stehend erhalten wird, gelangt man nur über Luftschleusen ins Innere, unter anderem gibt es auch eine große Fahrzeugschleuse.

Die eigentliche Sendeanlage, ein nach allen Seiten drehbarer Parabolspiegel mit einem Durchmesser von 25 Metern auf rot lackierten Eisenträgern, wurde in Einzelteilen in das aufgeblasene Radom gebracht und im Inneren zusammengebaut. Vier elektronisch geregelte Motorgetriebesätze ermöglichen die Ausrichtung der insgesamt 280 Tonnen schweren Konstruktion mit einer Genauigkeit bis auf wenige Tausendstel eines Winkelgrads.

Die elektromagnetische Strahlung eines Satelliten wird am großen Antennenreflektor zunächst auf einen kleinen Subreflektor, der sich vor der großen Schüssel befindet, reflektiert. Von dort fällt die Welle in das Antennenhorn: eine sich verjüngende Röhre mit einem Knick, die das Satellitensignal durch eine der Antennenachsen hindurch in den oberen Betriebsraum des Radoms führt. Dort kann das Signal abgegriffen und dem eigentlichen Empfänger zugeführt werden. Im unteren Betriebsraum sind die Sendeanlagen und die Steuerung für die Antennenachsen untergebracht. Während seines Laufs um die Erde verändert ein Satellit seine Position am Himmel. Diese Positionsänderung muss von der Antenne verfolgt werden. Die ersten, noch niedrig fliegenden Satelliten waren nur für einige Minuten pro Tag für Übertragungen zwischen den Kontinenten verfügbar. Nach dem

Zwei „Antennen" zum Himmel

Das sogenannte Radom unter der Traglufthülle

Start des Satelliten „Early Bird", der rund um die Uhr zur Verfügung stand, konnte auch der kommerzielle Fernsprechbetrieb zwischen Nordamerika und Europa über die Erdfunkstelle Raisting abgewickelt werden.

Bis 1985 diente die Sendeanlage dem interkontinentalen Funkverkehr über Nachrichtensatelliten, dann galt sie als technisch veraltet und wurde stillgelegt. Zu diesem Zeitpunkt gab es bereits die ersten Astra-Satelliten, die es privaten Nutzern ermöglichten, mit kleinen Satellitenschüsseln und ohne Zwischenschaltung einer Erdfunkstelle Fernsehsignale zu empfangen. Außerdem wurde 1988 das erste Transatlantikkabel in Glasfasertechnik verlegt, das erheblich mehr Übertragungskapazität als die bis dahin gebräuchlichen galvanischen Kabel hatte.

Auch das Radom in Andover in den USA, mit dem das Raistinger Radom in den Anfangsjahren in Kontakt stand, wurde abgeschaltet und existiert mittlerweile nicht mehr. In den 1990er Jahren gab es Pläne, das Radom in Raisting abzureißen. Mitarbeiter der Erdfunkstelle setzten sich jedoch für seinen Erhalt ein und gründeten einen Förderverein. 1999 wurde das Radom unter Denkmalschutz gestellt. 2007 ging es an die Radom Raisting GmbH. 2009 beschloss der Kreistag die Erhaltung als technisches Museum. Im Rahmen einer umfänglichen Sanierung im Jahr 2010 erhielt das Radom auch eine neue Traglufthülle. Seit der Sanierung gibt es auch ein energiesparendes Klimatisierungskonzept. Die Verformung wird ständig gemessen, eine gewisse Schneelast wird dabei toleriert. Die ursprüngliche Kuppel, die aus den USA geliefert wurde, war 14,5 Tonnen schwer. Die neue Kunststoffhülle kam aus Fulda und wiegt vier Tonnen weniger. Ursprünglich wurde die Bahn des Satelliten mit einer frühen Rechenanlage vorausberechnet und auf einem Lochstreifen gespeichert. Von dort wurden die Daten wieder eingelesen und die Antennenachsen entsprechend angesteuert. Als zweite Möglichkeit der Bahnverfolgung konnte ein Modenkoppler direkt anhand der Abweichungen des Kommunikationssignals die Fehlstellung der Antenne erkennen und korrigieren. Im Rahmen der Sanierung wurde die Steuerung der Antennenachsen zusammen mit Studenten der TU München repariert und wieder in Gang gesetzt. Außerdem gibt es jetzt die Möglichkeit, die Antenne von einem PC aus anzusteuern. Die Antenne im Radom ist damit als weltweit einzige dieser frühen Phase der Satellitenkommunikation wieder voll funktionsfähig und kann für wissenschaftliche Projekte genutzt werden. Das Radom kann im Rahmen von Führungen besichtigt werden. Im Sommer dient die Außenfläche des Radoms auch als Leinwand für ein Freilichtkino.

Von Raisting ist es nicht weit nach Stillern, einem kleinen Weiler mit einer Kapelle. In den Sommermonaten ist dort der ausgesprochen idyllisch gelegene Hof-Biergarten der Familie Grenzebach geöffnet – ein ganz und gar zauberhafter Ort für eine Brotzeit unter freiem Himmel.

DIE ERDFUNKSTELLE RAISTING

Kapelle St. Johann im Felde: Hofstätterweg 1, 82399 Raisting, Tel. 08807 7224.

Radom Raisting: Hofstätterweg 1, 82399 Raisting, Tel. 08807 946926, E-Mail: Fuehrung@Erdfunkstelle-Radom.de, www.radom-raisting.de; Öffnungszeiten auf der Website.

Space Cinema: Hofstätterweg 1, 82399 Raisting, sc.scout-events.de.

Einkehrtipp: Hof-Biergarten Grenzebach, Stillern 1, 82399 Raisting, Tel. 08809 862, E-Mail: info@hof-biergarten.de, www.hof-biergarten.de; Öffnungszeiten: Ostern bis Ende Oktober Samstag, Sonntag und Feiertage ab 12 Uhr, Mai bis Mitte September zusätzlich Mittwoch bis Freitag ab 17 Uhr.

Das Warnamt X im Kerschlacher Forst

„Achtung! Achtung! Hier spricht das Luftschutz-Warnamt …" – so hätte man es wohl aus den Radiolautsprechern gehört, wenn es ihn gegeben hätte, den Ernstfall. „Mond an Fachgruppen, Hundehütte unverzüglich!" oder „Himmel an Verteiler 25, Narzisse ab 1015 einleiten!" So klang der verschlüsselte Funkverkehr der bundesdeutschen Warnämter im ganz normalen Alltag des Kalten Kriegs.

Am 27. Februar 1963 löste der Warndienst den ersten Sirenen-Probealarm nach dem Ende des Zweiten Weltkriegs aus, danach erfolgte einmal pro Halbjahr eine solche Test-Auslösung. Zumindest in den ersten Jahren gab es in den Warnämtern auch einen sogenannten „Rundfunkbesprechungskoffer", mit dem man sich direkt in laufende Radioprogramme einschalten konnte, um die Bevölkerung zu warnen. Aber wo waren denn eigentlich diese Warnämter? Und warum haben wir nichts von ihrer Existenz gewusst?

Gerade einmal zwölf Jahre nach dem Ende des Zweiten Weltkriegs begann man in der jungen Bundesrepublik mit dem Aufbau eines flächendeckenden Warnsystems zum Schutz der Zivilbevölkerung im Falle eines Luft- oder ABC-Angriffs. In den zehn sogenannten Warnämtern, die einer strengen militärischen Geheimhaltung unterlagen und deshalb über das gesamte Bundesgebiet verteilt in dichten Wäldern versteckt errichtet wurden, sollten im Verteidigungsfall knapp 200 Mann starke Belegschaften Unterkunft finden, um die Bevölkerung mittels Rundfunk und Sirenen vor Gefahren warnen zu können. Die zehn baugleichen Bunker waren mit Notstromaggregaten, Vorräten und Krankenstationen auf einen 30-tägigen autarken Betrieb ausgerichtet.

Das Warnamt X im Kerschlacher Forst war zuständig für ein Gebiet, das ungefähr dem Freistaat Bayern entspricht. Offiziell war es nichts als ein weißer Fleck auf der Landkarte. Heute weisen nicht nur die simplen Duschräume, die der „Dekontamina-

Der Künstler Felix Flesche fotografierte im Inneren des Bunkers.

tion" dienen sollten, sondern auch die hoffnungslos veraltete Technik mit ihren meterdicken Schleusen, den abgehalfterten Schaltzentralen und den wichtigtuerischen roten Alarmknöpfen das Warnamt X als eindrückliches Zeugnis menschlicher Hybris aus.

In den Jahren 1960 bis 1966 wurden die oberirdischen Verwaltungsgebäude und die unterirdischen Bunkeranlagen aller zehn Warnämter gebaut. Lediglich der hohe Antennenmast auf dem bewachsenen Bunkerdach hätte für einen zufällig Vorbeikommenden einen Hinweis auf ihre militärische Funktion geben können – wobei natürlich wegen der abgeschirmten Lage nicht mit Passanten zu rechnen war.

Tor zum ehemaligen Warnamt X

Das „Bauprogramm für den Luftschutz-Warndienst" aus dem Jahr 1962 legte genau fest, wie die einzelnen Warnamtsbunker auszusehen hatten: „Der auf Grund der Raumbedarfsnachweisung entwickelte Musterentwurf sieht einen viergeschossigen, 35,20 m langen, 29,00 m breiten und 15,70 m hohen Bunker vor. Der äußere Treppenzugang, der Notausgang und die Schächte für Leitungszuführungen usw., die erforderlichenfalls nach den örtlichen Gegebenheiten anzupassen sind, werden an den Bunker angebaut. Die lichten Geschoßhöhen betragen 2,40/2,60 m; 2,80 m, 2,80/2,90/3,10/3,30 m und 1,15/1,55 m. Im unteren, nur bekriechbaren Geschoß sind Flüssigkeitsbehälter und Leitungen untergebracht; für die darüberliegenden Decken genügt eine Dicke von 0,25 m. Der Bunker kann bis 3,00 m hoch aus dem gewachsenen Boden herausragen, wobei die Luftansaugöffnungen dem Gelände anzupassen und mindestens 1 m freizuhalten sind. Die Anböschungen dürfen dabei nicht steiler als 1:3 geneigt sein. Sofern örtliche Gegebenheiten oder Grundwasser ein höheres Hinausragen des Bunkers aus dem gewachsenen Boden notwendig machen, muß der untere Teil der Anböschungen flacher geneigt sein. Der Warnbunker erhält eine Erdaufschüttung von etwa 0,50 m Dicke. Alle Erdflächen sind anzusäen, zu bepflanzen und, soweit als möglich, der Urzustand wieder herzurichten." Und schließlich ist über allen Bauteilen „eine Schutzbewehrung nach dem System der Braunschweiger Bewehrung" angeordnet.

Der Bunker sollte Schutz gegen Volltreffer von Sprengbomben, gegen Brandbomben und Feuerstürme, gegen atomare, biologische und chemische Kampfmittel und gegen die Wirkungen von Atombomben bieten und war deshalb von drei Meter dicken Wänden und Decken umgeben. Für jeden Warnamtbunker wurden mehr als 11.000 Kubikmeter Stahlbeton verbaut.

Das Herzstück eines Warnbunkers war der zentrale, zweistöckige Führungsraum, in dem zahlreiche Fernmeldeplätze, Luftlage-, ABC-Lage- und Warnlagekarten untergebracht waren. Hier wurden die Daten gesammelt, mit deren Hilfe Entscheidungen über Alarmierungen und Durchsagen getroffen werden konnten. Die Warnämter erhielten über Standleitungen alle Luftlage-Meldungen der NATO-Überwachung. Eigene Mess- und Auswertestellen sowie der Deutsche Wetterdienst lieferten weitere Daten.

Eingang zum Bunker auf dem Gelände des ehemaligen Warnamts X

Die ABC- und Luftlage wurden auf großen gläsernen Karten eingezeichnet, die Zeichner hatten die Eintragungen von der rückwärtigen Seite der Karte vorzunehmen, damit das Einsatzpersonal jederzeit den Überblick bewahren konnte. Nach Auswertung aller Daten hatte der Warnamtsleiter zu entscheiden, ob und wie die Bevölkerung gewarnt werden sollte.

Das Ende des Kalten Kriegs bedeutete auch das Ende der Warnämter: „Das weitgehend auf den Erfahrungen des Zweiten Weltkrieges aufgebaute Warnsystem ist nicht mehr zeitgemäß. Die veränderte Sicherheitslage in Europa rechtfertigt heute nicht mehr eine bundeseigene Warndienstorganisation speziell für den Verteidigungsfall. Die Warnämter werden für Zivilschutzzwecke nicht mehr benötigt." So die lapidare Verlautbarung, die gegen Ende des Jahrtausends ihre Auflösung einleiten sollte.

Gerade noch Atombunker mit sorgfältig gehüteten Bauplänen, Sicherheitszone, alles streng geheim. Dann wurde das Warnamt X von einem Tag auf den anderen in eine Flüchtlingsunterkunft umgewandelt. „Asylantenheim" sagte man damals – und die Lage fernab von jeglicher Zivilisation, ohne Verkehrsanbindung und Mobilfunknetz erschien wohl auch niemandem als Hindernis für eine gelungene Integration. Als geradezu ideal hingegen erwies sich die Abgeschiedenheit mitten im Kerschlacher Forst, als man im Jahr 2001 ein sicheres Auslieferungslager für den Euro suchte. Für ein paar Monate wurde der Bunker damals zum „Geldspeicher" à la Dagobert Duck. Danach wurde das Warnamt X an einen Privatmann verkauft, der sich oben auf das Bunkerdach ein Blockhaus als Jagddomizil baute – es soll der höchste Punkt zwischen Ammersee und Starnberger See sein.

In den ehemaligen Verwaltungsgebäuden mit dem spröden Charme der 1960er Jahre entstand vor ein paar Jahren eine Künstlerkolonie. „Aukio" haben die Künstler ihr Domizil genannt, das ist das finnische Wort für „Lichtung" – und als blühende Lichtung kann man die Ateliers seither mehrmals im Jahr bei Ateliertagen besuchen. Und auch sonst freuen sich die rund 40 Künstlerinnen und Künstler über interessierte Besucher in ihrer Waldeinsamkeit. Manche Navigationsgeräte tun sich allerdings immer noch schwer, man sollte sich lieber auf das Schild an der Bundesstraße von Starnberg nach Weilheim, ein paar Kilometer südlich von Traubing, verlassen.

DAS WARNAMT X IM KERSCHLACHER FORST
Aukio-Ateliers: Kerschlacher Forst 1, 82396 Pähl, Tel. 08158 1097, E-Mail: info@aukio-ateliers.de, www.aukio-ateliers.de; Öffnungszeiten und aktuelle Ausstellungen auf der Website.

Die Sternwarte in Aufkirchen

Die Maya haben es getan, auch die Ägypter und die alten Griechen sowieso. Auch die Steinanordnungen in Stonehenge, so vermuten manche, dienten der Himmelsbeobachtung.

Nach der Erfindung des Teleskops im Jahr 1608 entstanden die ersten Sternwarten im heutigen Sinne, meist jedoch als kostspielige Spielereien an Fürstenhöfen. Die Einrichtung von „Volkssternwarten" waren eine Modeerscheinung im ausgehenden 19. Jahrhundert. Das Anwachsen der Städte und die damit verbundene Lichtverschmutzung führte bald dazu, dass die Sternengucker in

Die Christian-Jutz-Volkssternwarte in Aufkirchen

Wegen der geringen Lichtverschmutzung ist der Standort ideal.

immer entlegenere Gegenden ausweichen mussten. Und die geringere Lichtverschmutzung ist es auch, die das kleine Aufkirchen am Ostufer des Starnberger Sees zu einem geradezu idealen Standort für die nächtliche Himmelsbeobachtung macht.

Das wusste auch der Professor für Biochemie Christian Jutz, der sich nach seiner Emeritierung mit der Einrichtung einer Sternwarte an seinem Wohnort Berg eine neue Lebensaufgabe schuf. Mit großer Hartnäckigkeit und ebenso großer Überzeugungskraft verfolgte er sein Ziel, den Menschen die Sterne näherzubringen. Ende der 1980er Jahre wandte er sich an den Berger Gemeinderat mit der Bitte, auf dem Gelände des gemeindeeigenen Wasserhochbehälters eine Volkssternwarte errichten zu dürfen. „Ich wäre bereit, dafür mein größtes und wertvollstes Beobachtungsinstrument zur Verfügung zu stellen", schrieb er dem Bürgermeister – und damit waren dann wohl auch die letzten Bedenken ausgeräumt: Im Juli 1992 wurde die Volkssternwarte an der Lindenallee in Aufkirchen eröffnet.

Der rührige Professor stellte nicht nur seine privaten Himmelsbeobachtungsgeräte zur Verfügung, er leistete über viele Jahre auch die Hauptarbeit in dem kleinen Verein. In sternklaren Nächten war er stets selbst in der Sternwarte anzutreffen, um die

Besucher in die Geheimnisse von Kugelsternhaufen und Gasnebel einzuführen. „Wir sind ja alle Kinder der Sonne, vom Schöpfer aus der Asche der Sterne gemacht", pflegte er zu sagen. Zum zehnjährigen Bestehen wurde ihm zu Ehren die Aufkirchner Volkssternwarte in „Christian-Jutz-Volkssternwarte" umbenannt. Erst im hohen Alter von weit über 80 Jahren übergab ihr Gründer die Vereinsgeschäfte in jüngere Hände.

„Nach Montage, umfangreicher Justage und Tests ist unser neues Flaggschiff mit dem Namen ‚Peter 16' jetzt einsatzbereit. Wir freuen uns darauf, unseren Besuchern den Himmel über Berg jetzt noch näher bringen zu können!", verkündeten die Aufkirchner Sternenfreaks im Oktober 2015 jubelnd. Ein privater Gönner – mit Vornamen Peter – hatte ihnen ein neues Teleskop geschenkt: „Mit einer Öffnung von 16 Zoll (40 cm) und einer Brennweite von 4 Metern handelt es sich um das leistungsfähigste optische Instrument, dass je auf der Sternwarte Berg eingesetzt wurde!"

Neben der großen Kuppel, in der das Teleskop untergebracht ist, stehen an der Lindenallee noch zwei weitere Rolldachhütten, die einen Refraktor und mehrere Spiegelteleskope beherbergen. An Dienstagen und Freitagen ist die Sternwarte in klaren Nächten geöffnet. Die ehrenamtlich engagierten Vereinsmitglieder erläutern dann großen und kleinen Sternguckern anhand des Messier-Katalogs, einer Auflistung von Galaxien, Sternhaufen und Nebeln, den Nachthimmel. Das neue Schmidt-Cassegrain-Spiegelteleskop ist ideal für die Beobachtung von Planeten und lichtschwachen Objekten mit geringer Ausdehnung. Für die Besucher ist es meistens eine große Überraschung, wie klar und deutlich man die Himmelskörper sehen kann.

DIE STERNWARTE IN AUFKIRCHEN

Lindenallee, 82335 Berg/Aufkirchen, Tel. 0176 99028684, E-Mail: info@sternwarte-berg.de, www.sternwarte-berg.de; Öffnungszeiten: September bis März (bei klarem Himmel) Dienstag und Freitag 20 bis 22 Uhr, April und August Dienstag und Freitag 21 bis 23 Uhr, Mai bis Juli Dienstag und Freitag 22 bis 24 Uhr; Eintritt **3 Euro**, ermäßigt sowie Kinder bis 14 Jahre 1 Euro.

Frau General und die Queen of Bavaria

Der Bernrieder Park

Das Schloss Höhenried am nördlichen Ortseingang von Bernried gehörte einst Wilhelmina Busch-Woods, der Tochter des amerikanischen „Bierkönigs" Adolphus Busch aus der Brauereidynastie Anheuser-Busch. Der Park umfasste auch das Gelände, auf dem heute das Buchheim-Museum steht, und er reichte im Süden fast bis nach Seeseiten. Die junge schwerreiche Amerikanerin kam 1911 bei einem Jagdausflug durch Bernried und kaufte sich gleichsam im Vorbeifahren hier ein, zuletzt besaß sie in Bernried mehr als 750 Hektar Grund, was ziemlich genau der Hälfte des Gemeindegebiets entsprach.

Die schöne „Minnie" wurde 1884 als jüngstes Kind von Adolphus Busch aus Kastel bei Mainz geboren, der 1857 nach St. Louis ausgewandert war und als Begründer des weltweit größten Brauereiunternehmens einer der reichsten Amerikaner seiner Zeit wurde. „Minnie" heiratete 1906 den schneidigen deutschen Hopfenhändler Eduard August Scharrer, nannte ihn fortan „Eddy", kehrte mit ihm nach Deutschland zurück und führte im kleinen beschaulichen Bernried ein schrilles Luxusleben, das sie mit ihrer Drei-Millionen-Dollar-Apanage aus dem väterlichen Vermögen finanzierte. Glücklich geworden ist sie in diesem Dauerurlaub am Starnberger See trotz ihres schier unermesslichen Reichtums und trotz ihrer drei Ehemänner wohl nicht.

Schon bei ihrem ersten Besuch gefiel Wilhelmina Busch insbesondere der Bernrieder Park mit seinen schon damals mächtigen Bäumen. Sie beschloss, sich hier niederzulassen, und kaufte erst einmal eine feudale Villa an der Seeshaupter Straße. Auf der breiten geschwungenen Freitreppe und im gut 40.000 Quadratmeter großen Garten tummelten sich schon bald hundert weiße Pfauen, weshalb dieser erste Bernrieder Wohnsitz „Pfauenvilla" genannt wurde.

Die „Gnädigste" hatte zwar das Geld mit in die Ehe gebracht, das Sagen aber hatte ihr Mann, der feiste Geheimrat und Konsul Scharrer. Er fädelte mit dem Geld seiner Frau allerhand Geschäfte ein, längst nicht alle waren von Erfolg gekrönt. Angeblich überwies er auch einem gewissen Adolf Hitler eine ansehnliche Summe zur Unterstützung seiner hochtrabenden Pläne. Schließlich wurde er königlicher Generalkonsul von Bulgarien, ging seinen Leidenschaften als Jäger und Reiter nach, ließ sich schon zum Frühstück zwei Pfund Speck mit zehn Eiern braten und verfettete zusehends.

„Nehmen wir heute den Maybach, den Cadillac, den Mercedes oder den Borgward?" Wilhelmina Busch besaß in den Jahren vor dem Ersten Weltkrieg nicht nur das erste Auto in Bernried, sondern gleich vier Luxuskarossen. Ihr erster Ehemann fuhr aber auch gerne mit einer sechsspännigen Kutsche durchs Dorf, ein Stallbursche musste dazu trompeten und ein Nachreiter „absichern".

Im Schloss Höhenried residierte die „last Queen of Bavaria".

Das aber hielt ihn nicht davon ab, sich im Münchner Parkhotel, das man mittlerweile ebenfalls gekauft hatte, eine Geliebte zu halten. Als ihm die „Gnädigste" auf die Schliche kam, warf sie ihn in hohem Bogen hinaus und reichte die Scheidung ein. Zu diesem Zeitpunkt hatten die Scharrers bereits unter anderem das Hofgut Bernried, das Gut Adelsried, die Schwaige Höhenried, weite Teile des Bernrieder Parks und riesige Waldflächen gekauft.

Fast ganz Bernried gehörte Wilhelmina Busch-Woods.

Man war ins Höhenrieder Gutshaus umgezogen und hatte sich nun vollends dem Wohlleben ergeben. Die kinderlose Wilhelmina sammelte Puppen, exotische Tiere und exotische Pflanzen, ihr Mann züchtete Pferde und spielte Schach – beide wurden dicker und immer dicker.

1931, kurz nach der im großen Stil gefeierten silbernen Hochzeit, wurde Scharrer gegen den wesentlich jüngeren Dr. Carl Borchard ausgetauscht, der sich gerade in Bernried niedergelassen hatte. Kurz nach dem Tod ihres ersten Mannes, der die Scheidung nicht mehr erlebte, heiratete Wilhelmina wieder: Sie war 49, ihr Neuer gerade 30.

In den Jahren vor dem Zweiten Weltkrieg verwirklichte sie sich einen Traum und ließ sich das Schloss Höhenried bauen, in dem sie residierte wie die „last Queen of Bavaria", so die Einschätzung ihrer amerikanischen Gäste. Mit den neuen Machthabern in Deutschland arrangierte sie sich dabei ebenso geschickt wie mit ihrem schon wieder lästig gewordenen zweiten Ehemann: 1941 wurde auch diese Ehe geschieden. In den letzten Kriegsjahren lebte die dicke Wilhelmina in der Schweiz und von dort brachte sie Ehemann Nr. 3 mit nach Höhenried: den Texaner Samuel Edison Woods, der dann auch zeitweilig amerikanischer Generalkonsul in München war.

Auf Schloss Höhenried führten die beiden ab 1948 ein feudales Leben mit über hundert Angestellten und wurden sogar vom bayerischen Kronprinzen Rupprecht zum Tee auf die Roseninsel eingeladen. Dorthin schipperten Minnie und Sam natürlich mit ihrem eigenen Schiff, und das war natürlich die größte je für den Starnberger See gebaute Motorjacht. Dieser Ausflug muss den texanischen Farmerssohn sehr beeindruckt haben, denn wenig später beschloss er, zwischen dem Teehaus und dem südlichen Ufer des Bernrieder Parks mit schwerem Gerät eine breite Rinne ausheben zu lassen, um eine zweite Insel im See zu schaffen. Dieses eine Mal aber widersprachen die Bernrieder und bremsten seinen Tatendrang energisch. Weil aber die Bagger schon mal da waren, ließ Sam wenigstens die fünf übereinander gestaffelten „Mississippi-Weiher" ausheben.

Ganz in der Nähe dieser Weiher im Höhenrieder Park steht heute Lothar-Günther Buchheims „Museum der Phantasie", ebenfalls ein recht ehrgeiziges Projekt eines tatkräftigen Mannes. Minnie und Sam aber sind längst in Höhenried beerdigt. Beide starben kurz hintereinander Anfang der 1950er Jahre an den Folgen des Wohllebens. Und beide ruhen in einem pompösen Marmorsarkophag mit der Aufschrift „Love never ends". Allerdings jeder in seinem eigenen.

Bernried verdankt Wilhelmina Busch-Woods, die 1952 kinderlos starb, einen der schönsten Landschaftsparks Deutschlands mit rund eineinhalb Kilometern Seeufer: Zwei Jahre vor ihrem Tod hatte sie den Park in eine „öffentliche Stiftung des bürgerlichen Rechts" eingebracht, um ihn „als einzigartiges Naturdenkmal den kommenden Generationen in seiner Eigenart und Schönheit zu erhalten". Aber auch dieses Glück ist nicht ganz ungetrübt, denn allein die Pflege des fast 80 Hektar großen Parks verschlingt Unsummen.

DER BERNRIEDER PARK

Wilhelmina Busch-Woods Stiftung: Starenweg 12, 82362 Weilheim in Oberbayern, Tel. 0881 1532, E-Mail: info@bernrieder-park.de, www.bernrieder-park.de.

Die Villa Waldberta in Feldafing

Hoch oben auf dem Hügelkamm der Feldafinger Villenkolonie thront die Villa Waldberta, majestätisch und verwunschen zugleich. Großartig ist der Blick auf den See und die Berge, der sich von Terrassen, Balkonen, Erkern und, ach, Turmzimmern bietet. Wechselvoll aber waren die Ereignisse, auf die die Bewohner der Villa Waldberta in den vergangenen hundert Jahren hinuntergeblickt haben.

Der Münchner Bankier Bernhard Schuler war kurz nach der Wende zum 20. Jahrhundert einer der ersten Bauherren in der Feldafinger Villenkolonie am Höhenberg. Von dem Münchner Architekten Carl Baierle ließ er sich seine „Villa Felsenheim" planen. Der malerische asymmetrische Bau entsprach ganz dem Geschmack der Zeit – ein bisschen Schweizerhaus, dazu aber ein Belvedereturm, Loggien, Erker und allerlei dekorative Ausstattungselemente. Der Garten, einst Teil des Feldafinger Schlossparks, wurde im spätromantischen Stil angelegt. Schon 1903, ein Jahr nach der Fertigstellung, verkaufte Schuler die Villa an den niederländischen Verleger Albertus Willem Sijthoff. Mit ihm und seiner Frau Waldine zogen Mondänität und Kunstleidenschaft in die „Villa Waldbert" ein, wie das nun auch herrlich eingerichtete Anwesen in Anlehnung an die Vornamen seiner neuen Besitzer hieß. Sie ließen ein Palmenhaus bauen und den Garten von einer Einfriedungsmauer mit einem schönen Jugendstil-Geländer umgeben. Aber auch ihnen war kein langes Glück in Feldafing beschert: 1913 starb Albertus Willem Sijthoff und die Villa wechselte bald danach wieder den Besitzer.

Die Jugendstil-Einfriedung der Villa Waldberta

Die Villa Waldberta kann auf eine wechselvolle Geschichte zurückblicken.

Bis 1925 gehörte sie der Familie des Dresdner Industriellen Carl Hugo Schmeil, ihre eigentliche Glanzzeit erlebte die Villa aber in den Jahren, in denen das deutsch-amerikanische Ehepaar Franz und Bertha Koempel die Villa Waldberta – das „a" wurde für die neue Eigentümerin angefügt – als Sommerresidenz nutzten und zahlreiche Gäste hier empfingen.

Das Ehepaar Koempel reiste jedes Jahr im Mai von New York mit dem Schiff nach Bremerhaven, wo bereits der Chauffeur wartete, der sie nach Feldafing fuhr. Am Ende des Sommers wurden die Koffer wieder gepackt und man reiste zurück nach New York, wo der Arzt eine gut gehende Privatpraxis hatte. Während des Winters kümmerte sich ein Verwalter um das Anwesen und führte Renovierungsarbeiten aus. Die Koempels waren sehr vermögend und gehörten in den USA wie auch in Deutschland zu den besseren Kreisen. Als Vorsitzender der 1919 gegründeten Steuben-Gesellschaft war Franz Koempel bestens vernetzt, man pflegte nicht nur das Deutsch-Amerikanertum in den Staaten, sondern verfügte auch über wichtige Kontakte zu Politik und Wirtschaft.

Dank ihres großen Ansehens und ihrer Wohltäterschaft in viele Bereichen ist es den Koempels gelungen, ihr Anwesen über die NS-Zeit und den Zweiten Weltkrieg zu retten. Während praktisch vor ihrem Gartenzaun und in zahlreichen benachbarten Villen die „Reichsschule der NSDAP" entstand, verbrachten Franz und Bertha Koempel bis zum Jahr 1939 jeden Sommer in der Villa Waldberta. Das Gästebuch belegt, dass sie zumindest bis 1935 auch weiterhin ihre deutschen und amerikanischen Freunde empfingen. Auch den Ausbruch des Kriegs am 1. September 1939 erlebte das Ehepaar Koempel in Feldafing, einen Monat später reisten sie wie gewohnt zurück nach New York. Danach fiel das Haus in einen Dornröschenschlaf, wurde aber wie eh und je von den Bediensteten gepflegt. Über einen Münchner Anwalt versuchten die Koempels eine Beschlagnahmung ihres Besitzes als „Feindvermögen" zu verhindern, was ihnen auch bis 1943 gelang. Danach wurde die Villa Waldberta als Krankenstation – vermutlich für weniger schwer Verletzte – für das Lazarett im nahen Hotel Kaiserin Elisabeth genutzt, allerdings hatte man vorher das wertvolle Inventar in Sicherheit gebracht.

Am 1. Mai 1945 richtete die amerikanische Militärverwaltung in Feldafing ein DP-Lager ein, in dem die Überlebenden der nationalsozialistischen Konzentrationslager untergebracht wurden. Die ersten Bewohner waren die aus dem Todeszug und den Todesmärschen befreiten Häftlinge. Das Lager wurde zunächst in den Gebäuden der ehemaligen Reichsschule eingerichtet, dann auch in beschlagnahmten Privathäusern. Auch die Villa Waldberta wurde nun zur temporären Heimat für Displaced Persons. Fast alle hatten unter unmenschlichen Bedingungen die Konzentrationslager überlebt und furchtbare Verluste erlitten. Viele von ihnen blieben nur kurz, um wieder zu Kräften zu kommen, andere warteten etwas länger auf die Möglichkeit zur Weiterreise und manche blieben mehrere Jahre in Feldafing, es wurden Ehen geschlossen und Kinder geboren. Für alle bedeutete die Zeit in der Villa Waldberta der Beginn eines neuen Lebens. Die Schönheit der Villa Waldberta und ihre besondere Atmosphäre ist ihnen nachhaltig in Erinnerung geblieben.

Die mittlerweile verwitwete Bertha Koempel kehrte 1953 nach Feldafing zurück. Nach der Instandsetzung der Villa Waldberta verbrachte sie noch viele Sommer dort. Waren die kinderlosen Koempels schon zu Lebzeiten große Wohltäter in vielen Bereichen gewesen, so machten sie mit ihrem Vermächtnis eine einzigartige Einrichtung möglich: Seit 1983 stellt die Stadt München, in deren Besitz die Villa Waldberta seit dem Tod von Bertha Koempel ist, dort verschiedenen Künstlern Wohnräume und Ateliers für einen befristeten Zeitraum als Stipendien zur Verfügung.

Im Laufe der Jahre entwickelte sich eine internationale Ausrichtung. 1991 wurde das „artist-in-residence"-Programm beschlossen, der Schwerpunkt lag zunächst im Bereich Literatur. Eine bessere Vernetzung aller Kunstsparten, eine projektgebundene Vergabe der Stipendien und ein enger Anschluss an die Kulturprojekte der Stadt sieht das aktuelle Nutzungskonzept vor, das 2004 unter der derzeitigen Leiterin der Villa Waldberta, der Ethnologin und Volkskundlerin Karin Sommer, entwickelt wurde. Die Villa bietet nun jedes Jahr 30 bis 40 Künstlern eine temporäre Heimat. Bei verschiedenen kulturellen Veranstaltungen, oftmals von den jeweiligen Gästen organisiert, öffnet sie sich auch der Öffentlichkeit.

Die Villa Waldberta in Feldafing ist nicht irgendein Haus, sie ist ein geschichtsträchtiger Ort und eine Hauspersönlichkeit, die ihre Bewohner verändert. Viele der Künstler sind so beeindruckt von der besonderen Atmosphäre, dass sie wiederkommen oder dem Haus auf lange Zeit verbunden bleiben. Seit einiger Zeit gibt es auch die Veranstaltungsreihe „Hiergeblieben!", die in loser Reihenfolge Projekte von Kunstschaffenden vorstellt, die nach einem Aufenthalt in der Villa Waldberta auf Dauer in der Region geblieben sind.

DIE VILLA WALDBERTA IN FELDAFING

Internationales Künstlerhaus Villa Waldberta: Höhenbergstraße 25, 82340 Feldafing, Tel. 08157 9258280, E-Mail: villawaldberta@muenchen.de, www.villa-waldberta.de.

Der Schacky-Park in Dießen

Das kleine Städtchen Dießen ist bekannt für sein herrliches Marienmünster, das kein Geringerer als Johann Michael Fischer baute, und für seinen Töpfermarkt, der alljährlich an Christi Himmelfahrt das Who is Who der deutschen und mittlerweile auch europäischen Keramikerszene versammelt. Der Schacky-Park in Dießen aber ist immer noch fast so etwas wie ein Geheimtipp.

In Dießen am Ammersee ließ sich Ludwig Freiherr von Schacky auf Schönfeld, seines Zeichens königlicher Kämmerer und Oberstleutnant a.D., zu Beginn des 20. Jahrhunderts einen spektakulären Landschaftsgarten anlegen. Ab 1903 erwarb er am südlichen Ortsrand von Dießen umfängliche Besitzungen und schuf sich in der ländlichen Idylle eine herrschaftliche Gartenanlage.

Ein Rundgang durch die leicht ansteigende Anlage, die klug die Topographie nutzt, gleicht einer Zeitreise von der italienischen Gartenkunst der Renaissance über die Exotik Ostasiens und den Englischen Landschaftspark bis hin zum Jugendstil und der Technikverliebtheit der ausgehenden Prinzregentenzeit. An einem repräsentativen Eingangstor beginnt ein breiter Kutschenweg, der durch großräumige Landschaftsszenen aus imposanten Hainen und Waldstücken führt. Ein kleiner Pfad schlängelt sich durch Obstbaumwiesen,

Der Monopteros im Schacky-Park

führt in einer kleinen Schlucht an einem Bachlauf entlang und schließlich zu einem japanischen Teehaus. An der höchsten Stelle steht ein Monopteros als Aussichtspunkt, unten an der Straße befand sich ein von Rosenspalieren umgebener Sitzplatz, der „Neugierde" genannt wurde. Zwei sich kreuzende Pflasterwege mit einer Brunnenanlage, Balustraden und verschiedenen Skulpturen waren wohl auf ein leicht erhöht gelegenes repräsentatives Wohngebäude ausgerichtet, das allerdings nie realisiert wurde.

Was dieses geplante Schloss des Herrn von Schacky angeht, darüber herrscht bis heute Unklarheit. Als man im Jahr 2005 begann, den verwilderten Park instand zu setzen, ging man davon aus, irgendwann auch auf die Pläne für das Wohngebäude zu stoßen. Es erschien naheliegend, dass die kleine „Villa Diana" am nordöstlichen Parkende, die er 1908 kaufte und aufwendig ausstatten ließ, sowie der kurz darauf erworbene Unterhof in der Dießener Fischerei lediglich als Übergangswohnlösungen bis zur Fertigstellung eines hochherrschaftlichen Anwesens inmitten des zuletzt 22 Hektar großen Parks gedacht waren. Bis heute hat man allerdings nur den Kostenvoranschlag für ein äußerst bescheidenes Häuschen gefunden, das wohl kaum als Mittelpunkt für sein „Arkadien" getaugt hätte.

Skulpturenschmuck
im Schacky-Park

Im Jahr 1910 starb die Ehefrau des Bauherrn im Alter von 58 Jahren. Womöglich war ihr Tod der Grund dafür, dass die Pläne für ein Wohnhaus aufgegeben wurden. Stattdessen ließ der Freiherr nach dem Tod seiner Gattin neben dem Dießener Friedhof ein Familien-Mausoleum erbauen – auch das ein „Point de vue" im „sentimentalistischen Landschaftspark" ganz nach der Mode der Zeit: Durch stimmungsvolle architektonische Arrangements sollte eine Ideallandschaft geschaffen werden, die den Besucher auf emotionaler Ebene ansprach.

Eine technische Sensation war für die damalige Zeit allerdings die elektrische Parkbeleuchtung, die der Baron anschalten ließ, wenn er mit dem Zug aus München anreiste. Wer für die Gartenanlage verantwortlich zeichnete, ist nicht überliefert, Pläne haben sich nicht erhalten. Das Ehepaar Schacky besaß jedoch in Mün-

Auch ein malerischer Waldteich gehört zur Gartenanlage.

chen ein Palais mit Blick auf den Englischen Garten – der wohl Inspiration für den eigenen Landschaftspark war. Vorbild könnte auch der für König Maximilan II. geplante Schlosspark am Feldafinger Ufer des Starnberger Sees gewesen sein, den der preußische Landschaftsarchitekt Peter Joseph Lenné plante.

Ludwig von Schacky starb 1921 im Alter von 63 Jahren, sein Besitz ging an die Schacky'sche Familienstiftung, die ihn ein Jahr später an Georg Heim verkaufte. Heim war Abgeordneter des Bayerischen Landtags und des Reichstags in Berlin, Mitbegründer der Bayerischen Volkspartei und Präsident der Landesbauernkammer. Als er 1933 nach der Machtergreifung der Nationalsozialisten aller Ämter enthoben wurde, verkaufte er den Park an die Kongregation der Barmherzigen Schwestern vom heiligen Vinzenz von Paul. Die Klosterschwestern nutzten den Park in den harten Jahren zwischen den Kriegen und während des Zweiten Weltkriegs als landwirtschaftliche Fläche – und verhinderten damit den bereits geplanten Bau einer Munitionsfabrik im Park.

Der Park, der aus einem langen Dornröschenschlaf erwacht ist, dient heute als stimmungsvolle Kulisse für Kulturveranstaltungen und kann auch für private Feiern gemietet werden. Schacky als Person bleibt allerdings nach wie vor völlig im Dunkeln. „Durch die Arbeit im Park lernen wir ihn jedes Jahr ein bisschen besser kennen", sagt Christine Reichert vom Förderkreis Schacky-Park, der seit 2005 höchst engagiert und mit viel Eigenleistung an der Wiederherstellung der Parkanlage arbeitet. So offenbaren die Bauaktivitäten des Barons auch immer wieder Widersprüchlichkeiten: Einerseits verwendete er modernste Baumaterialien und ließ den Park sogar mit elektrischen Laternen entlang der Wege beleuchten, was damals höchst kostspielig gewesen sein dürfte, andererseits erwies er sich zuweilen als geradezu erstaunlich sparsam.

DER SCHACKY-PARK IN DIESSEN

Vogelherdstraße, 86911 Dießen, Tel. 08807 6439, E-Mail: info@schacky-park.de, www.schacky-park.de; Öffnungszeiten: Ostern bis Oktober Dienstag bis Sonntag 10 bis 19 Uhr; Führungen Mai bis Oktober jeweils am zweiten Samstag des Monats um 15 Uhr, November bis April um 14 Uhr.

Das Naturschutz- und Jugendzentrum in Wartaweil

Der königlich bayerische General der Artillerie, Ferdinand Habersack, soll ausgerechnet bei einem Manöver sein Herz an den Ammersee verloren haben – so will es die Legende. Jedenfalls beschloss er, sich hier niederzulassen, und ruhte nicht eher, bis ihm einige Bauern ihre Ufergrundstücke bei Wartaweil verkauften. Im Jahr 1898 war der Kauf perfekt, im Jahr darauf wurde mit dem Bau eines schmucken Landhauses begonnen. Das über vier Hektar große und baumreiche Grundstück wurde – anders als damals üblich – weitgehend im natürlichen Zustand belassen. Ferdinand Habersack und seine Frau Berta erfreuten sich an der Schönheit der Natur, an seltenen Pflanzen und Vogelarten. Im Jahr 1938 starb Ferdinand Habersack und seine Frau wurde Alleinbesitzerin des herrlichen Anwesens mit 800 Meter Seeufer. Die Ehe war kinderlos geblieben.

Frau „General" Habersack, wie sie respektvoll angesprochen wurde, war wohl ihrer Zeit weit voraus und wusste genau, was sie wollte. 1871 als Tochter eines Münchner Juweliers geboren, verbrachte sie weit mehr als die Hälfte ihres Lebens in Wartaweil. Schon in jungen Jahren hatte sie sich mit Fragen des Natur- und

Tierschutzes beschäftigt. Lange bevor „buy local" zum hippen Slogan wurde, bemühte sie sich um nachhaltiges Handeln, indem sie nur einheimische Handwerker beschäftigte und fast alle Einkäufe in einem kleinen Kramerladen im nahen Erling tätigte.

Ab 1947 stellte sie ihr Haus dem Bund Naturschutz für Kurse und Lehrgänge zur Verfügung. Auch Wissenschaftler durften hier wohnen und forschen. Wolfgang Engelhardt schrieb Anfang der 1950er Jahre sein Bestimmungsbuch „Was lebt im Teich und Tümpel" als Gast der „Frau General" in Wartaweil. 1957 schenkte sie Villa, Nebengebäude, Grund und Seezugang dem Bund Naturschutz mit der Verpflichtung, die Schenkung im Sinne eines Forschungs-, Lehr- und Bildungsauftrags zu verwalten. Zwei Jahre später starb Berta Habersack und wurde ihrem Wunsch gemäß im Wartaweiler Park bestattet.

So weitsichtig Berta Habersack auch war, sie hätte sich wohl nicht träumen lassen, dass sie Kindern und Jugendlichen des 21. Jahrhunderts das letzte Stück Paradies geschenkt hat.

Auf dem wild-verwunschenen Gelände darf man Vögel und Fledermäuse beobachten, Flöße bauen und einen Bach aufstauen, Lagerfeuer machen und in Zelten schlafen oder einfach den Wald riechen, im Dreck wühlen und auf Bäume klettern. Der Bund Naturschutz erfüllt den Auftrag, den Berta Habersack ihm mit dem Erbe gestellt hat, mit dem „Naturschutz- und Jugendzentrum Wartaweil". Seit 2001 wird es von dem Diplom-Forstwirt und Umweltpädagogen Axel Schreiner geleitet. Vor allem Schulklassen sind hier zu Gast, um in verschiedenen Projekten und Aktionen Natur zu erleben und sich mit den Umweltfragen unserer Zeit zu beschäftigen. Junge Menschen für den Naturschutz zu begeistern, das ist das erklärte Ziel seiner Arbeit.

Die Villa Habersack wurde vor einigen Jahren sehr behutsam und stilbewahrend, vor allem

Die Wasserbaustelle am Seeufer

Auch Kunstausstellungen finden auf dem weitläufigen Gelände statt.

aber natürlich nach ökologischen Gesichtspunkten renoviert. Sie wird heute mit einer modernen Hackschnitzelheizung beheizt und die Warmwasserbereitung erfolgt durch Sonnenkollektoren. Auf dem Aufzugsschacht gibt es eine Photovoltaikanlage und das Brauchwasser für Toiletten und Garten wird aus einer Regenwasserzisterne entnommen. Nach der Dachsanierung wurden wieder die alten Ziegel aufgelegt, sodass die hübsche Villa ihren Charakter bewahren konnte. Auch im Inneren erinnert noch vieles an die ursprünglich behäbig-ländliche Gemütlichkeit. Gleichzeitig öffnet sich das Haus auf der Seeseite mit viel Glas in die Natur, sodass man sogar im Speisesaal das Gefühl hat, man sitzt direkt am Seeufer. Und die Schlafzimmer unter dem Dach vermitteln erst recht Baumhaus-Feeling. Unten im Erdgeschoss wird in einer großen Küche selbst gekocht.

Wer am südlichen Ammersee-Ostufer bei Wartaweil spazieren geht, der kann mit ein bisschen Glück an der sogenannten „Wasserbaustelle" die Kinder sehen, die hier mit roten Backen, schmutzigen Händen und großer Begeisterung werkeln.

Ganz in der Nähe befindet sich die „Weiße Säule" von Wartaweil. Die Geschichte dieser ehemals weiß getünchten Tuffstein-Säule am Seeufer liegt ein wenig im Dunkeln. Fest steht, dass sie

Die Villa Habersack in Wartaweil

einst den Dießener Fischern als Orientierungshilfe diente, wenn sie Pilger in ihren Kähnen übersetzten. Unklar hingegen ist, ob die Säule tatsächlich einzig und allein zu diesem Zweck aufgestellt wurde und welche Bedeutung die verwitterte Jahreszahl 1629 hat. Zu entziffern sind auch die untereinander eingemeißelten Buchstaben W, H und K, von denen das H mit einem Herz umrandet ist. Weitere Inschriften waren wohl auf der Säule vorhanden, sind aber kaum noch zu erkennen.

Denkbar wäre es auch, so der Dießener Historiker Thomas Raff, dass die Säule ursprünglich ein Grenzstein war. Bis ins 19. Jahrhundert hinein stand die „weiße Saul", wie sie im Volksmund genannt wurde, jedenfalls ganz alleine an dem Uferstreifen südlich von Herrsching. 1826 baute ein Fischer aus Mühlfeld sich an der Stelle ein kleines Häuschen, an dem sich fortan die Fährpassagiere und die Fischer trafen. Weil nur eine begrenzte Anzahl von Personen in den Booten Platz hatte, wurden die übrigen mit den Worten „Wart a Weil!" bis zur nächsten Überfahrt vertröstet. So gewöhnte man sich schließlich an, die Stelle bei der „Einöde zur weißen Säule" einfach „Wartaweil" zu nennen.

Und noch ein Geheimnis – oder zumindest einen echten Geheimtipp – gibt es in Wartaweil: Wenn nicht gerade Schulklassen oder andere große Gruppen in der Villa Habersack wohnen, dann können sich auch Familien dort einmieten.

DAS NATURSCHUTZ- UND JUGENDZENTRUM IN WARTAWEIL
Wartaweil 76/77, 82211 Herrsching, Tel. 08152 967708, E-Mail: wartaweil@bund-naturschutz.de, www.bund-naturschutz.de.

Künstler, Lebenskünstler und Freaks

Mathias und Anna Sophie Gasteiger in Holzhausen

Ein langes Glück am Ammersee war Mathias und Anna Sophie Gasteiger beschieden, die sich ein kleines Sommerparadies in Holzhausen schufen. Südlich von Utting konnte das Künstlerpaar 1902 ein großes Grundstück direkt am See erwerben. Das Haus der Gasteigers war bald das gesellige Zentrum einer kleinen Künstlerkolonie und es bezaubert bis heute durch seine reizvolle Gartenanlage mit Hecken und Rosenbüschen, mit plätscherndem Wasser und romantischen Brücklein. Die Jugendstilausstattung des Hauses ist teilweise erhalten. Es ist als Museum zugänglich, Arbeiten beider Künstler sind zu sehen.

Der Bildhauer Mathias Gasteiger war um 1900 ein in der Münchner Künstlerszene anerkannter Bildhauer: Er hatte mit dem damals skandalös nackten Brunnenbuberl, das heute beim Karlstor steht, von sich reden gemacht und mit zahlreichen anderen Brunnenprojekten Geld verdient. Er war außerdem als Besitzer von Steinbrüchen in Laas maßgeblich an der Entwicklung von Anlagen zum Abbau und Transport des Laaser Marmors beteiligt.

Die Gartenanlage der Villa Gasteiger

Die Blumenmalerin Anna Sophie Gasteiger fand ihre Motive direkt vor dem Fenster.

Seine Frau Anna Sophie war eine bekannte Blumenmalerin. Die Gasteigers waren nicht die einzigen Künstler dieser Zeit, die von einem unverfälschten und freien Leben auf dem Land träumten, nach ihnen kamen noch zahlreiche andere Maler an den Ammersee, denen die Bauern gerne ihre feuchten Wiesen am Ufer verkauften. Das beschauliche Holzhausen wurde so zum sommerlichen Zentrum der Künstlervereinigung „Die Scholle", zu der unter anderem auch Fritz Erler, Walter Georgi, Adolf Münzer, Leo Putz und Eduard Thöny gehörten.

1908 bauten sich die Gasteigers ihr selbst geplantes eingeschossiges „Bauernhäuschen", so die Bezeichnung im Eingabeplan, das sie 1911 mit einem Salon im Süden und 1913 mit einem Atelieranbau im Norden sowie einem extravaganten Marmorbad mit Glasdach erweiterten. War der ursprünglich errichtete Mitteltrakt noch rustikal mit einem Bretterboden, einem Kachelofen und einer Holzdecke ausgestattet, so entschied man sich beim Salon für eine vornehm klassizistische Einrichtung, zu der auch ein mächtiger marmorner Kamin mit einem hohen Spiegelaufsatz gehörte.

Das ganze Haus aber ist eigentlich auf den Garten ausgerichtet: In üppigen Beeten und Trögen wuchsen hier die Blumen, nach denen die farbenfrohen Bilder der Hausherrin entstanden. Im Zentrum des von geraden Wegen geteilten Blumengartens auf der Seeseite des Hauses wurde ein großes Brunnenbecken mit Marmoreinfassung aufgestellt. Das weitläufige Parkgrundstück reicht bis ans Ufer hinunter und wird von einem Bach durchflossen. Zwischen den hohen Bäumen sind Skulpturen von Mathias Gasteiger zu sehen, unter anderem die Steinguss-Rehe, die sich auch an dem von ihm geschaffenen Diana-Brunnen in Bogenhausen finden.

Das Künstlerhaus Gasteiger und seine ehemaligen Bewohner sind zwar nicht ganz so berühmt wie das sogenannte „Russenhaus" in Murnau, in dem Wassily Kandinsky und Gabriele Münter ab 1908 wohnten, es ist aber als selbst gestaltetes ländliches Wohn- und Arbeitsrefugium durchaus mit diesem vergleichbar – wenngleich den Gasteigers anders als Kandinksy und Münter ein langes gemeinsames Glück beschieden war. Vielleicht ist ja deshalb heute der Salon der Villa Gasteiger als romantisches Trauzimmer der Gemeinde Utting so beliebt. Mathias Gasteiger starb 1934 in München, seine Frau überlebte ihn um 20 Jahre.

MATHIAS UND ANNA SOPHIE GASTEIGER IN HOLZHAUSEN
Museum Gasteiger: Eduard-Thöny-Straße 43, 86919 Holzhausen, Tel. 08806 699 oder 7605; Öffnungszeiten: April bis Oktober Sonntag 14 bis 17 Uhr.

Lothar-Günther Buchheim in Feldafing

Wer Lothar-Günther Buchheim kennenlernen will, der sollte ihn zunächst in seiner „Grünen Galerie" in Feldafing und nicht in seinem Museum in Bernried besuchen. Die „Grüne Galerie" befindet sich in einem Haus in der Feldafinger Bahnhofstraße, das Buchheim Anfang der 1970er Jahre erworben und so vor dem Abbruch gerettet hatte. Der Name bezieht sich auf die türkisgrüne Außengestaltung des Hauses, ist aber wohl auch als Anspielung auf die Schatzkammer des Dresdener „Grünen Gewölbes" zu verstehen.

Eine Schwester von Gustav Stresemann hatte einst das hübsche Biedermeierhaus mit ihrem Mann bewohnt und unter dem Dach befinden sich in einem seinerzeit für den berühmten Bruder reservierten Zimmer noch die eleganten Originaleinbaumöbel. Kam der hohe Gast zur Sommerfrische nach Feldafing, ließ man das Essen aus dem Hotel Kaiserin Elisabeth kommen. Den Feldafingern ist das Haus mit seiner verglasten Veranda aber vor allem als „Café Humpl" in Erinnerung geblieben, denn bis weit in die 1960er Jahre konnte man hier noch zu Kaffee und Kuchen einkehren.

Als Buchheims Museumspläne – wieder einmal – gescheitert waren und er deswegen seine berühmte Expressionistensammlung auf Weltreise geschickt hatte, begann er Anfang der 1990er

Das von Günter Behnisch geplante Museum in Bernried

Jahre, die vielen Kammern und Stübchen des Hauses, ja sogar das Badezimmer mit seinen übrigen Schätzen zu bestücken. Er wollte hier modellhaft vorführen, wie sein „Museum der Phantasie" aussehen sollte. Immer wieder war er mit seinen Plänen auf Ablehnung gestoßen, wenn er möglichen Kooperationspartnern verständlich machen wollte, dass es für ihn keine Trennung zwischen „hoher" Kunst und „wertlosem" Krimskrams gab. Auf den „Wiesenpfaden der Kunst", wie er selbst stets betonte, sollten neben den Werken der Expressionisten auch seine „Nebensammlungen" präsentiert werden. So brachte er kostbare und weniger kostbare

Buchheims Grüne Galerie an der Feldafinger Bahnhofstraße

Dinge aus dem nahegelegenen Wohnhaus in seine „Grüne Galerie" und arrangierte sie zu einem einzigartigen Ensemble, ja eigentlich zu einem schier überbordenden Gesamtkunstwerk.

Obwohl nach der Eröffnung des Museums der größte Teil seiner Sammlung an Volkskunst und Kunsthandwerk nach Bernried umgezogen ist, präsentiert sich dieses „Privatmuseum" immer noch in einer schier überwältigenden Fülle: Wer jemals über die unzähligen gläsernen Briefbeschwerer im obersten Stockwerk des Bernrieder Museums gestaunt hat, der wird hier fast noch einmal die gleiche Menge entdecken können. Sogar hölzerne Karussellpferde und eine ausladend große chinesische Bettstatt fanden hier Platz. Dazu Votivbilder und geschnitzte Engelsköpfe, Blechspielzeug und afrikanische Masken, chinesische Lampions und Hinterglasmalereien, Schaufensterpuppen und Wundertüten, die Figurensammlung eines Bauchredners und alte Keramiken, ein ganzes Regal mit Gläsern voller gesammelter Kastanien, Muscheln, Pistazienschalen und sogar ausgekochten Markknochen. Es entstanden außerdem höchst merkwürdige und kuriose Installationen wie der „Garten der Lüste", die „Gullymadonna" oder „das Schönste vom Schönen".

223

Diese prall gefüllte Wunderkammer, in der ganz ungezwungen Wertvolles neben völlig Wertlosem Platz findet, ist genau der richtige Ort, um den Sammler Buchheim verstehen zu lernen – viel besser als in der großzügig-eleganten Architektur in Bernried lässt sich hier in der verwinkelten Enge nachvollziehen, wie er aus der Fülle der ihn umgebenden Welt seine Inspiration zu schöpfen wusste. Er entdeckte die Schönheit der Dinge an kostbaren Antiquitäten und Kunstgegenständen ebenso wie an industriell hergestellten Souvenirs, die er nicht selten gleich palettenweise erwarb, um dann in einem meist ungewöhnlichen und nicht selten recht humorvollen Arrangement ihre bunte Vielfalt zu demonstrieren.

Lothar-Günther Buchheim war ein Mensch, der niemals „Mainstream" war. Er machte nie das, was alle machten, sondern ging immer seinen eigenen, einen meist widerständigen Weg – und das mit großer Konsequenz. Dieser Unbeirrtheit ist die unvergleichliche Sammlung zu verdanken, die er im Laufe seines Lebens zusammengetragen und zuletzt der Öffentlichkeit vermacht hat. So setzte er sich etwa in der Nachkriegszeit, als die gegenstandslose Kunst boomte, als Sammler, Verleger und Kunstbuchautor vehement für die figurative Malerei der deutschen Expressionisten ein. Und als Bauhaus und Funktionalismus angesagt waren, umgab er sich mit der sinnen- und farbenfreudigen Pracht alten Kunsthandwerks und anderen „unmodernen" Dingen. Neben ihrer quantitativen Fülle zeichnet sich Buchheims Sammlung dadurch aus, dass der Künstler-Sammler nicht kaufte, was ihm als Geldanlage sinnvoll erschien, sondern was ihm persönlich gefiel und was er für künstlerisch wertvoll hielt.

Lothar-Günther Buchheim wurde 1918 in Weimar geboren und wuchs in Chemnitz auf. Er galt, wie er selbst stets betonte, als „malendes Wunderkind" und arbeitete bereits als Schüler als Illustrator und Autor für Chemnitzer Zeitungen. 1939 begann er ein Studium der Malerei an der Dresdner Kunstakademie, das er ab 1940 zunächst bei Hermann Kaspar in München fortsetzte.

Buchheims Fantasie kannte keine Grenzen und keine Konventionen.

Noch im selben Jahr wurde er zum Kriegsdienst einberufen. Vorwürfe, er habe als Marinekriegsberichterstatter der nationalsozialistischen Propaganda gedient, wies Buchheim stets weit von sich. In den Kriegsjahren entstanden Hunderte von Zeichnungen, Aquarellen und Fotografien sowie Buchmanuskripte, die Buchheims eigenes Oeuvre als Künstler und Autor begründeten. Bereits 1943 erschien sein Buch „Jäger im Weltmeer", ein Bericht aus dem U-Boot-Krieg mit einer Fotodokumentation. Ab 1940 hatte Buchheim ein Domizil in Feldafing am Starnberger See, wohin er 1945 auch zurückkehrte und wo er sich Anfang der 1950er Jahre endgültig niederließ.

Zwischen 1949 und 1951 unterhielt Buchheim eine Kunstgalerie in Frankfurt, in der er als einer der ersten im Nachkriegsdeutschland Ausstellungen von Künstlern wie Paul Klee, Georges Braque und Pablo Picasso zeigte. Die Bücher, die Buchheim über die „Brücke"-Maler, den „Blauen Reiter", über Max Beckmann und Otto Mueller in den 1950er Jahren schrieb, galten als Pionierleistungen. In dieser Zeit sei es einfacher und billiger gewesen, Originale zu erwerben, als sich um Abbildungen und Bildrechte zu bemühen, sagte er über den Beginn seiner Sammlertätigkeit. Eine Beckmann-Radierung, so erinnerte sich Buchheim, war in der Anfangszeit „für 30 Mark zu ergattern".

Im Jahr 2001 wurde Buchheims „Museum der Phantasie" in Bernried eröffnet. Seine Entstehungsgeschichte reicht jedoch weit in die 1970er Jahre zurück und ist eng verknüpft mit der ausgesprochen streitbaren Persönlichkeit des Museumsgründers, der 1995 seine Sammlung in eine Stiftung einbrachte und im Stiftungsvertrag genau festlegen ließ, wie sie, auch über seinen Tod hinaus, zu präsentieren sei.

LOTHAR-GÜNTHER BUCHHEIM IN FELDAFING
Grüne Galerie: Bahnhofstraße 24, 82340 Feldafing, Tel. 08158 99700, E-Mail: info@buchheimmuseum.de, www.buchheimmuseum.de; Öffnungszeiten: jeden ersten Samstag im Monat 14 bis 17 Uhr; die Grüne Galerie ist nur für Gruppen zugänglich, ab 10 Personen nach Absprache auch zu anderen Zeiten.

Herbert Achternbusch in Andechs und Ambach

In Herbert Achternbusch muss man eintreten wie in einen Verein. Man muss ihn mit Haut und Haaren mögen, dann folgt man ihm bedingungslos auf seinen krausesten Fährten. Wer rational herangeht an dieses lebende Kunstpaket, das mal schreibt, spielt, inszeniert und Filme macht, wer Fragen stellt nach dem Warum und Wozu, der ist schon verloren." So brachte die Journalistin Beate Kayser das „Problem Achternbusch" auf den Punkt: Bis heute wird der mal als „schrill",

mal als „skurril" bezeichnete Autor-Filmemacher-Maler vor allem als Provokateur verstanden, wobei „verstanden" eigentlich schon zu weit geht. Während ihn einige Kritiker in einem Atemzug mit Lena Christ, Marieluise Fleißer, Karl Valentin und Oskar Maria Graf nannten, vertraten andere schon früh die Ansicht, es handle sich bei seinem Werk um ein „auf-

Das Gasthaus zum Fischmeister in Ambach

geblähtes Nichts" und um „potenzierten Schwachsinn", manche seiner Filme seien „schlicht und ergreifend eine Sauerei". Und Achternbusch selbst sagte: „Wenn das schon Dummköpfe sind, denen meine Bücher gefallen, was müssen das erst für Dummköpfe sein, denen sie nicht gefallen."

Es ist schon lange still geworden um den einstigen bayerischen Vorzeige-Provokateur. Zu seinem 70. Geburtstag gab es noch eine Ausstellung in der Münchner Rathausgalerie und eine merkwürdig schale Geburtstagsparty in den Kammerspielen, die sich vor allem als Jahrmarkt der Eitelkeiten anderer entpuppte. Auch zu seinem 75. Geburtstag feierten ihn die anderen: auf der Münchner Bücherschau, in den Kammerspielen und mit einem Konzert. Er selbst mache „gar nix mehr", sagte der Jubilar einem Journalisten ins Telefon.

Der 1938 in München geborene Herbert Achternbusch lebte lange am Starnberger See. Das Fünfseenland war Schauplatz in vielen seiner insgesamt 28 Filme. Sein Kinodebüt als Regisseur hatte er 1974 mit „Das Andechser Gefühl". Für diesen Film wählte Achternbusch den Heiligen Berg als Drehort. Er inszenierte diesen mit christlicher Mythologie aufgeladenen Ort als Heimat, in der er „festsitzt", und sei es auch nur, um zu trinken, aber auch als Ort, an dem er seinen Lebenstraum träumt, als Ort, von dem er sich wegsehnt, und schließlich als Ort, an dem er stirbt, denn auch das gehört ja zur Heimat. 1977 erschien „Servus Bayern" als Film und parallel dazu als Buch. Wegen des darin enthaltenen Satzes „In Bayern möchte ich nicht einmal gestorben sein" bewilligte die Bayerische Staatsregierung ihm keine Filmfördermittel.

Auch sein Theaterstück „Der Frosch" spielt in der Schwemme des Andechser Klosters. 1982 drehte er den Film „Das Gespenst", der wegen Blasphemie-Vorwürfen nicht freigegeben wurde und einen Skandal auslöste. Ein bereits gewährtes Preisgeld für den Film „Das letzte Loch" wurde ihm daraufhin vom damaligen Bundesinnenminister Friedrich Zimmermann verweigert. Seit Anfang der 1990er Jahre ist Achternbusch als wichtiger Vertreter des deutschen Autorenfilms anerkannt. Tabubrüche und Kritik an Kirche und Gesellschaft sind wesentliche Merkmale seines filmischen wie schriftstellerischen Werks.

Seine berühmtesten Sätze kann man längst auf Postkarten gedruckt kaufen. „Diese Gegend hat mich kaputt gemacht und ich bleibe so lange, bis man ihr das anmerkt." Das ist einer der Aussprüche, die den Dichter, Filmemacher und Maler Herbert Achternbusch zumindest ein kleines bisschen unsterblich gemacht haben. Gesprochen hat er ihn bei einem Dreh für „Servus Bayern", im Hintergrund ist der Starnberger See zu sehen.

Wie denn nun eigentlich sein Verhältnis zu dieser Gegend sei, die ihn kaputt gemacht hat, darüber sprach er 2009 in einem Interview: „Es ist vorbei", sagt er. Es soll endgültig klingen, aber es wirkt wie eine Beschwörungsformel. „Notgedrungen fahre

Für Herbert Achternbusch ist das Schönste am See die Wasserfläche.

Das Gemälde mit dem Titel „Su" malte Herbert Achternbusch 1998.

ich manchmal mit dem Auto das Ostufer entlang", fügt er noch hinzu. Er sitzt in seinem Arbeitszimmer im vierten Stock in der Münchner Burgstraße und schaut hinaus in die dicken nassen Schneeflocken. Er hat keine Lust heute auf dieses Gespräch, er hat den Termin vergessen, es ist nicht aufgeräumt, er ist überrumpelt und grantig. Aber dann bemüht er sich doch um ein bisschen Freundlichkeit, er kocht Tee. Und dann blättert er in dem mitgebrachten Buch, als wäre es ein vergessenes Fotoalbum und nicht sein eigenes, im Kirchheim Verlag erschienenes „Servus Bayern" mit Bildern aus dem gleichnamigen legendären Film, den er im und um das Ambacher Wirtshaus gedreht hat. „Am Starnberger See lebt der Dichter Herbert Achternbusch", liest er den berühmten ersten Satz. „Ist das von mir?", fragt er. Erstaunt? Zynisch?

Er sieht sich selbst im weißen Anzug mit dem weißen Spitz zu seinen Füßen im Biergarten beim „Bierbichler" in Ambach sitzen, der damals noch lange nicht der Kultbiergarten der Münchner war, und er erinnert sich an den Knochen unter dem Tisch, mit dem er den Spitz bei Laune gehalten hat. Er blättert weiter. Er streichelt zärtlich mit dem Finger über das Bild von Annamirl Bierbichler, die die große Liebe seines Lebens war. Es ist nicht vorbei. Noch lange nicht. Pause. Wie soll das Gespräch an diesem Punkt weitergehen? Schneeflocken. Tee. Themenwechsel.

Wie ist es mit der Malerei? Achternbusch, der Filmemacher, ja, der hat langsam aber sicher Kultstatus. Achternbusch, der Dichter, der gehört dazu, denn das schriftstellerische und das filmische Werk sind aufs Engste miteinander verwoben. Aber Achternbusch, der Maler? Wer kennt den? Achternbuschs Münchner Wohnung ist bemalt wie eine Höhle. An allen Wänden und sogar auf den Holzfußböden drängen sich seine großen Figuren: Gestalten aus der griechischen Mythologie oder aus Achternbuschs eigenem mythischen Innenleben, anrührend, verstörend in ihrer Hilflosigkeit und Expressivität. Elefanten, Esel, Pferde als Reittiere. Mächtige und sinnliche, alles verschlingende Frauengestalten beherrschen das Geschehen. Penisgesteuert zwar, aber mit erhobenen Händen, nackt, sehnsuchtsvoll und hilflos ist der Mann ihnen ausgeliefert. Im Arbeitszimmer liegen gerollt die Bilder seiner letzten Ausstellung. Und daneben die für eine geplante Ausstellung im Berger Marstall. Das „Weihnachtsbild" hängt noch ungerahmt in der Diele. Ein schmales Hochformat in tiefgründigen dunklen Tönen wird von einem sich windenden Kraken ausgefüllt. Jedes Jahr am Heiligen Abend malt Achternbusch ein Bild, um sich gegen den Zwang zu wehren, den dieser Tag ihm auferlegt. Überhaupt Zwang: „Der Zwang, Geld zu verdienen, auf Gedeih und Verderb." Der hat den jungen Achternbusch damals ein Studium an der Pädagogischen Hochschule beginnen lassen, ein Studium, das er nicht abgeschlossen hat. Auch nicht das an der Kunstakademie. „Alles Akademische, das ist mir sowas von zuwider", sagt er. „Die besten Bilder sind die, die ich schnell hingeschmissen habe." Unter Zwang geht eben gar nichts bei ihm. „Das Wissen", sagt er, „das ist in einem drinnen, man muss es nur rausholen. Das war immer mein Ansatz für alles, was ich gemacht habe." Die Malerei hat er sich dann wieder „ausreden müssen". Um Schriftsteller zu werden, und dann Filmemacher.

16 Jahre lang hat er keinen Pinsel in die Hand genommen. Erst als er von Fernsehanstalten und Fördergremien geächtet war, da hat er wieder zu malen angefangen, um das Geld zu verdienen für neue Filmprojekte. Zuletzt lief 2002 „Das Klatschen der einen Hand" in den Kinos. Neue Filme von ihm wird es wohl nicht mehr geben. „Was in meiner Seele vorgesehen war, das habe ich gemacht." Es klingt fast ein bisschen zufrieden. „Und wahrscheinlich würde ich auch kein Geld mehr kriegen."

Und jetzt sieht er zum ersten Mal wirklich alt aus, an diesem grauen Januartag, wie er in die nassen Schneeflocken hinausschaut. „Ich bin ein Mensch, der sich quälen muss", sagt er. Und ein bisschen später schließlich: „Am Starnberger See, da malen sie doch alle besonders schön, weil sie alle meinen, dass sie was Besonderes sind. Das gemeine Volk, das gibt es doch da gar nicht." Zum Glück, wir sind zu unserem Thema zurückgekommen, ganz von alleine. Beim Tanzen im Undosa, da habe er sich zum ersten Mal verliebt. „Ich, aus dem Bayerischen Wald, beim Tanzen im Undosa." Langsam tasten wir uns am Ufer hinunter, bis nach Ambach, wo er viele Jahre gewohnt hat.

„Da ist sogar dieser Philosoph aus Bernried zu uns rübergekommen", kommt er ins Plaudern, er meint Jürgen Habermas. „Als ob es drüben auf der anderen Seite kein Bier gegeben hätte." Sepp Bierbichler. Irgendwann fällt natürlich der Name seines langjährigen Weggefährten und Freundes, mit dem er seit geraumer Zeit eine privat wie öffentlich geführte Fehde austrägt. „Es ist vorbei", sagt er nochmal, er will nicht darüber reden. Noch mal Themenwechsel? „Der drängt sich immer wieder in mein Beurteilungsaquarium", sagt er schließlich von selber. Kann man ihm denn außer der ganzen Schimpferei nicht irgendetwas Druckreifes entlocken? „Ja, gut, er ist ein guter Schauspieler. Aber persönlich ist er ein Depp." Nein, nicht einmal ein guter Schauspieler: „Der kannt besser sei", habe die Annamirl, seine Schwester, immer über ihn gesagt. „Die kommen doch alle nicht weg von ihrem See", grantelt er jetzt. Und jeder würde doch am liebsten den ganzen See besitzen. „Und dann die Preißn, die druckn und druckn, bis uns alle dadruckt ham."

Hat also doch die Gegend gewonnen, in der er doch bleiben wollte, um ihr eine Niederlage zuzufügen? In Starnberg hat er gewohnt, dann viele Jahre in Buchendorf und schließlich in Ambach über dem Wirtshaus direkt am See. Und die Natur, fehlt ihm denn nicht wenigstens die Nähe zum See? Das Grenzgebiet des Föhns, in dem Ambach seiner Meinung nach liegt? Nein, es ist vorbei. Geblieben ist nur der Nachgeschmack des Streits, der Groll, der Zorn. „Nein, übern Achternbusch will ich ganz bestimmt nicht reden", sagt auch Bierbichler später am Telefon. Und auch bei ihm klingt die Verletzung durch. „Überall gibt's Wege, aber bei mir sind's immer Umwege", sagt Herbert Achternbusch noch und schaut wieder hinaus in die Schneeflocken. Schade, dass es diesen Satz noch nicht auf einer Postkarte gedruckt gibt, sonst könnte man sie vielleicht nach Ambach schicken. Achternbusch hat jetzt endgültig keine Lust mehr auf dieses Interview. „Das Schönste am Starnberger See ist die Wasserfläche – die hat nämlich gar nichts mit dem zu tun, was außen herum ist", sagt Herbert Achternbusch zum Abschied.

HERBERT ACHTERNBUSCH IN ANDECHS UND AMBACH
Einkehrtipp: Zum Fischmeister Bierbichler, Seeuferstraße 31, 82541 Ambach, Tel. 08177 533, E-Mail: zum.fischmeister@gmx.de, www.zumfischmeister.com; Öffnungszeiten: Mittwoch und Donnerstag ab 16 Uhr, Freitag bis Sonntag und Feiertage ab 12 Uhr.

Der Bonzo in Oberpfaffenhofen

Oberpfaffenhofen liegt kurz vor oder kurz nach dem Weßlinger See, je nachdem, aus welcher Richtung man kommt. In Oberpfaffenhofen gibt es eine schöne Kirche, ein Wirtshaus und obendrein einen Flughafen. Ein Bonzo-Denkmal gibt es in Oberpfaffenhofen noch nicht. Günter „Bonzo" Keil war eine Institution in Oberpfaffenhofen. Generationen von Gitarristen, eigentlich Generationen von Musikern aus dem Fünfseenland berufen sich auf den kleinen Mann mit Hut und Gitarre.

Bonzo wohnte im kleinsten Häuschen von Oberpfaffenhofen – und selbst das brannte ihm eines Tages ab. Es wurde notdürftig mithilfe von Freunden wieder aufgebaut und erschien danach noch kleiner. In den späten 1970er Jahren war Bonzo Gründungsmitglied bei der Bayern-Rock-Combo „Tram". In den 1980ern hatte er in Oberpfaffenhofen ein Tonstudio – und schon das war legendär. Seit 1990 etwa spielte er in der Band „Blue Elephant Club", mit der er die CD „Thank You" veröffentlichte. Als Gitarrist für den singenden Metzger „Tiger Willi" aus Steinebach

Bonzo Keil bei einem seiner Konzerte „In Guitarra Veritas"

wurde Bonzo in den 1990er Jahren auch überregional bekannt. Bonzo, das darf man wohl sagen, war einer der besten Gitarristen Deutschlands. Leider ist das meiste, was er jemals aufgenommen hat, zerstört worden, alles verbrannt, mitsamt der Einrichtung des Tonstudios, den Instrumenten, den Noten und dem Archiv. Und so lebt Bonzo, der im November 2006 nach mehreren Herzinfarkten im Alter von nur 58 Jahren gestorben ist, nun vor allem in der Erinnerung weiter und in der großen Verehrung, die ihm seine Gitarrenschüler entgegenbrachten.

Aufgewachsen in der Nachkriegszeit als Kind von Heimatvertriebenen in Neugablonz im Allgäu, fand er schon im Alter von zwölf Jahren seine große Liebe, die Gitarre. Und er blieb ihr Zeit seines Lebens treu. In seinen letzten Lebensjahren fanden, einem festen Ritual folgend, seine herbstlichen Auftritte in „Raabe's Wirthausbrettl" in Steinebach statt: „In Guitarra Veritas" hieß sein unvergleichlich zärtlich gespieltes Gitarren-Solo-Programm.

Lapidar und so nebenbei gab der Gitarrist, Taxifahrer und Lebenskünstler zwischen den einzelnen Stücken seine philosophischen Überlegungen von sich und bekannte freimütig, dass er sein Wissen aus „allgemein zugänglichen Quellen", gern auch aus dem Radio und von Kalenderblättern, bezog. Jedes Konzert von Bonzo begann mit einem alten Tina-Turner-Song, immer mit demselben. Dann sagte er zum Beispiel: „Mein Ziel ist es heute Abend, dass Sie gar nicht mehr merken, dass da einer Gitarre spielt, sondern nur noch die Musik hören." Und tatsächlich war dann irgendwann an einem solchen Abend alles nur noch Musik, ihre zur Essenz verdichtete Schönheit. Was gespielt wurde, waren „Stücke von obskurer Herkunft", wie Bonzo selbst es formulierte, vieles aus Zeiten, in denen noch „Platten" gehört wurden, von „Police", von „Fleetwood Mac" oder gar von den „Beatles". Manches waren echte Nostalgie-Ohrwürmer, anderes völlig unbekannte Bonzo-Lieblingsstücke wie die „Schmuse-Muse" von Wolfgang Neumann, wieder anderes „was Eigenes" wie das sachte traurige „Blatt im Wind".

Egal, was er spielte, Bonzo begab sich immer mit ganzem Herzen auf die Suche nach dem Innersten der Musik, legte es frei, ja entblößte es, und ließ es reduziert, pur und immer auch ein bisschen zerbrechlich klingen. Und wenn er ganz selten auch einmal sang, dann hatte seine Stimme eine berührende Verletzlichkeit, nicht nur bei der „traurigen Ballade vom Alleinsein". Er scheute nicht vor bearbeiteten Bearbeitungen zurück, er spielte „Selbstgebasteltes aus der Bastelwerkstatt" und Stücke von befreundeten Musikern wie Christoph Zöller, mit dem er im „Blue Elephant Club" auftrat. Bonzo Keil hatte wie der große Ry Cooder, den er als musikalischen Seelenverwandten bezeichnete, eine Vorliebe für offene Harmonien und synkopierte Rhythmen. Er war ein feiner Tüftler und ein ausgefeilter Techniker – und nicht zuletzt zeichnete er sich dadurch aus, dass es in allen seinen Stücken immer „ein bissl ums Unglücklichsein" ging.

Die Konzerte, zu denen sich alljährlich im Herbst die Bonzo-Anhängerschaft aus nah und fern versammelte, waren mit römischen Ziffern nummeriert. Auch beim letzten, dem siebten Mal erschien Bonzo mit seinem rudimentären Instrumentarium und mit Hut, wie immer spielte er das Bonzo-Konzert-Anfangsstück zur Nervositätsbeseitigung. Er war deutlich älter geworden, noch philosophischer und noch bescheidener. Man konnte ihn bei Sätzen ertappen wie: „Da sieht man mal, wie einen der Zufall dazu bringt, seine Persönlichkeit weiterzuentwickeln." So war es mit der Gitarre, die er als Zwölfjähriger in den Sommerferien zufällig entdeckte, und so war es mit seinem Soloprogramm, das irgendwann am Küchentisch entstand und auf einem Schmierzettel festgehalten wurde: „Ich hab nämlich gern eine Gitarre in der Hand, wenn ich Zeitung lese." Und so war es schließlich auch mit einer ganzen Reihe von Herzinfarkten, nicht bemerkten oder nicht ernst genommenen Warnzeichen zunächst, die aber die Notaufnahme und danach mehrere Monate in Großhadern zur Folge hatten. Er war dem Tod noch einmal von der Schippe gesprungen. Noch intensiver, noch minimalistischer waren jetzt seine Arrangements, sein Spiel schien bereinigt von jeglicher Zurschaustellung von Virtuosität, jedes Stück wie unter Mühen und mit unendlicher Liebe gefunden.

Ein Jahr später hat der Tod den kleinen Mann mit Hut und Gitarre doch geholt. Vielleicht sitzt er ja jetzt auf einer Wolke und schaut auf Oberpfaffenhofen herunter. Bestimmt würde er sich darüber freuen, dass es in Oberpfaffenhofen inzwischen den Gitarrenladen gibt und mit Erik Berthold einen Gitarrenlehrer, der sogar mit dem Kulturpreis des Landkreises ausgezeichnet worden ist – und der dafür sorgt, dass im Dorfwirtshaus regelmäßig Konzerte stattfinden.

DER BONZO IN OBERPFAFFENHOFEN
Acoustic Corner: Gautinger Straße 61, 82234 Wessling/Oberpfaffenhofen, Tel. 08153 881040, E-Mail: erik@acousticcorner.de, www.acousticcorner. de; Öffnungszeiten: Montag bis Mittwoch und Freitag 11 bis 18 Uhr, Donnerstag 11 bis 19 Uhr, Samstag 10 bis 14 Uhr.

Einkehrtipp: Dorfgasthof Il Plonner, Gautinger Straße 52, 82234 Weßling, Tel. 08153 916127, E-Mail: info@ilplonner.de, www.ilplonner.de; Öffnungszeiten: Sonntag bis Freitag 11 bis 14.30 Uhr und 17 bis 22 Uhr.

Max Raffler in Greifenberg

Das Schloss und die wenigen Höfe sehen aus wie hingeklebt an den sanften Hügel, der sich am nordwestlichen Ende des Ammersees erhebt. Dazwischen stehen ein paar Bilderbuchbäume auf der bilderbuchgrünen Wiese und ein Sträßlein schlängelt sich freundlich herunter. So hat Max Raffler, einer der bekanntesten naiven Maler Deutschlands, sein Heimatdorf gemalt. Und wenn man sich ein paar Bausünden der letzten Jahrzehnte wegdenkt, dann sieht Greifenberg eigentlich immer noch so aus.

Nicht gemalt hat Max Raffler allerdings ein ganz besonderes Bauwerk in seinem Heimatdorf: Die NITAG-Tankstelle aus dem Jahr 1954 an der Greifenberger Hauptstraße mit ihrem kühn geschwungenen Stahlbetondach, das nicht minder kühn von einer einzigen schlanken Stütze getragen wird, hat beinahe unverändert die Zeiten überdauert – sie steht mittlerweile unter Denkmalschutz und wird von einem Oldtimer-Sammler mit den passenden Automobilen bestückt.

Max Raffler wurde am 8. Oktober 1902 auf einem Bauernhof in Greifenberg geboren. Sein Vater war von 1911 bis 1933 Bürgermeister der kleinen Gemeinde. Zeit seines Lebens wohnte er auf dem elterlichen Hof, den er zuletzt mit seinen beiden Schwestern bewirtschaftete. Schon als Kind malte und zeichnete er. Und auch in späteren Jahren fand er neben der harten Arbeit immer Zeit für seine Leidenschaft. Im Haus gab es nicht einmal richtiges Zeichenpapier, sodass viele seiner Bilder auf den Rückseiten der Formulare und Geschäftspapiere aus der Amtsstube des Vaters entstanden. Zuweilen schnitt er sich einen leeren Kunstdünger- oder Zementsack zurecht und malte darauf, was er in seiner Umgebung sah: die Tiere auf dem Hof, die Gerätschaften aus der bäuerlichen Werkstatt oder alle Gemüsesorten und Kräuter, die er kannte, feinsäuberlich nebeneinander aufgereiht.

In seiner Familie stieß Max Raffler mit dieser Beschäftigung auf Unverständnis. Später, als er längst berühmt war, berichteten seine Schwestern, dass man die Bilder des Bruders „wäschekörbeweise" weggeworfen habe. Dennoch malte er unverdrossen weiter, über 60 Jahre lang. Es waren zwei Nachbarn, die schließlich sein künstlerisches Talent entdeckten. 1966, im Alter von 64 Jahren, nahm Max Raffler an einem „Wettbewerb für Sonntagsmaler" in Amsterdam teil. Berater der Jury, die ihm unter 3.500 Einsendungen aus ganz Europa den zweiten Preis zusprach, war kein Geringerer als Oskar Kokoschka. Der „malende Bauer vom Ammersee" wurde über Nacht berühmt.

Der wortkarge Landwirt, der nie seine Heimat verlassen hatte, reiste nun zu den Eröffnungen seiner Ausstellungen nach Amsterdam, Hamburg, Frankfurt, Wien oder Recklinghausen. Auf einmal stand er im Licht der Öffentlichkeit und seine Bilder fanden – dem Zeitgeschmack entsprechend – viele Liebhaber. Auch der Sammler und Verleger Lothar-Günther Buchheim gab bei Max Raffler Bilder in Auftrag, die er in verschiedenen Drucksachen reproduzierte und damit noch bekannter machte. So entstand beispielsweise für einen Kalender eine Serie mit Bräuchen

Die denkmalgeschützte Tankstelle in Greifenberg

Das Gemälde „Almabtrieb" von Max Raffler ist im Buchheim Museum in Bernried zu besichtigen.

und Festen: Raffler malte das Ostereiersuchen und den Maitanz, das Johannifeuer und ein Erntefest.

Raffler saß nun auch tagsüber in der Wohnküche am Fenster und malte. Was früher Freizeitbeschäftigung war, wurde nun Auftragsgeschäft. Dem Charme seiner späten Bilder tat dies jedoch keinen Abbruch: Sie erzählen detailreich und in bezaubernder Unbedarftheit, wie der Maler seine Umgebung wahrnimmt. Manche dieser Bilder erinnern in der Art der Darstellung an Votivbilder früherer Jahrhunderte. Im Jahr 1988 starb Max Raffler. In Greifenberg hat man ihm noch kein Museum gebaut, aber im Buchheim-Museum in Bernried ist eine schöne Auswahl seiner Bilder zu sehen.

MAX RAFFLER IN GREIFENBERG

Buchheim Museum der Phantasie: Am Hirschgarten 1, 82347 Bernried, Tel. 08158 997020, E-Mail: info@buchheimmuseum.de, www.buchheim-museum.de; Öffnungszeiten: April bis Oktober Dienstag bis Sonntag und Feiertage 10 bis 18 Uhr, November bis März Dienstag bis Sonntag und Feiertage 10 bis 17 Uhr; Eintritt 8,50 Euro, ermäßigt 4 Euro, Kinder bis 6 Jahre frei, Gruppen- und Familienpreise möglich.

Andreas Kloker in Schondorf

Als um die Wende vom 19. zum 20. Jahrhundert eine ganze Reihe von Münchner Künstlern das noch sehr ländlich geprägte Ammersee-Westufer entdeckte, da hatte Wilhelm Leibl hier schon längst verbrannte Erde hinterlassen. Heute ist in Schondorf ein Platz nach dem bedeutenden Vertreter des Realismus benannt. Damals aber, im Jahr 1877, musste der Maler ziemlich überstürzt seine Zelte abbrechen. 1875 hatte er sich in Schondorf eingemietet und sich bald darauf unsterblich in Theresia Bauer, die Stieftochter des Schondorfer Post-Wirts, verliebt. Ein bisschen zumindest muss auch sie seine stürmische Liebe erwidert haben, denn im Jahr 1876 brachte sie einen Sohn zur Welt, der nach Leibls Vater Karl getauft wurde. Die Zuneigung der schönen Schondorferin und des übrigen Dorfs verscherzte sich der Maler allerdings, als er in der ländlichen Idylle Besuch von einer Verflossenen aus der Stadt bekam und diese auch noch mit in die Wirtsstube brachte. Das Bild, das Leibl von seiner Resl malte, zeigt sie zusammen mit ihrem Stiefvater, der wohl nicht zufällig recht besitzergreifend den Arm um sie legt: „Das ungleiche Paar" ist heute im Frankfurter Städel zu sehen und ist eins von Leibls berühmtesten Werken. Sein Sohn starb im Alter von

Der Künstler Andreas Kloker bei einer Performance

nicht einmal einem Jahr. An der Seestraße erinnert eine Inschrift an das Fischeranwesen, in dem Leibl zwei Zimmer zum Wohnen und Arbeiten gemietet hatte.

Herrlich weit ist bis heute die noch nicht zugebaute, flach zum See auslaufende Landschaft zwischen Eching und Dießen. Die Ammersee-Bahn und die Lindauer Autobahn haben es nicht geschafft, diese schon ganz vom nahen Allgäu geprägte Idylle näher an München heranzurücken. Einige herrschaftliche Villen entstanden hier dennoch bereits im ausgehenden 19. Jahrhundert. Eine davon ist die direkt am Seeufer gelegene „Alte Villa" in Utting, die seit den 1980er Jahren ein Restaurant mit Jugendstilflair beherbergt und für den sonntäglichen Jazz-Frühschoppen im Biergarten weithin bekannt ist. Im neugotischen „Seeschlössl", das sich 1890 der Münchner Maler Eduard Selzam erbaute, kann man sich heute in einer der drei ausgesprochen stilvollen Ferienwohnungen mit Privatstrand einmieten.

Um 1900 entstand in Eching am nordwestlichsten Zipfel des Sees eine besonders reizvolle Künstlerkolonie um die beiden Maler Hans Beat Wieland und Adelbert Niemeyer. Die sauren Seewiesen am „Kaaganger" hatten für die Bauern wenig Wert, deshalb konnte man sie günstig kaufen. Mit kleinem Budget, aber großem Gestaltungswillen bauten sich die befreundeten Künstler hier nach und nach ihre Häuser. Ein Spaziergang am Seeufer vermittelt auch heute noch etwas von diesem Flair, obwohl durch die mittlerweile auch hier rasant gestiegenen Immobilienpreise der Baudruck enorm ist.

Zu Fuß kann man über den Kaaganger nach Schondorf wandern. Der Weg führt durch den erst kürzlich angelegten Ammersee-Skulpturenweg, der besonders eindrücklich für die bis heute höchst lebendige Kunstszene der Region steht: Alle Künstlerinnen und Künstler, die hier ihre Werke präsentieren, wohnen und arbeiten am Ammersee.

Die Künstler, die sich Anfang des 20. Jahrhunderts in Eching oder auch im weiter südlich gelegenen Holzhausen niedergelassen hatten, lebten nicht einfach Gartenzaun an Gartenzaun, sie waren miteinander vernetzt und standen im regen Austausch in

Elementar-Zeichnungen als Symbol für die Vergänglichkeit

Sachen Kunst und Alltag. Sie bauten sich keine Villen, sondern meist sehr einfache und individuelle Häuser, die erst nach und nach mit etwas mehr Komfort ausgestattet wurden. Wie das ungefähr ausgesehen haben könnte, das vermittelt in Schondorf auch heute noch das wundersame Refugium von Regine Hohmann und ihrem Mann, dem Künstler Andreas Kloker, bei dem man wohl im allerbesten Sinn von einer „sozialen Plastik" sprechen könnte.

Der von Joseph Beuys vertretene Gedanke der sozialen Plastik besagt, dass jeder Mensch durch kreatives Handeln zum Wohl der Gemeinschaft beitragen und dadurch sozusagen „plastizierend", also formend, auf die Gesellschaft einwirken kann. Beuys vertrat die Ansicht, dass jeder daran teilnehmen kann, das Leben insbesondere in Politik und Wirtschaft sozial und kreativ zu gestalten. Er ging davon aus, dass die notwendigen Fähigkeiten zur Verwirklichung einer „Sozialen Plastik" – oder eines „Sozialen Organismus" – Spiritualität, Offenheit, Kreativität und Phantasie sind, die in jedem Menschen bereits vorhanden sind, sie müssen nur erkannt, ausgebildet und gefördert werden. In diesem Sinn

In der Werkstatt von Regine Hohmann

formulierte er seinen berühmten Satz: Jeder Mensch ist ein Künstler. Die Grundlage einer Sozialen Plastik war für Beuys der Mensch, der durch Denken und Sprache soziale Strukturen entwickelt. Diese Entwicklung der Gesellschaft verstand er als einen kontinuierlichen kreativen Prozess. Die Aufgabe der Kunst sei es, dem Menschen diesen Prozess bewusst zu machen.

Der Künstler Andreas Kloker, der sich als Plastiker und Kalligraph bezeichnet, sagt über seine Arbeit: „Es ist mein Wunsch, alle meine Tätigkeiten, auch die alltäglichen, in den künstlerischen Prozess miteinzubeziehen." Man könnte vielleicht auch sagen: Das Leben ist die Kunst.

In Schondorf ist die Kunst von Andreas Kloker an vielen Orten präsent. Sein bekanntestes und meist benütztes Werk, so sagt er, ist das Spielschiff in den Schondorfer Seeanlagen. „Benützt" wird freilich auch das von ihm entworfene Toilettenhäuschen gleich daneben, so hübsch, dass es sich mit der eleganten Jugendstil-Toilette am Karlsplatz in Wien durchaus messen kann. Auch die Stele am Badeplatz der Gemeinde, die den Standort einer römischen

Therme dokumentiert, hat Andreas Kloker gestaltet, ebenso die Erinnerungsstätte für Thomas Theodor Heine in Dießen.

Seit mehr als 30 Jahren backt Andreas Kloker einmal in der Woche Brot für Freunde. Auf seinem Grundstück gibt es ein Backhaus, das mit Holz befeuert wird. Das Holz wächst ebenfalls auf dem Grundstück, es wird sozusagen bei den Gartenarbeiten geerntet. Auch das Brotbacken versteht er als Kunstprojekt, als Teil seiner Lebenskunst.

Kunst kann man also benützen, sie kann belehren und man kann sie sogar essen. Ausgesprochen flüchtig sind jedoch die Elementar-Zeichnungen von Andreas Kloker: Man kann sie nur im Rahmen seiner Performances erleben. Auf einer Schiefertafel entstehen dabei mit Wasser Bilder, die sich durch Wärme und Luft verändern, sodass neue Bilder entstehen, die schließlich vergehen und Raum für Stille lassen. Es geht in diesen höchst subtilen Arbeiten um Lebenszeit und um den Umgang mit der Zeit, die uns zur Verfügung steht. Alljährlich in der Karwoche ist Andreas Kloker an drei Abenden mit seinen Elementar-Zeichnungen zu Gast im Studio Rose in Schondorf.

Wer dennoch etwas von dieser Lebenskunst mit nach Hause nehmen möchte, der sollte einen Abstecher in die Werkstatt von Regine Hohmann machen. Sie fertigt keine schwere Irdenware, sondern bezaubernd filigranes Geschirr und Lampenschirme aus Porzellan. Die Glasuren, vorwiegend Seladone, stellt sie selbst aus Feldspat, Quarz, Kaolin, Lehm und Asche her. Die zarten Farbtöne, die an das Spektrum von Mondstein erinnern, entstehen beim Brand unter Sauerstoffentzug.

ANDREAS KLOKER IN SCHONDORF

Studio Rose: Bahnhofstraße 35, 86938 Schondorf am Ammersee, Tel. 08193 999666, E-Mail: michael@werbetexte-sorger.de, www.studio-rose-schondorf.de; Öffnungszeiten: Aktuelle Ausstellungen und dazugehörige Öffnungszeiten auf der Website.

Regine Hohmann: Kalkbrünnerlweg 1, Tel. 08192 7542, E-Mail: reginehohmann@t-online.de, www.reginehohmann.de; telefonische Voranmeldung ist empfehlenswert.

Gerd Eisenblätter in Bernried

Das kleine Bernried am Westufer des Starnberger Sees ist das schönste Dorf im Fünfseenland, das haben die Bernrieder schriftlich – nämlich in Form der höchsten Übernachtungszahlen weit und breit. Bernried gehört aber darüber hinaus zu den schönsten Dörfern Bayerns und ist dafür bereits mehrfach ausgezeichnet worden.

Rund um das ehemalige Augustiner-Chorherrenstift, das 1120 durch den Grafen Otto Valley gegründet wurde, liegen in alten, von kleinen Wegen durchzogenen Bauerngärten die denkmalgeschützten Holzhäuser. Fast meint man, die Zeit sei hier stehen geblieben, seit Wilhelm Leibl mit seinen Freunden zum Malen einen Sommer lang in Bernried war. Dieser Sommer 1871 gilt als die Geburtsstunde des Leibl-Kreises.

Auch der Baumeister und Stuckateur Caspar Feichtmayr lebte im 17. Jahrhundert in Bernried. Ihm ist es wohl zu verdanken, dass die beiden Bernrieder Kirchen so besonders hübsch ausgestattet sind. Zumindest bei der Barockisierung der ehemaligen Stiftskirche St. Martin ab 1659 gilt seine Mitwirkung als gesichert. Und auch bei der Ausschmückung der bis ins 14. Jahrhundert zurückreichenden ehemaligen Hofmarkskirche Mariä Himmelfahrt dürfte er beteiligt gewesen sein: Der Stuck in der nördlich angrenzenden Wallfahrtskapelle wird ihm zugeschrieben.

Schönstes Dorf hin oder her. Der majestätische Starnberger See mit seinen dunklen Ufern und der freundlich weite, um vieles ländlichere Ammersee, der „Herrensee" und der „Bauernsee" – daran scheiden sich bekanntlich die Geister: Wer den einen See liebt und gewohnt ist, der empfindet den anderen zwangsläufig als den falschen, den weniger schönen. Für den Herrschinger Maler Gerd Eisenblätter aber ist die Landschaft zwischen den beiden Seen zum bestimmenden Thema seiner Bilder geworden, als er schon mit seiner zweiten Frau Ulla Malterer in Bernried an dem einen See lebte, aber noch viele Jahre fast täglich in seine „Heimat" nach Herrsching hinüberfuhr, wo sein Atelier hoch über dem anderen See thronte.

Der Weg zur gemalten Landschaft führte für den ehemaligen Kunsterzieher Gerd Eisenblätter zuletzt über abstrakte Collagen, die er aus gerissenen und geschnittenen Farbflächen entwickelt hat. Seine Landschaftsbilder sind keineswegs detailgenaue Momentaufnahmen, sie sind vielmehr erinnerte Gesamteindrücke, sachte Rhythmen aus Farbe, Fläche und Linie. „Es sind Flächen, die mir den Gefallen tun, Landschaften zu werden", sagt er. „Es sind Landschaftseindrücke wie aus dem fahrenden Auto gesehen", hat ihm jemand gesagt. Auf jeden Fall gibt es mittlerweile viele, viele Menschen, die einen Zugang zu diesen Bildern finden. Die sie als beruhigend erleben. Die meinen, einen ihnen vertrauten Hügelzug, einen Waldrand, eine Wiese, ein Stück Seeufer wiederzuerkennen. Die sie schließlich zu Hause aufhängen wollen, um immer wieder darin „spazieren zu gehen". Eisenblätter ist aber kein Künstler, der für den Kunstmarkt produziert. Er sagt: „Ich male lieber so vor mich hin."

Ist es also die Ruhe des Malers beim Malen, die den Reiz dieser Bilder ausmacht? Sicherlich sind es die weich gedämpften Farbklänge, die den Betrachter anrühren: Es sind nicht die strahlenden, die spektakulären Tage mit dem gleißenden Licht und der leuchtend blauen Bergkette, sondern die stillen mit ihren milchigen und wattigen Grauschattierungen, an die uns die Bilder von

Gerd Eisenblätter in seinem Atelier

Gerd Eisenblätter erinnern. „Diese verhangenen Tage liebe ich sehr", sagt er, „dann sieht man die Landschaft in größeren Zusammenhängen." Und zu diesen größeren Zusammenhängen gehört wohl auch die wunderbare Weite, die seinen Bildern innewohnt: Die Alpenkette ist zwar immer präsent, aber nicht in bedrohlicher Nähe, sondern als wohltuend flache Silhouette im Hintergrund.

Ein Bild von Gerd Eisenblätter, das für die schöne und stille Landschaft zwischen den Seen steht, zeigt einen einfachen braunen Holzstadel mitten auf dem Feld. Das Feld könnte schneebedeckt sein mit ein paar gelben Flecken, vielleicht aber auch einfach von der Sonne beschienen. Ein dunkler Waldrand markiert den Horizont. Hinter dem Stadel sieht man einen Misthaufen und ein paar aufgestapelte Ziegel. Der Stadel bildet den Kontrapunkt in der stillen Landschaft, die aus glatt aufgetragenen, mattmilchigen Flächen besteht, sehr ruhig liegen die Farben nebeneinander: ein lichtes Grau, ein Braun wie schwarzer Tee mit Milch, ein warmes Weiß, wenn es so etwas überhaupt gibt. Noch ein dunkles Braun, ein erdiges Rot, ein Grün, wie aus der Natur gegriffen. Es ist ein Bild wie ein Stück Heimat, so selbstverständlich wie ein Butterbrot, es löst keine großartigen Gefühle aus, sondern eher ein: „Ja, genau so muss es sein." Wer die Mitte des

Bernried ist das schönste Dorf im Fünfseenland.

Fünfseenlands kennt, der meint auch dieses Feld mit dem Stadel zu kennen. Für Gerd Eisenblätter ist es der Idealfall, wenn man über ein Bild nichts reden muss.

Seit einiger Zeit lebt Gerd Eisenblätter im Haus eines anderen Bernrieder Malers: Der ein wenig in Vergessenheit geratene Künstler Ernst Weiers, Schüler von Klee und Campendonk, wohnte vor dem Zweiten Weltkrieg und danach bis zu seinem

Die Ruhe des Malers beim Malen macht den Reiz seiner Bilder aus.

Tod im Jahr 1978 mit seiner Frau und deren Schwester in Bernried. Der Park, der See und die Wälder der Umgebung haben ihn Zeit seines Lebens zu ausdrucksstarken Landschafts- und Tierbildern inspiriert, die deutlich an die Bildsprache von Franz Marc erinnern. Die Schönheit der ihn unmittelbar umgebenden Landschaft und die in ihr lebenden Tiere sollten bis zu seinem Lebensende bestimmendes Thema seiner Bilder bleiben. Er durchlief dabei eine Entwicklung von zunächst eher düsteren Bildwelten, in denen Tierdarstellungen, etwa die immer wieder auftauchende Eule als Verkörperung des Dunklen, der Nacht und des Todes, auch eine symbolische Bedeutung haben, über freundlich-expressive Landschaften mit lebensbejahender Farbigkeit, die unwillkürlich an Campendonk, aber auch an Münter und Kandinsky denken lassen, bis hin zu den späten minimalistischen Horizontbildern. Bis zuletzt hat Weiers die Gegenständlichkeit nie endgültig hinter sich gelassen, immer wieder finden sich symbolhaft aufgeladen Bildinhalte. Seine letzten Bilder aber sind nur mehr leise Ahnungen von Landschaften von einer geradezu entrückten Klarheit.

Arbeiten von Gerd Eisenblätter wie auch von Ernst Weiers kann man in der Galerie Marschall in Bernried sehen.

GERD EISENBLÄTTER IN BERNRIED
Galerie Marschall Bernried: Dorfstraße 20, Am Maibaum, 82347 Bernried, Tel. 08158 997917, www.marschall-galerie.de; Öffnungszeiten während Ausstellungen: Samstag und Sonntag 11 bis 18 Uhr.

Mato und die Surfer in Herrsching

Dreh- und Angelpunkt für den Tourismus am Ammersee ist das quirlige Herrsching an seinem Ostufer. Wenn man mit der S-Bahn an schönen Sommertagen anreist, ist man gleich mittendrin im fröhlichen Trubel, der eher an den Gardasee als an Oberbayern erinnert. Kein Wunder also, dass es gleich in der Nähe des Dampferstegs das angeblich beste italienische Eis rund um den Ammersee gibt und dass die Eisdiele nach dem Gardaseestädtchen „Riva" benannt ist.

Die Eisdiele ist aber bei Weitem nicht das einzige, was in Herrsching an Riva erinnert. Auch Herrsching ist ein Paradies für Wassersportler – pardon: „der oberbayerische Wavespot". Bei Westlage, so kann man im Internet-Surfmagazin „Stehsegelrevue" nachlesen, ist den Insidern kein Weg zu weit, um zum „Treffpunkt aller Boardheads" in die Herrschinger Bucht zu gelangen. Zitat: „Hier rollen bei SW-W Wind die besten Wellen im Freistaat." Die Windverhältnisse sind hier „durch die wohlgeformte Outline des

Ausleger vor Matos Fischladen

Nicht einfach ein Fischladen, sondern ein Stück Lebenskunst

Herrschinger Seebusens und dank des heiligen Berges" besser als auf allen anderen bayerischen Seen. „Der gemeine Freestyler", so heißt es weiter, sei deshalb „mit einem 90 – 100l Board und Segelgrößen von ca. 5 – 6.5 qm gut bedient". Bei Seglern ist die Herrschinger Bucht bei Westwind für ihre steile Welle berüchtigt. Und genau die ist es, die Surfern den Glanz in die Augen zaubert: ob Powerhalse oder meterhohe Frontloops, alles geht!

Kein Wunder, dass sich in Herrsching eine hippe Surfszene mit den entsprechenden Läden und Kneipen etabliert hat. Die zehn Kilometer lange Herrschinger Seepromenade, die längste in ganz Deutschland, ist aber buchstäblich für jeden etwas und seit jeher das touristische Aushängeschild des Orts. Hier reihen sich entlang der sanft geschwungenen Bucht Restaurants, Cafés, Hotels, Biergärten und Spielplätze aneinander, man kann Boote ausleihen, Minigolf spielen, flanieren, baden oder einfach nur sitzen und aufs Wasser schauen.

Unumstrittenes kulinarisches Zentrum der Herrschinger Promenade ist aber seit einigen Jahren „Matos Fischladen". Wer

Fabian Weber in der Herrschinger Bucht mit einem spektakulären „Move" vor spektakulärer Kulisse

meint, das ein Fischladen wie der andere ist, zumal in einem Ort wie Herrsching, wo doch alle Fische aus demselben See kommen müssten, der kennt Matos Fischladen eben nicht. Und er kennt Mato nicht. Seine Fischsemmeln sind Kult. Und sein Laden erst recht. An einem schönen Sommersonntag reicht die Warteschlange der Fischsemmelhungrigen gut und gerne mal bis vor die Ladentür, ach was, bis vor den Garten und auf die Promenade hinaus. Und an den wenigen Tischen, auf Bänken, auf Mäuerchen und auf allem, was sonst noch so herumsteht, sitzen die Fischsemmelesser und Mato-Fans.

Die Fischsemmeln bei Matos sind riesig, üppig belegt mit Räucherfisch und Salat und Zwiebeln und Sprossen und Algen – und sie schmecken einfach super. Es gibt aber auch schöne Salatteller mit Fisch und andere Kleinigkeiten und natürlich gibt es frischen und geräucherten Fisch zum Mitnehmen. Dass man-

252

ches, was hier über die Ladentheke geht, nicht aus dem Ammersee, sondern aus einer Zucht kommt, das muss man verzeihen: Im Ammersee gibt es einfach deutlich weniger Fische, als es am Ammersee Fischesser gibt. Seit Jahren sorgen sich die Fischer vor allem um die Renkenbestände. Die Badewasserqualität des Sees, in dem es zu wenig Nährstoffe für die Fische gibt, könnte einer der Gründe sein, ein anderer fehlende Schutzzonen im Uferbereich als Kinderstube für die Fische.

Mato ist Pächter im traditionsreichen Geschäft der Herrschinger Fischerfamilie Stumbaum und vor Kurzem hat er auch noch eine coole Sundowner-Location in Aidenried im Süden des Sees aufgemacht. Mato ist alles andere als ein typischer Ammerseefischer, eher ein „Fischkopp" aus dem hohen Norden. Er kommt aus Hamburg und man sagt, er habe nach einer Zwischenstation in München den Fischladen an der Herrschinger Seepromenade aus Sehnsucht nach dem Wasser eröffnet. Und bei all seiner norddeutschen Schnoddrigkeit ist er einfach ein sehr netter und sympathischer Typ, was seine Gäste übrigens fast ebenso zu schätzen wissen wie seine Fischsemmeln. Wie gesagt, Mato ist Kult. Dass er „bürgerlich" Markus Thomas Piechotta heißt, muss ja keiner wissen.

MATO UND DIE SURFER IN HERRSCHING

Einkehrtipp: Eiscafé Riva, Seestraße 50, 82211 Herrsching am Ammersee, Tel. 08152 8509.

Einkehrtipp: Mare Mato, Summerstraße 22, 82211 Herrsching am Ammersee, Tel. 08152 1375, www.matos-fischladen.de; Öffnungszeiten: Dienstag bis Samstag 9 bis 18 Uhr, Sonntag 12 bis 18 Uhr.

Wie Sie sehen, sehen Sie nichts

Die Pfahlbauten vor der Roseninsel

Tausende von Besuchern kommen in den Sommermonaten auf die Roseninsel und lassen sich von ihrer romantischen Idylle verzaubern. Die wenigsten von ihnen wissen, dass es an der Nordostspitze der Roseninsel Reste von prähistorischen Pfahlbauten gibt, die seit 2011 zum Unesco-Weltkulturerbe zählen. Und selbst wenn sie es wüssten: Der archäologische Schatz ist die meiste Zeit des Jahres im Flachwasser verborgen. „Ja, so wahnsinnig viel sieht man auf den ersten Blick wirklich nicht", musste denn auch der bayerische Finanzminister Markus Söder feststellen, als er die Insel besuchte, um den neu erlangten Weltruhm mit der Aufstellung einer Schautafel zu feiern.

Die Roseninsel war seit der Jungsteinzeit und bis ins hohe Mittelalter kontinuierlich besiedelt. Einzigartig in Bayern ist die frühkeltische Seeufersiedlung an ihrer Nordostspitze, deren unter Wasser erhaltene Reste seit 2002 erforscht werden: Radiokarbondatierungen decken einen Zeitraum zwischen dem ausgehenden 6. und dem beginnenden 4. vorchristlichen Jahrhundert ab, das heißt die Bauhölzer können der späten Hallstatt- und der frühen La-Tène-Zeit zugeordnet werden. Die beiden Brücken, die von der Nord- und der Südspitze der Insel zum Festland führten und deren Reste ebenfalls unter Wasser erhalten sind, wurden hingegen erst im Mittelalter errichtet und sind wohl im Zusammenhang mit der Kirche und dem Friedhof auf der Insel zu sehen. Lorenz von Westenrieder, der im ausgehenden 18. Jahrhundert den Starnberger See bereiste, sah noch die Pfosten der beiden Brücken durch das Wasser schimmern.

Die Pfahlbauten vor der Roseninsel waren bis etwa 500 v. Chr. bewohnt, sie gehören damit zu den jüngsten derartigen Funden im Alpengebiet. Erhalten sind freilich nur noch die Fundamente. Die Siedlung, in der etwa 50 bis 100 Menschen lebten, war über einen Quadratkilometer groß und stand im Uferbereich, da der Wasserstand damals deutlich niedriger war als heute. Der Begriff Pfahlbauten ist etwas irreführend, denn es handelte sich keineswegs um Häuser auf Stelzen, sie waren lediglich mit Pfählen im Boden verankert. Fest steht, dass ihre Bewohner von Fischfang, Ackerbau und Viehzucht lebten. Neben den gefundenen Hölzern aus der frühkeltischen Zeit reichen weitere Überreste vor der Roseninsel sogar 6.000 Jahre zurück. Auch der älteste in Bayern gefundene Einbaum und gleichzeitig der längste in Mitteleuropa wurde vor der Roseninsel geborgen: Er ist knapp 13,50 Meter lang und konnte auf die Zeit um 900 v. Chr. datiert werden. Er gilt als das älteste bekannte Wasserfahrzeug Bayerns.

„Die größte Schönheit dieser Insel besteht darin, daß die Kunst noch nichts gethan hat, sie zu verschönern", schrieb Lorenz von Westenrieder, einer der ersten „Touristen" am Starnberger See, 1784 über die kleine Insel Wörth, wie sie damals noch hieß, in sei-

Reste der Pfahlbauten vor der Roseninsel

Vor der Nordostspitze der Roseninsel befand sich eine frühkeltische Siedlung.

ner berühmten „Beschreibung des Wurm- oder Starenbergersees und der umherliegenden Schlößer". Bald nach Westenrieder entdeckten die Münchner Künstler die oberbayerische Landschaft und die Schönheit des Starnberger Sees. Das Gasthaus auf der Roseninsel war ein beliebtes Ausflugsziel für Studenten und Landschaftsmaler des frühen 19. Jahrhunderts: Von Carl August Lebschée etwa hat sich eine hübsche Zeichnung von einer ausgelassenen Überfahrt im Ruderboot erhalten, Carl Belleville hielt 1832 das Gasthaus, den Wirtsgarten und die große Schaukel für die Damen fest.

Seither hat sich viel getan. Die Touristen und Ausflügler von heute kommen, um das bezaubernde kleine Casino mit seinem herrlichen Rosengarten zu sehen. König Maximilian II., der die Insel 1853 kaufte, schuf hier ein kleines Paradies mit einer reich verzierten und verspielten kleinen Villa, die der Architekt Franz Jakob Kreuter entworfen hatte und die zum Ausruhen für die königliche Familie gedacht war, umgeben von verschlungenen Wegen und einem ovalen, ebenfalls von Wegen durchzogenen Rosarium, seltenen Bäumen, schattigen Lauben, einer Badehütte und einem Landungssteg für das königliche Dampfschiff. Die

Die Roseninsel ist vor allem wegen des Casinos und der Gartenanlage berühmt.

Funktion dieses romantischen Gartenhauses erschließt sich erst in Verbindung mit dem geplanten Sommerschloss am Feldafinger Ufer, denn das Casino selbst war nicht zum Übernachten gedacht und hatte nur einige wenige Räume für kleine Empfänge und Diners mitten in der Natur. Auf Wunsch des Königs, der nicht von Geräuschen und Gerüchen gestört werden wollte, gab es im Haus selbst nicht einmal eine Küche. Die Speisen wurden mit dem Schiff auf die Insel gebracht.

Das Casino vereint in sich das oberitalienische Landhaus mit einer römischen Villa, es verbindet Neuzeit und Antike ebenso wie Italien und Bayern. Es sollte ein wenig wie ein alpenländisches Schweizerhaus aussehen und gleichzeitig für einen neuen „national-bayerischen" Baustil stehen. Und dennoch ist es von bezaubernder und malerischer, die Zeiten und alle Architekturtheorien überdauernden Leichtigkeit und Schönheit. Insbesondere sein Belvedereturm, in dessen oberstem Stockwerk sich ein kleines intimes Turmzimmer mit einer atemberaubenden Rundumsicht befindet, fand in den folgenden Jahrzehnten bei den Villenerbauern rund um den See zahlreiche Nachahmer.

Für die Innendekoration des Casinos dienten pompejanische Wandmalereien als Vorbild. Kreuter folgte bei seinen Entwürfen dem Stil von Leo von Klenze, der die Antike für das 19. Jahrhundert neu interpretiert hatte. Mit der Ausführung wurde der Münchner Maler Johann Georg Hiltensperger und Joseph Hohenegg aus Tirol beauftragt. Die schwebenden Einzelfiguren und Paare folgen bukolischen Motiven und entsprechen der Nutzung als Ruheraum inmitten der Naturidylle. Die bemalten Wandzonen sind durch ebenfalls antikisierende architektonische Elemente gegliedert. Eine Besonderheit ist hierbei die Verwendung von industriell vorgefertigten Bauschmuckelementen.

Ludwig II., der 1864 seinem Vater auf dem Thron folgte, kaufte die Insel für 25.000 Gulden aus der Erbmasse heraus, denn er wollte sie als ganz privates Refugium nutzen. Hier empfing er nur ausgewählte Gäste wie den glühend verehrten Richard Wagner und die russische Zarin Maria Alexandrowna. Mit seiner Cousine Sisi, der Kaiserin Elisabeth von Österreich, traf Ludwig sich in den Sommermonaten öfters auf der Roseninsel, wenn sie im Feldafinger Hotel Strauch Urlaub machte. Sie ließen sich auf ein Glockenzeichen hin vom jeweils anderen Ufer übersetzen. Die schwärmerischen Gedichte, die sie in einem Sekretär im Casino füreinander deponierten, sind längst legendär. Mit Ludwigs Tod endete die Blütezeit der Roseninsel, der Gärtner wurde entlassen und die Gartenanlagen verwilderten zusehends. Nach dem Zweiten Weltkrieg wurden Displaced Persons aus dem großen Sammellager in Feldafing auf der Roseninsel einquartiert, danach fiel die Insel endgültig in einen Dornröschenschlaf.

Ein 1999 gegründeter Förderkreis setzt sich bis heute in enger Zusammenarbeit mit der Schlösser- und Seenverwaltung für die Wiederherstellung und den Erhalt von Casino und Park auf der Roseninsel ein. Anhand von alten Rechnungen, Plänen und Fotografien oder zufällig gefundenen Fragmenten und an anderen Orten in Europa erhaltenen Originalen ist es dem engagierten Verein in der Vergangenheit gelungen, Baukunst und Ausstattungsobjekte zu rekonstruieren: Das spektakulärste Projekt war bislang die Wiederherstellung einer Glassäule im Zentrum des

Auch der sogenannte „Kiosk" konnte rekonstruiert werden.

Rosariums. Aber auch der neu angelegte Rosengarten selbst mit den historischen Rosensorten, eine Efeulaube und ein Pavillon am Südostende der Insel gehen auf die Arbeit des Förderkreises zurück. Die historischen Parkbänke mit den schlangenförmigen Wangen sowie Vasen, Schalen und Kandelaber konnten anhand von Fundstücken in aufwendigen Verfahren originalgetreu wieder angefertigt werden.

Die Roseninsel ist nur knapp 2,5 Hektar groß und nicht einmal 200 Meter vom Feldafinger Ufer entfernt. Für einen Besuch sollte man sich trotzdem unbedingt einen ganzen Nachmittag Zeit nehmen.

DIE PFAHLBAUTEN VOR DER ROSENINSEL

Casino Roseninsel: Seeuferweg, 82335 Feldafing, www.muenchen.de; Öffnungszeiten: Mai bis Mitte Oktober 12 bis 18 Uhr, Montags geschlossen; das Casino kann nur im Rahmen einer Führung besichtigt werden; die Bayerische Schlösser- und Seenverwaltung gibt auf ihrer Homepage den Beginn der Rosenblüte bekannt (www.schloesser.bayern.de), in der Regel beginnt die erste Blüte Mitte Juni und die zweite Mitte August.

Die Villa Rustica in Leutstetten

Ein gewisser Publius Iulius Pintamus dürfte einer der ersten Villenbesitzer im Fünfseenland gewesen sein. Der römische Offizier hatte sich nach seinem Ausscheiden aus dem Militärdienst im Jahr 133 n. Chr. in der Nähe der römischen Straßenstation Bratananium, dem heutigen Gauting, einen Alterssitz bauen lassen. Nichts allzu Luxuriöses, eher etwas für Naturliebhaber. Auch eine Landwirtschaft gehörte dazu. Vermutlich aber hatte man damals, im zweiten nachchristlichen Jahrhundert, von diesem ländlichen Anwesen, einer „Villa Rustica" im Leutstettener Moos, einen herrlichen Blick über den See bis zu den Alpen.

„Dem Publius Iulius Pintamus, Sohn des Caius aus dem Wahlkreis Quirina, der aus Augusta Bracara in der Provinz Hispania Citerior stammte, dem Veteranen, der als Decurio einer Ala diente, dem Stadtrat des Municipiums Aelia No … (oder Aug …) hat seine Frau Clementia Popeia dem besten Ehemann und für sich selbst zu Lebzeiten (diesen Grabstein) gesetzt." So lautet die ins Deutsche übertragene Inschrift des römischen Grabsteins, der 1963 bei

Die Ausgrabungsstätte unter dem gläsernen Schutzbau

Renovierungsarbeiten in der Leutstettener Kirche St. Alto hinter dem rechten Seitenaltar entdeckt wurde. Man geht davon aus, dass der tonnenschwere Stein Teil des Grabdenkmals für den Bewohner der Villa Rustica im Leutstettener Moos war.

Und man weiß heute relativ genau, wie eine solche Villa Rustica ausgesehen hat: In ihrem Zentrum befand sich als Hauptgebäude die Wohnung des Besitzers oder Verwalters, an seinem Grundriss ist es für die Archäologen meist leicht zu erkennen. Ein römischer Gutsherr wollte von seinem Haus aus nicht nur einen guten Überblick über den Hof, sondern gerne auch eine schöne Aussicht haben. Die kleine Moränenkuppe am nördlichen Ende des Sees dürfte deshalb eine gute Lage gewesen sein. Vom Haupthaus führte ein Weg zur nächstgelegenen Römerstraße. Aber nicht nur eine gute Verkehrsanbindung, sondern auch ein Zugang zu frischem Wasser war wichtig. Damit sie in den kalten Wintern nördlich der Alpen nicht frieren mussten, heizten die Römer mit Fußboden- und Wandheizungen. Üblich war auch eine überdachte Veranda vor dem Haupthaus. Ein Badetrakt und eine ganze Reihe von Nebengebäuden schlossen sich an das Haupthaus an.

Das im Jahr 2001 mit einer archäologischen Rettungsgrabung freigelegte Gebäude im Leutstettener Moos konnte als Haupthaus eines Gutshofs identifiziert werden, den sein Besitzer mit Sicherheit nicht nur mit seiner Frau, sondern mit einigen Bediensteten bewohnte. Es dürfte sich ursprünglich um einen Gebäudekomplex mit Ställen, Scheunen und weiteren Nebengebäuden gehandelt haben, von denen sich jedoch nichts erhalten hat. Insgesamt wurde das Gehöft nur rund 50 Jahre lang bewirtschaftet. Das Haus selbst wurde in dieser Zeit mehrmals umgebaut oder erweitert, es hatte ein Ziegeldach und mehrere kleinere Fenster, im Inneren waren die Wände bunt bemalt. Ein Raum an der Ostseite des Gebäudes war mit einer Fußbodenheizung ausgestattet. Eine Besonderheit ist hier eine freigelegte Wanne mit dem originalen Bleirohr als Abfluss. Ihre Funktion ist nicht ganz klar. Wegen ihrer geringen Größe war sie zum Schwimmen zu klein, sie könnte aber als Badewanne gedient haben.

Bei der Grabung konnte auch ein zugeschütteter Brunnenschacht ausgewertet werden. Hier fanden sich neben den Resten der Eichenverschalung auch zwei gut erhaltene Schlüssel und die Reste einer hölzernen Schreibtafel. Das wertvollste Fundstück war eine Terra-Sigillata-Schale, die in einer Töpferei in der Nähe des heutigen Ortes Lezoux bei Clermont-Ferrand gefertigt wurde. Andere Funde, etwa ein Rinderschädel, erlauben Rückschlüsse auf die Art der Bewirtschaftung des Gutshofs. Gegessen wurden dort

Einen kleinen bronzenen Delphin fand man in einer römischen Therme in Schondorf.

Rinder, Schweine, Hühner, Schafe und Ziegen, auch die Knochen von Rehen und Hasen sowie den Schädel eines Hechts entdeckten die Spezialisten, die das Material untersuchten. Nachweisen konnten sie auch, dass die Römer in Leutstetten Dinkel anbauten.

Im Mittelalter dienten römische Ruinen als Steinbrüche, deshalb hat sich von den Gebäuden bis auf das unterirdische Heizungssystem so gut wie nichts erhalten. Vermutlich wurde das Leutstettener Kirchlein mit den Steinen der Villa Rustica errichtet. Eine römische Siedlungsstätte im Leutstettener Moos war aber bereits seit 1978 bekannt. Durch die landwirtschaftliche Nutzung waren die wenigen erhaltenen Reste zusätzlich gefährdet. Erst im Jahr 2001 konnten sie bei einer archäologischen Rettungsgrabung freigelegt werden. Seither ist sie unter einem Glasbau geschützt zu besichtigen. Ausgestellt sind auch Nachbildungen der Fundstücke, die bei der Grabung gesichert werden konnten.

Man erreicht die Villa Rustica entweder von Leutstetten oder von Percha aus über einen zu jeder Jahreszeit ausgesprochen reizvollen Spazierweg durch das Moos. Die Villa Rustica im Leutstettener Moos ist aber nur eines von vielen Zeugnissen römischer Besiedelung im Fünfseenland. In Unterschondorf etwa badeten die Römer genau dort, wo sich heute das Badegelände der Gemeinde befindet. Unten am Seeufer konnte man die Fußbodenheizung und Mauerreste einer römischen Therme freilegen. Ein kleiner bronzener Delfin, der bei Grabungen gefunden wurde, darf wohl als Beweis dafür gelten, dass die Römer zumindest beim Baden im kalten Ammersee Heimweh nach dem Mittelmeer hatten. Der Künstler Andreas Kloker hat den badenden Römern an der Ausgrabungsstätte ein ausgesprochen schönes und anschauliches Denkmal gesetzt.

DIE VILLA RUSTICA IN LEUTSTETTEN
Die Ausgrabungsstätte kann ganzjährig von außen besichtigt werden.

Die Karlsburg bei Leutstetten

Würde Karl der Große heute seine Burg verkaufen wollen, ein findiger Immobilienmakler würde sie wohl wegen ihrer „traumhaften Alleinlage in fußläufiger Entfernung zu einem Golfplatz" anpreisen. Die Stürme der letzten Jahre haben dafür gesorgt, dass man vom Karlsberg beinahe wieder bis auf den Starnberger See schauen kann. In der blumigen Sprache der Branche würde sich wohl auch dafür eine griffige Formulierung finden. Allein, die Luxusimmobilie hat einen Haken: Der alte Kasten ist etwas renovierungsbedürftig. Genauer gesagt: Außer ein paar Steinen ist nichts mehr davon übrig, und die stehen auch noch unter Denkmalschutz. Und weil das alles noch nicht genug ist: Auch die Geschichte mit dem prominenten Vorbesitzer stimmt nicht. Die Karlsburg bei Leutstetten ist also nichts als ein großer Mythos. Vorausgeschickt sei aber schon jetzt, dass sie unbedingt einen Besuch wert ist.

Aber von Anfang an: Als gesichert darf lediglich karolingisches Königsgut im Gebiet der oberen Würm gelten. Alles andere ist Legende, wenn auch schöne Legende. Eine Burg auf dem

Karlsberg hat es um 800 mit Sicherheit nicht gegeben. Sehr hartnäckig wird auch die Zeugung und Geburt von Karl dem Großen in der Gautinger Reismühle überliefert. Der Frankenkönig Pippin soll demnach seinen Hofmarschall beauftragt haben, die ihm als Braut versprochene Grafentochter Bertha nach Freising zu geleiten. Der hinterlistige Hofmeister setzte das Mädchen im Wald aus und führte dem König seine eigene Tochter als Braut vor. Die arme Bertha irrte ziellos im Wald umher und fand schließlich Zuflucht in der Reismühle. Jahre später dann soll Pippin eines Abend nach einer Jagd zufällig vorbeigekommen sein. Weil sie immer noch seinen Ring trug, erkannte er in Bertha seine echte Braut. Noch in derselben Nacht soll er an Ort und Stelle einen Sohn gezeugt haben. Johannes Aventin übernahm im 16. Jahrhundert die alte Volkssage und schrieb sie ein für alle Mal fest: „Kaiser Karl ist geboren worden, als man zählet nach Christi Geburt siebenhundertundzweiund Jahre zu Karlsberg auf dem Schloss am Wirmsee, drei Meilen oberhalb München [...], allwo dieser Zeit König Pippin, sein Vater, Hof hielt." Philipp Apian hat dann auch gleich die „Carlspurg" in seiner berühmten „Großen Karte" eingezeichnet. Und als die Geschichte erst einmal in der Welt war, hat sie einer brav vom anderen abgeschrieben. So lange, bis sich in der Gautinger Reismühle tatsächlich die „echte" Wiege von Karl dem Großen gefunden hat.

Eine Burg auf dem Karlsberg hat es aber trotzdem gegeben, wenn auch erst viel später. Sie erscheint erst im 12. Jahrhundert in den Schriftquellen und war wohl von den Wittelsbachern als Vorposten an der Grenze zum Machtbereich der Grafen von Andechs-Meranien errichtet worden. Nachdem die Wittelsbacher den Andechsern im 13. Jahrhundert ihr „castrum Starnberch" abgenommen hatten, wurde die einstmals mächtige Burganlage hoch über der Würm bedeutungslos und verfiel. Wer heute etwas von der Karlsburg sehen will, der muss vom Karlsberg wieder hinuntersteigen und zum nahen Schloss Leutstetten hinübergehen: Das ist nämlich um 1565 vom herzoglichen Rat Hans Urmiller errichtet worden, und zwar „ex ruderibus carolinis", aus den Steinen der Karlsburg, wie nun wiederum Philipp Apian berichtet.

Auf einer steilen Anhöhe über dem Würmdurchbruchstal befand sich die legendäre Karlsburg.

Aufgrund der Grabungen um 1836 scheint sicher zu sein, dass die Burg aus einer nach Südosten gerichteten Mauerbefestigung bestand. An der Mauer standen sieben nach innen offene Türme. Um die Burg war das Gelände künstlich steiler gemacht worden. Die terrassierten Zugänge hatten wohl Palisadenzäune als Bewehrung. Auf Landschaftsbildern des 19. Jahrhunderts ist der Karlsberg sehr licht bewaldet dargestellt. Reste einer Burg auf dem Schlossberg sind in einer alten Flurkarte von 1864 verzeichnet. Sie dürfte nicht viel früher entdeckt worden sein.

Die Archäologen wissen trotzdem sehr genau, wie die Karlsburg einmal ausgesehen hat. Und das Erstaunlichste ist: Auch als Laie kann man es sich sehr gut vorstellen, wenn man das Gelände abschreitet – oder besser gesagt: über eine imaginäre Zugbrücke den Hanggraben überwindet und den steilen Burgberg erklimmt.

Die Karlsburg eignet sich auf geradezu ideale Weise für eine Spurensuche mit ritterbegeisterten Kindern.

Die Karlsburg thronte einst hoch oben über dem Würmdurchbruchstal auf einer nach Westen vorspringenden Hangkante. Das Plateau der ehemaligen Burganlage ist noch gut zu erkennen. Es wird auf drei Seiten von einem drei bis vier Meter unterhalb des ursprünglichen Innenraumniveaus verlaufenden Hanggraben umgeben, er ist allerdings heute zu einer Geländestufe verebnet. An der Südseite fällt der Hang steil zu einer tiefen Erosionsrinne hin ab, an der Nordseite wurde er wohl abgetragen, um ihn noch unzugänglicher zu machen. Der Verlauf einer steinernen Ringmauer ist an dem Schuttwall noch gut zu erkennen, der oben entlang der Hangkante verläuft. Im Hochmittelalter war sie durch sieben rechteckige Türme bewehrt. Bei der kreisrunden Grube im Südosten der ehemaligen Burganlage dürfte es sich um den Standort des Bergfrieds handeln.

Anfang des 19. Jahrhunderts hatte man auf dem Karlsberg einen marmornen Obelisken zum Gedenken an Karl den Großen aufgestellt und daneben ganz nach dem damaligen Zeitgeschmack eine künstliche Ruine aus Abbruchteilen des 1802 zerstörten Münchner Franziskanerklosters errichtet. Rund hundert Jahre

Hier dürfte sich der Burggraben befunden haben.

später schien das Rätsel der Karlsburg gelöst: Man entdeckte bei Grabungen Ornamentsteine, die sogleich als „merowingisch-karolingisch" identifiziert wurden. Und noch im Jahr 1952 erschien eine wissenschaftliche Abhandlung über eine auf römischen Mauern erbaute merowingische „Pfalz auf dem Karlsberge". Die „römisch-dorischen Kapitäle" stammten jedoch in Wirklichkeit vom Obelisken des 19. Jahrhunderts und die vermeintlich „merowingisch-karolingischen" Steine aus dem Franziskanerkloster.

Man befindet sich auf dem Karlsberg eben im abenteuerlichen Reich der Legenden. Wer es lieber „realer" mag, dem sei eine Einkehr in der schönen Schlosswirtschaft von Leutstetten empfohlen.

DIE KARLSBURG BEI LEUTSTETTEN
Einkehrtipp: Schlossgaststätte Leutstetten, Altostraße 11, 82319 Leutstetten, Tel. 08151 8156, E-Mail: info@schlossgaststaette-leutstetten.de, www.hs-gaststaetten.de; Öffnungszeiten: täglich 10 bis 1 Uhr, Oktober bis April Montag und Dienstag Ruhetag.

Das Pocci-Schloss in Ammerland

Ob der Hoffischer schon für den Grafen Pocci donnerstags seine legendären „Fischpflanzerl in Sesamkruste" gebraten hat, ist leider nicht überliefert. Feststellen lässt sich jedoch, dass – in Umkehrung der ursprünglichen Verhältnisse – heute das Pocci-Schloss in Ammerland ein Anhängsel der benachbarten „Hoffischerei" geworden ist.

Franz von Pocci diente im 19. Jahrhundert nacheinander drei bayerischen Königen als oberster Zeremonienmeister. Als Insignien seines Amtes trug er eine pompöse Uniform mit weißen Beinkleidern und einem goldbestickten blauen Frack, außerdem führte er stets einen goldenen Schlüssel mit sich. „Der kgl. Hofküchenmeister präsentiert dem kgl. Hofmarschall auf einer silbernen Kredenz einen goldenen Löffel, womit dieser die Suppe kostet", heißt es etwa in einem aus Poccis Zeit erhaltenen Reglement.

Die Hoffischerei in Ammerland

Pocci dürfte zu den schillerndsten Figuren der Münchner Biedermeierzeit gehört haben. Seinen „Kasperl Larifari", diesen kleinen prächtigen Kerl mit dem roten Wams, dem grünen Hut und der dicken Kartoffelnase, hat er sich aber wohl am Starnberger See ausgedacht. Wer weiß, ob nicht einer der Ammerlander Bauern oder Fischer, wie sie Pocci gerne gezeichnet hat, Pate für diesen, dem Bier und einer zünftigen Brotzeit, ja, überhaupt dem Wohlleben stets zugetanen Schlawiner war. Wie sein Schöpfer, der als „Kasperlgraf" in die Geschichte eingegangen ist, zeichnet er sich durch einen wunderbar verschraubten Sprachwitz und eine durchaus ambivalente Persönlichkeit aus.

Das hübsche Schloss Ammerland direkt am Seeufer, das die Familie Pocci im Jahr 1842 von König Ludwig I. erhielt, war in den Sommermonaten ein Ort ausgelassener Geselligkeit. Legendär ist das Gästebuch von Franz von Pocci und seiner Frau Albertine: Unzählige Adelige, Diplomaten, Gelehrte, Offiziere, Geistliche und vor allem Künstler haben sich hier eingetragen. Beim Hoffischer wird bis heute diese Tradition der Gastlichkeit fortgeführt, auch wenn es dort keinen Bankettsaal mit Lüstern und goldenen Löffeln, ja noch nicht einmal eine Gaststube gibt. Dafür stehen unter Obstbäumen Tische und Bänke. Und in dem kleinen Laden werden Fischköstlichkeiten über die Theke gereicht, die es locker auf die gräfliche Tafel schaffen würden, wenn die Poccis nicht längst verarmt wären und ihr Schloss verkauft hätten. Das Ammerlander Schloss wurde nach einigen Besitzerwechseln Anfang der 1990er Jahre aufwendig renoviert, es befindet sich in Privatbesitz und ist nicht zu besichtigen.

In der ehemaligen „Hoffischerei" des Ammerlander Schlosses aber kann man heute Ruder- und Segelboote ausleihen und Fisch kaufen. Bei schönem Wetter lässt es sich sehr gemütlich im angrenzenden Biergarten Brotzeit machen, während die Kinder sich auf dem Spielplatz vergnügen. Die Fischpflanzerl in der Sesamkruste, das sogenannte „Kalträuchern" und der „Saibling nach Matjesart" sollen hier erfunden worden sein.

In den Urkunden des Klosters Schäftlarn wird die Fischerei auf dem Würmsee bereits im Jahr 792 erstmalig erwähnt und ab 1346 ist die Existenz eines Seegerichts in Starnberg belegt. Der Seerichter sollte die Einhaltung der Fischereivorschriften überwachen, die in erster Linie wohl der Sicherung von Fischlieferungen an die Münchner Hofhaltung dienten. Eine „Seeordnung" von Herzog Albrecht III. ist aus dem Jahr 1444 überliefert. Die Festlegung von Mindestmaßen und ein Fischverbot während der Laichzeit sollten schon damals ein Ausfischen des Sees verhindern.

Die „Segengerechtigkeit", also das Recht zu fischen oder den „Segen", das Zugnetz, zu ziehen, war an den Besitz bestimmter Anwesen geknüpft, die Fischrechte wurden also mit dem Haus vererbt. Ab 1489 gab es die „Auflueger", die „den See ohn Unterlass besuchen" und „auf alle und jede Punkten der Vischordnung Acht geben." Das „Prittlmaß" zur Festlegung der Maschenweite wurde 1521 eingeführt: Die Fischer mussten ihre Netze anhand kleiner Brettchen, den sogenannten „Brittl", knüpfen, die Netze wurden von den Pflegern kontrolliert und bei Beanstandung eingezogen. Zwei „Hof-Fischkäufler", zeitweise auch die „Fischmeister" in Possenhofen und Ambach, regelten den Fischverkauf.

Alle Fische mussten an den fürstlichen Hof nach München geliefert werden und nur die Fische, die in der Hofküche nicht gebraucht wurden, durften dann zu weitaus besseren Preisen auf dem Fischmarkt verkauft werden. Das sorgte schon damals für reichlich Zündstoff zwischen den Fischern und der Obrigkeit. Die wenigsten Fischer konnten damals vom Fischfang leben, sie waren gezwungen, neben der Fischerei eine kleine Landwirtschaft zu betreiben oder sich als Handwerker oder Tagelöhner zu verdingen.

Im Jahr 1585 erließ Herzog Wilhelm V. eine umfangreiche neue Fischereiordnung für den Würmsee, in der sich neben vielen Paragraphen, die Schonzeiten und Gerätschaften für den Fischfang festlegen, erstmals auch Hinweise auf die „Zunftpixen" und die jährlich abzuhaltende „Fischainigung" finden: In die „Zunftpixen" wurden der „Übergabsschilling", wenn eine Fischerei verkauft oder vom Vater an den Sohn übergeben wurde, sowie Geldstrafen bei Vergehen gegen die Fischereiordnung eingezahlt. Die „Fischainigung" war die jährliche Versammlung vor dem Seerichter in Starnberg, bei der die Seeordnung verlesen wurde und von den Aufluegern vorgebrachte Verfehlungen bestraft wurden.

Eine Zunft der Fischer in der klassischen Form mit Selbstverwaltung und geregelter Ausbildung hat es am Starnberger See nie gegeben. Bis zur Mitte des 19. Jahrhunderts waren die Fischer eigentlich nur eine Zwangsgemeinschaft. 1861 schlossen sie sich zu einer Fischerinnung zusammen, aus der 1909 eine Genossenschaft wurde. Noch um 1900 gab es am Starnberger See rund hundert Fischer, heute hat die „Fischereigenossenschaft Würmsee" 35 Mitglieder. Es handelt sich dabei durchweg um Familienbetriebe, die die Fischerei meist als Nebenerwerb ausüben. Die Genossenschaft legt die Bewirtschaftung der Fischbestände, das heißt Maschenweiten, Anzahl der Fanggeräte, Fangsaison und Besatzmaßnahmen, auf der Grundlage des Bayerischen Fischereigesetzes fest und tritt gegenüber dem Freistaat Bayern als

Das Pocci-Schloss befindet sich in Privatbesitz und ist nicht öffentlich zugänglich.

Pächter des staatlichen Fischereirechts auf. Sie verfügt auch über eine eigene Gerichtsbarkeit, die Verstöße gegen Befischungsregeln ahndet. Beim Fischfang und Verkauf geht jeder einzelne Betrieb eigenverantwortlich vor.

DAS POCCI-SCHLOSS IN AMMERLAND

Einkehrtipp: Hoffischerei, Nördliche Seestraße 22, 82541 Münsing, Tel. 08177 9132, E-Mail: hoffischer@freenet.de oder webmaster@boots-verleih-fischerei.de, www.bootsverleih-fischerei.de; Öffnungszeiten: April bis Oktober Dienstag bis Samstag 8 bis 19 Uhr, Sonn- und Feiertage 9 bis 19 Uhr; November bis März Dienstag bis Samstag 8 bis 18 Uhr, Sonn- und Feiertage 10 bis 18 Uhr.

Das Schloss Feldafing

König Maximilian II., der mit der preußischen Prinzessin Marie verheiratet war, wollte um die Mitte des 19. Jahrhunderts den Starnberger See zu einem „zweiten Potsdam" machen: Am Feldafinger Ufer sollte sein – vom königlichen Preußen inspiriertes – Schloss entstehen. Auch sollte eine Eisenbahntrasse gebaut werden, wie es sie zwischen Berlin und Postdam gab. Der König wollte ganz fortschrittlich mit seiner Familie im Zug in sein neues Sommerdomizil reisen.

Insbesondere die Insel Wörth, die heutige Roseninsel, hatte es Maximilian schon als Kronprinz angetan. Es sollte jedoch noch bis 1850 dauern, bis er der Fischerfamilie Kugelmüller das durch einen Brand zerstörte Gasthaus und die kleine Insel für 3.000 Gulden abkaufen konnte. 1851 beauftragte er zunächst den Architekten Franz Jakob Kreuter mit den Planungen für ein kleines Sommerhaus, ein „Casino". Auch der preußische Gartenbaumeister

Das malerische Strandbad in Feldafing steht unter Denkmalschutz.

Peter Joseph Lenné wurde an den Starnberger See berufen, wo er allerdings recht erstaunt äußerte: „Wenn mein königlicher Herr das in Potsdam hätte, was Bayerns Herrscher hier hat, brauchte er mich nicht." Dennoch plante Lenné für den König einen englischen Landschaftsgarten am Feldafinger Ufer.

Der Park war bereits angelegt, als im Jahr 1862 mit dem Bau des Schlosses begonnen wurde.

Mit dem Entwurf war jedoch nicht Kreuter, sondern August von Voit, der Architekt des Münchner Glaspalastes und der Neuen Pinakothek, beauftragt worden. Voit plante über einem mächtigen Sockelgeschoss einen weitläufigen, aber luftigen und zum See ausgerichteten Bau, der von Rundbögen und einer zentralen zweigeschossigen Loggia bestimmt wurde. Wir dürfen ihn uns von seiner Wirkung ein wenig wie das Maximilianeum in München vorstellen. Der Mitteltrakt wurde von zwei Belvedere-

Vom geplanten Feldafinger Schloss ist nichts übrig geblieben außer der Blick auf die Roseninsel.

Türmen bekrönt, an der Südseite war auf einer Terrasse ein sommerlicher Sitzplatz unter einem Sonnensegel vorgesehen, an der nördlichen Flanke als Pendant ein mit einer gläsernen Kuppel überwölbter Wintergarten für kühlere Tage. Zum See hin wurden Terrassengärten angelegt. Ein sanft geschwungener breiter Weg erschloss die Anlage auf ihrer Rückseite. Er mündete unten am Seeufer in ein von Bäumen bestandenes Rondell. Dort konnten die königlichen Passagiere aussteigen, um sich auf die Roseninsel übersetzen zu lassen, die Kutschen konnten bequem wenden.

Wer heute das Schloss von König Maximilian II. im Feldafinger Lenné-Park besichtigen will, der wird diesen Weg finden und auch das Kutschenrondell. Er kann sich ebenfalls auf die Insel übersetzen lassen und das königliche Casino besuchen. Das eigentliche Schloss aber wird er vergeblich suchen: Der Bau kam nie über die Grundmauern hinaus. Nach dem plötzlichen Tod des Königs im Frühjahr 1864 wurden die Bauarbeiten eingestellt.

Ludwig II., der seinem Vater auf den Thron folgte, ließ die Keller-gewölbe des Sockelgeschosses zuschütten und die Gartenterrassen wieder einebnen. Auch die bereits angelieferten Ziegelsteine wurden abtransportiert und später in den Bahnhofsgebäuden von Feldafing und Possenhofen vermauert.

Während die Roseninsel und das kleine Casino zu seinem sommerlichen Lieblingsaufenthalt und Rückzugsort wurden, hatte der menschenscheue „Märchenkönig" am Feldafinger Schlosspark wenig Interesse. So wurde der aufwendig gestaltete Landschaftsgarten zu einem mehr oder weniger sich selbst über-lassenen Naturparadies. Die Suche nach dem ursprünglichen Standort des Schlosses ist nicht ganz ungefährlich, denn seit 1926 befindet sich auf dem Gelände einer der unbestritten schönsten Golfplätze Deutschlands. Die ungewöhnlich lang gestreckte Ab-schlagbahn für Loch 10 befindet sich genau über dem Sockel-geschoss des Schlosses von Maximilian II. Dort, wo heute die Golfbälle fliegen, wollte er auf sein „bayerisches Potsdam" hinun-terblicken.

Ganz in der Nähe befindet sich übrigens das schöne denkmal-geschützte Feldafinger Strandbad aus dem Jahr 1927. Von der Ter-rasse der Strandbadgaststätte im Hufeisen der hölzernen Kabinen blickt man nicht ganz so feudal auf den See wie vom königlichen Schloss aus – dafür ist man hier vor Golfbällen sicher.

DAS SCHLOSS FELDAFING

Die Festschrift 150 Jahre Lenné-Park ist im Feldafinger Rathaus zum Preis von 3 Euro erhältlich (Possenhofener Straße 5, 82340 Feldafing).

Golf Club Feldafing: Tutzinger Straße 15, 82340 Feldafing, Tel. 08157 93340, E-Mail: info@golfclub-feldafing.de, www.golfclub-feldafing.de.

Strandbad Feldafing: Königinstraße 4, 82340 Feldafing, Tel. 08157 8200, E-Mail: info@strandbad-feldafing.de, www.strandbad-feldafing.de; Öffnungszeiten: Mai bis September Montag bis Sonntag ab 9 Uhr, Okto-ber bis April Mittwoch bis Sonntag ab 10 Uhr.

Das Schlösschen auf der Mausinsel

Nur einen Katzensprung ist die Mausinsel vom Festland entfernt. Es gibt sogar einen Steg, auf dem man von Bachern hinüberfahren könnte, wenn es nicht verboten wäre. Und auch das Schlösschen auf der einzigen Insel im Wörthsee steht noch. Besichtigen kann man es aber nicht, denn die ganze Insel befindet sich in Privatbesitz und ist nicht öffentlich zugänglich.

Die kleine, dicht bewaldete Insel liegt nahe dem südwestlichen Ufer bei Bachern und gehört zur Gemeinde Inning am Ammersee. Im Süden der Insel steht das 1446 erstmals urkundlich erwähnte Schlösschen. Der Name „Mausinsel" geht auf eine volkstümliche Sage zurück, nach der einer der Schlossherren vor einer Mäuseplage auf die Insel fliehen musste. Man könnte sich aber durchaus vorstellen, dass der Name der Münchner Patrizierfamilie Katzmayr, auf die das Schloss zurückgeht, eine Inspirationsquelle bei der Entstehung der Sage war. In der Schlosskapelle erinnert jedenfalls noch heute ein Wappenstein mit der Katze im Schild an die Familie Katzmayr.

Wie das Herrenhaus ausgesehen hat, das Martin Katzmayr 1446 auf der Insel bauen ließ, ist auf einem Kupferstich von Michael Wening zu sehen: Es war von einer turmbewehrten Mauer umgeben und mit einem Graben gesichert. Nur wenige Bäume standen damals auf der Insel. Ein großes Bootshaus, Fischerkähne und die Netze, die in der Sonne trocknen, sind ebenfalls zu erkennen. Das bis heute bestehende Schlösschen wurde jedoch erst 1772 errichtet, nun als Sommersitz der Grafen von Toerring. Der schlichte Walmdachbau steht leicht erhöht auf einem Plateau und wird von einem kleinen Zwiebeltürmchen bekrönt. Das Toerring'sche Wappen über dem Eingang weist ihn als Herrschaftssitz aus. Unter der heiteren Stuckdekoration des Rokoko-Festsaals im Obergeschoss haben wohl sommerliche Lustbarkeiten stattgefunden, die ehemalige Schlosskapelle ist heute profaniert. Schon im 19. Jahrhundert diente das Wörthschlössl dem gräflichen Fischer als Wohnhaus. Heute ist es vermietet.

Die Mausinsel ist nur einen Katzensprung vom Ufer entfernt, aber nicht öffentlich zugänglich.

Weil sie so schön und so lehrreich ist, soll hier nun aber doch auch die Sage von der „Mausinsel" erzählt werden: Vor vielen hundert Jahren soll auf dem Seefelder Schloss ein ebenso reicher wie hartherziger Graf gelebt haben, so die Überlieferung. Obwohl er ein riesiges Vermögen sein Eigen nannte, waren die Bauern in seiner Herrschaft so arm wie nirgendwo sonst, denn er presste noch das Letzte aus ihnen heraus. Als eines Tages eine große Teuerung über das Land kam, brach eine schreckliche Hungersnot unter der Landbevölkerung aus. Der Graf aber blieb von der großen Not gänzlich unberührt. Fast so, als wollte er sich über seine Untertanen lustig machen, richtete er ein verschwenderisches Fest aus. Am Abend des Festes versammelten sich die hungrigen Menschen vor dem Schlosstor und baten um Hilfe.

Diese Belästigung erboste den Grafen solchermaßen, dass er seinen Wachen befahl, die Tore zu öffnen und die Bettelnden hereinzulassen. Die Menschen wurden in eine Scheune getrieben und eingesperrt. Als dies geschehen war, gab der Graf den Befehl, die Scheune anzuzünden. Die Wachen trauten ihren Ohren nicht, aber sie mussten wohl oder übel ihrem grausamen Herrn gehorchen. Die Scheune wurde in Brand gesteckt. Doch damit nicht genug: Als die armen Menschen, die bei lebendigem Leib verbrannten, um Gnade flehten, höhnte der Graf: „Ihr wolltet doch, dass ich euch von eurem Hunger befreie!" Als nach einiger Zeit das Wehklagen immer leiser wurde, sagte er zu seinen Wachen: „Hört ihr die Mäuse und Ratten wimmern? Dies Ungeziefer wird bald ausgerottet sein."

Bald danach wurde das Schloss von einer Rattenplage heimgesucht, die nicht in den Griff zu bekommen war. Als hätten sich die verbrannten Menschen tatsächlich in Ratten und Mäuse verwandelt, bevölkerten sie zu Tausenden das Schloss und fraßen dem Grafen sogar sein Essen vom Teller. Als er sich nicht mehr zu helfen wusste, flüchtete er sich auf die kleine Insel im Wörthsee. Hier wähnte er sich in Sicherheit. Aber er hatte sich getäuscht: Die Ratten und Mäuse folgten ihm und fraßen ihn schließlich bei lebendigem Leib auf. Seit dieser Zeit, so die Sage, heißt die Insel im Wörthsee „Mausinsel".

Ein Schreckensort ist der Wörthsee schon lange nicht mehr. Ganz im Gegenteil: Auf den weitläufigen Badewiesen an seinem südlichen und westlichen Ufer herrschen geradezu paradiesische Zustände. Und das Schlösschen auf der Insel kann man von dort aus hinter hohen Bäumen erahnen. In gut zwei Stunden lässt sich der Wörthsee außerdem zu Fuß umrunden. Auf zehn Informationstafeln erfährt man Wissenswertes über Flora und Fauna, aber auch über die Besiedelung der kleinen Insel. Auch das Bacherner Moos kann man auf diesem Rundweg seit einigen Jahren naturschonend auf einem Steg aus Eichenbohlen durchqueren.

DAS SCHLÖSSCHEN AUF DER MAUSINSEL
Einkehrtipp: Café-Restaurant Raabe am See, Seestraße 97, 82237 Wörthsee, Tel. 08153 7205, E-Mail: info@raabe-am-see.de, www.raabe-am-see.de; Öffnungszeiten: täglich ab 9.30 geöffnet, Dienstag Ruhetag.

Das Steininger-Grundstück in Starnberg

Das „Steininger" am Unteren Seeweg ist nicht nur ein ausgesprochen hübscher Badeplatz, den man vom Bahnhof Starnberg in ein paar Minuten zu Fuß erreicht. Es ist auch bei den Jugendlichen der Gegend als Party-Location bekannt. Die nächtlichen Festivitäten sind zwar nicht erlaubt – aber dennoch legendär. Tagsüber ist das Steininger-Grundstück alles andere als ein Geheimtipp, frühmorgens kann man hier trotzdem fast alleine in den Sonnenaufgang hineinschwimmen. Dass sie ihre Partyzone „Steininger" eigentlich dem Münchner Künstler Max Emanuel Ainmiller zu verdanken haben, wissen die Jugendlichen unserer Tage mit Sicherheit nicht. Und auch von den übrigen Starnbergern dürften nur noch die wenigsten die Zusammenhänge kennen.

Der Namensgeber für die Ainmillerstraße im Münchner Stadtteil Schwabing ist heute nahezu in Vergessenheit geraten. Zu seiner Zeit aber war Max Emanuel Ainmiller, unter Ludwig I. Direktor der Königlichen Glasmalerei-Anstalt und renommierter Architekturmaler, ebenso berühmt wie viele der späteren Be-

Vor dem Steininger Grundstück kann man morgens in den Sonnenaufgang schwimmen.

wohner „seiner" Straße: Franziska Gräfin zu Reventlow hat hier in den wilden Schwabinger Jahren ebenso gewohnt wie Wassily Kandinsky und Gabriele Münter, auch Rainer Maria Rilke und Thomas Mann hatten für eine Weile eine Wohnung in der Ainmillerstraße, später auch der Kinderbuchautor Michael Ende. Paul Klee allerdings schrieb, nachdem er eine Wohnung in der Ainmillerstraße gemietet hatte, an seine Eltern in Bern: „… leider nicht die beste Lage, sondern in Schwabing". Ainmiller selbst aber hatte sich nach einer steilen Karriere schon 1864 in Starnberg eine spätklassizistische Villa als Sommers- und Alterssitz inmitten einer enorm weitläufigen Parkanlage direkt am Seeufer bauen lassen.

Skulptur auf dem Steininger Grundstück

Max Emanuel Ainmiller wurde am 14. Februar 1807 als Sohn eines armen Schullehrers in München geboren. Nach dem frühen Tod des Vaters musste er schon mit 15 Jahren auf eigenen Beinen stehen: Er trat 1822 als Malerzögling in die Porzellanmanufaktur Nymphenburg ein und arbeitete sich fleißig und ehrgeizig auf der Karriereleiter nach oben. An der Münchner Akademie studierte er bei Friedrich von Gärtner Architektur und mittelalterliche Ornamentik. Gärtner, der Lieblingsarchitekt des Königs, ebnete seinem Schüler den Weg zu der Position, in der er höchsten Ruhm erlangen sollte: Er vermittelte ihn an die 1827 gegründete Königliche Glasmalerei-Anstalt. Hier erzielte Ainmiller vor allem im technischen Bereich große Erfolge.

Im Auftrag von Ludwig I. fertigte er in den Jahren 1828 bis 1833 drei Glasfenster für den Regensburger Dom. Gleich darauf entstanden unter seiner Leitung die insgesamt 19 Glasgemälde für die erste neogotische Kirche in München, die Maria-Hilf-Kirche in der Au, die leider alle im Zweiten Weltkrieg zerstört wurden. Im Jahr 1841 wurde Ainmiller Inspektor der Glasmalereianstalt, zehn Jahre später ging das Unternehmen, zwar noch unter staatlicher Oberaufsicht, ganz auf ihn über.

Geschätzt wurde Ainmiller aber auch als Architekturmaler. Seine detailgenauen Innenansichten von gotischen Kathedralen entsprachen ganz dem Zeitgeist. Sein Gemälde „Trauung Herzog Wilhelms V. von Bayern mit Prinzessin Renata von Lothringen 1568" war nicht nur ein Geschenk, das Herzog Max in Bayern seinem Schwiegersohn Kaiser Franz Joseph von Österreich machte, als dieser sich 1854 mit Sisi vermählte, sondern auch ein Plädoyer für die Regotisierung der Münchner Frauenkirche: Das Bild zeigt den Chorraum der Frauenkirche ohne die barocken Einbauten, also in einem Zustand, der erst mit der umfänglichen Renovierung ab 1857 wiederhergestellt werden sollte. Das Gemälde befindet sich heute im Besitz des Münchner Stadtmuseums und ist im Rahmen der Dauerausstellung „Typisch München!" zu sehen. Auch die Neue Pinakothek in München hat ein Gemälde von Ainmiller, die Graphische Sammlung bewahrt seine Handzeichnungen und Aquarelle auf.

Um die Mitte des 19. Jahrhunderts stand Ainmiller auf dem Höhepunkt seines Ruhms: Er wurde mit dem Preußischen Roten Adlerorden III. Klasse und dem Ritterkreuz des königlich bayerischen Verdienstordens vom Heiligen Michael dekoriert, 1862 folgte der päpstliche Piusorden III. Klasse. Ainmiller hatte zu diesem Zeitpunkt bereits einen erwachsenen Sohn: Der 1837 geborene Heinrich war in die Fußstapfen des Vaters getreten und fertigte ebenfalls Entwürfe für Glasfenster.

Im Jahr 1864 war Max Emanuel Ainmiller, der angesehene Direktor der Glasmalerei-Anstalt, einer der ersten Münchner Künstler, die sich eine repräsentative Villa am Starnberger See bauen ließen. Er erwarb in Starnberg ein für heutige Verhältnisse unvorstellbar großes Gelände zwischen der Bahnlinie und dem Seeufer und ließ sich für die Sommerfrische nahe am Wasser eine großzügige Villa mit einer breiten Terrasse und symmetrisch um zwei Thujen herum geschwungenen Wegen zum See hinunter errichten. Zu dem weitläufigen Park gehörten auch eine Schiffshütte und ein Badehaus mit Steg.

Nachdem Ainmiller am 8. Dezember 1870 im Alter von 63 Jahren gestorben war, verkaufte seine Witwe Antoinette 1872 das Anwesen an den Rentier Oskar Mussinan, der sein Glück in Amerika gemacht hatte. Mussinan baute die Villa um und ergänzte sie durch eine mehrstöckige Glasveranda. Das Haus blieb lange im Familienbesitz, änderte aber im neuen Jahrhundert seinen Namen: Ab 1927 war Margarethe Steininger, geborene Mussinan, als Besitzerin eingetragen. Auf einem Teil des Grundstücks war inzwischen für andere Familienmitglieder eine weitere Villa entstanden, auch das Steininger-Grundstück, das heute im Besitz der Stadt ist und als Badegelände genutzt wird, ist nur ein kleiner Teil des ursprünglichen Besitzes.

Die denkmalgeschützte Villa selbst wechselte im Januar 1989 zum letzten Mal den Besitzer, stand dann einige Monate lang leer und wurde am 5. August 1989 durch einen Brand weitgehend zerstört. „Villa Steininger droht einzustürzen", titelte der Starnberger Merkur am Montag nach dem Brand, der in den Morgenstunden des Samstags ausgebrochen war. Schon der Befund der Brandruine, erst recht aber die Aussagen von Zeugen, die ein Boot gesehen hatten, das nur wenige Minuten, bevor der Brand entdeckt wurde, auf den See hinaus fuhr, gaben Anlass zu allerhand Spekulationen. Tatsächlich reichte der Besitzer nur neun Tage nach dem verheerenden Feuer einen Antrag auf Abbruch des Baudenkmals und Neubebauung des Grundstücks ein. Auch wenn der Stadtrat sich zunächst dagegen sperrte, so wurde der Weg letztlich doch frei für einen lukrativen Neubau.

DAS STEININGER-GRUNDSTÜCK IN STARNBERG
Unterer Seeweg, 82319 Starnberg; Öffnungszeiten: durchgehend zugänglich; Toiletten und Parkplätze vorhanden.

Danksagung

Dieses Buch gäbe es nicht ohne die vielen Menschen aus dem Fünfseenland, die mir im Lauf der Jahre Geschichten zugetragen oder mich auf eine „Fährte" gesetzt haben. Bei ihnen allen bedanke ich mich ganz herzlich! Ganz besonders bedanken möchte ich mich bei Jörn Kachelriess, der für dieses Buch auf dem Wasser und unter Wasser, durch Hecken und über Zäune, in unwegsamem Gelände oder bei schlechtem Licht fotografiert hat und aus meinen unmöglichen Wünschen wunderbare Bilder gemacht hat. Dank geht an den Verleger Michael Volk für sein Vertrauen und an den berühmten DS C. Und wieder einmal geht großer Dank an meine Lektorin Nadine Burks für ihre kritische und konstruktive Begleitung.

Sämtliche Ziele im Fünfseenland

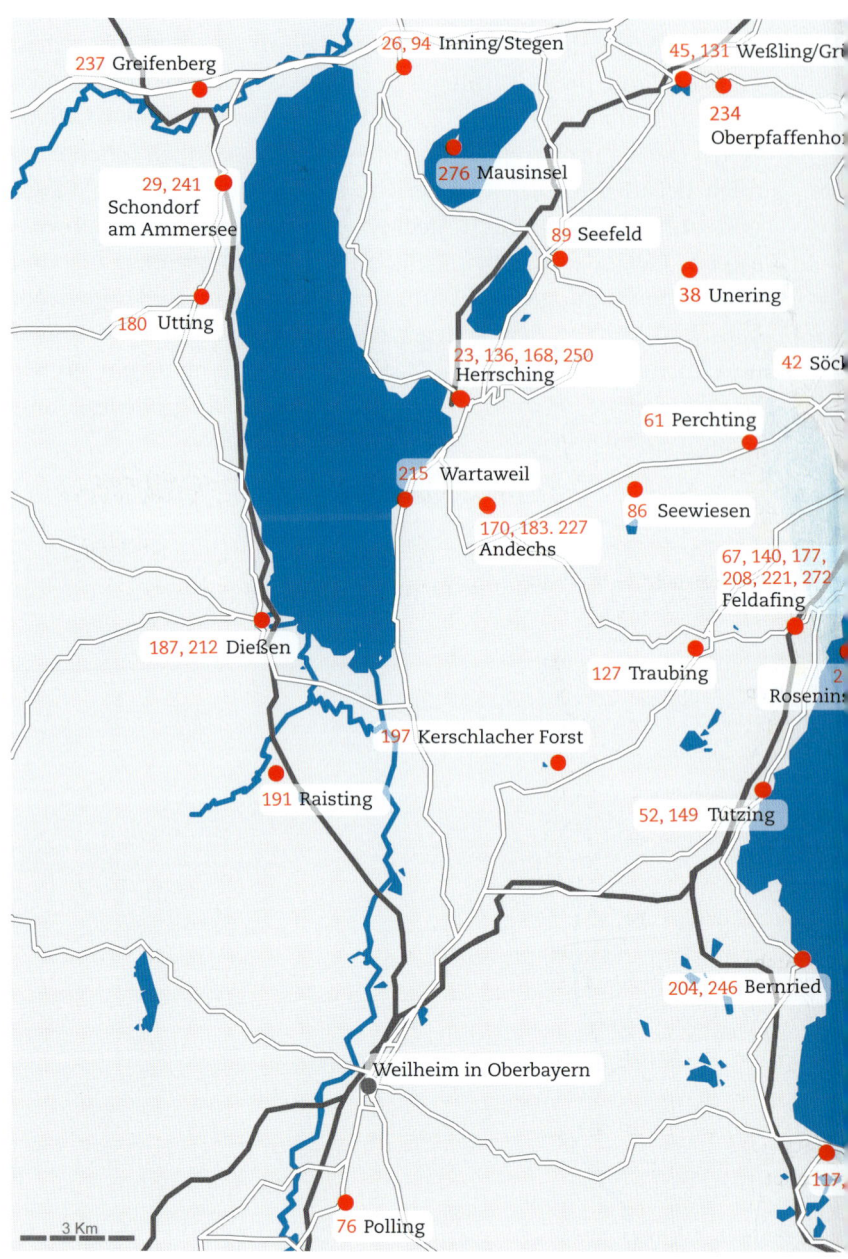

237 Greifenberg

26, 94 Inning/Stegen

45, 131 Weßling/Gri

234
Oberpfaffenho

29, 241
Schondorf
am Ammersee

276 Mausinsel

89 Seefeld

38 Unering

180 Utting

42 Söc

23, 136, 168, 250
Herrsching

61 Perchting

215 Wartaweil

86 Seewiesen

170, 183. 227
Andechs

67, 140, 177,
208, 221, 272
Feldafing

187, 212 Dießen

127 Traubing

2

Rosenins

197 Kerschlacher Forst

191 Raisting

52, 149 Tutzing

204, 246 Bernried

Weilheim in Oberbayern

117

3 Km

76 Polling

161 Gauting

260, 263 Leutstetten

13, 47, 71, 98, 102, 113, 279 Starnberg

108 Berg

32 Mörlbach

64, 173, 201 Aufkirchen

17, 157 Assenhausen/ Rottmannshöhe

122, 145 Allmannshausen

36 Weipertshausen

56 Münsing

82, 267 Ammerland

219 Holzhausen

227 Ambach

eeshaupt

Karten-ausschnitt

Die Ziffern beziehen sich auf die Kapitel-anfangsseiten. Zur besseren Orientie-rung wurden wichtige Orte eingefügt (grau).

Ortsregister

Abbildungsnachweis

Andreas Mühlbauer, Furth im Wald: 75
Andreas Achternbusch: 230
Bayerisches Landesamt für Denkmalpflege, Foto: Rupert Karbacher: 103
Bayerischer Yacht Club e.V.: 72
Anton Brandl: 163, 185
Buchheim Museum: 224, 240
Buchheim Museum, Foto: W. Krause-Arndt: 223
Bund Naturschutz in Bayern e.V.: 216, 217, 218
Christian-Jutz-Volkssternwarte Berg e.V.: 202
Gerd Eisenblätter: 249
Felix Flesche: 196
Förderkreis Schacky-Park Dießen am Ammersee e.V.: 212, 213, 214
Gemeinde Herrsching: 25
Heimat- und Volkstrachtenverein Tutzinger Gilde: 53, 54
Hans-Peter Höck/Höck Fotografie: 59, 60
Jörn Kachelriess: Umschlagvorderseite oben, 9, 11, 12, 16, 19, 20, 24, 37, 57, 63, 65, 69, 70, 74, 83, 84, 90, 91, 100, 101, 104, 110, 113, 114, 120, 147, 151, 153, 160, 169, 171, 174, 177, 178, 179, 184, 187, 189, 205, 228, 241, 243, 247, 255, 256, 259, 260, 265, 266, 268, 271, 274
Willlibald Karl: 47
Landeshauptstadt Muenchen, Kulturreferat: 208, 209
Klaus Leidorf Luftbilddokumentation: 193, 257, 277, Umschlagrückseite links
Stefan Müller-Naumann: 88, 222
Münchner Konzertdirektion Hörtnagel GmbH: 77
Museum Penzberg: 121
PantherMedia: 158
Stafan A. Schuhbauer von Jena: 49, 50 51
Katja Sebald: 10, 15, 33, 35, 44, 124, 125, 129, 130, 132, 141, 142, 146, 166, 198, 199, 201, 206, 244, 248, 262, 279, 280, Umschlagrückseite rechts
StepMap.de: 284/285
Georgine Treybal: 234
Verein der Freunde des Pollinger Bibliotheksaals: 79
Fabian Weber: Umschlagvorderseite unten, 252
Franz Wimmer: 39, 40
Rosemarie Zacher: 111
Wikipedia: 43 (I.Berger), 86 (André Karwath aka Aka), 133 (Boschfoto), 173 (Gras-Ober), 272/273 (Guido Radig)
Alle anderen: Volk Verlag

Die Autorin

Katja Sebald ist Kunsthistorikerin, Journalistin und Übersetzerin für Italienisch. Sie schreibt seit vielen Jahren im und über das Fünfseenland, unter anderem für die Süddeutsche Zeitung. Im Volk Verlag ist auch ihr Buch „Unbekannter Chiemgau" und zuletzt „Das München-Album" erschienen.